外国地名受容史の
国語学的研究

付・『新製輿地全圖』『坤輿圖識』『坤輿圖識補』影印・索引 版

横田きよ子 著

和泉書院

序

　これまで、国語学における外国地名の表記史についての研究としては、西浦英之[1]（1970）、佐伯哲夫[2]（1986）といった共時的研究と、櫻井豪人[3]（2005）、下河部行輝[4]（1997）といった洋学資料における外国地名の研究、王敏東[5]（1994）による通時的研究などがあった。それら先行研究を受けて、本書は主に江戸時代から近代に至るまでの外国地名受容の表記の変遷を明確にすることを目的とするものである。

　外国地名も外来語の分野に属するが、文物名としての外来語の受け入れと同様な変遷をたどるとは言えない。地名に関しては、日本人が始めに知った語形がそのまま受け継がれる場合と、変化を経て残っていく場合とがある。更に、地名ごとに原語の由来が異なり、その地名をどの国の人、又は書物から聴取あるいは翻訳したかによってもあり方が変わってくる。例えば、海禁政策以後、それまでの語形からオランダ語風の語形に変化したケースもあり、語形のあり方には、聞き手の外国語音の聴取能力も関与している。地名の漢字表記については、続々と中国の地図及び書物が流入したことで、同一地名の漢字表記が次々と変化していった。また、異表記が併用されることも多い。漢字表記の一部又は全部が日本独自の変化を経ることもあった。

　本論は、そのように極めて多様で複雑な文化的・社会的要因によって変化する外国地名受容のあり方について、実証的にそのあり方を明らかにする。

　「第1部　個別地名についての研究」では、これまで研究されていない5地名（台湾、ヨーロッパ、イタリア、スペイン、ロシア）のそれぞれについて、地図、辞書、書物、新聞等の記載例を調査し、年代別に変遷をまとめ、その表記が何に基づき記載されたかを明らかにする。これにより、漢字表記されているものは、中国での漢訳地名をそのまま日本で借用しており、年代の変遷と共に漢訳地名の一部が変形されながら使用されたことが判明した。また、地名に関わる歴史及び記録した日本人の言語意識に影響されて、個々の地名が複雑に変化を遂げていく様が明らかとなった。

「第2部　外国地名資料についての研究」では、外国地名の記載が多く、当時の大衆に影響を与えた文献を取り上げた。第1章では、『蛮語箋』とその改訂版である『改正増補蛮語箋』に記載されている外国地名を比較した。その結果、後者の方が前者より記載地名数が多かった（約1.6倍）。また、地名語尾のあり方が前者と後者では異なっていた（例：アルメニヤとアルメニア）。後者はすべての地名にオランダ語綴りを加え、オーストラリアの地名を増補していた。

　第2章では、『改正増補英語箋』（東京版、大阪版）で地名が日本語訳される際、いかに典拠本が利用されたかを調査したところ、地名を他書より抜き出して記述しており、東京版では英語の綴りの誤りが散見されたが、一方、大阪版では英国の地理教科書をページ数の順序通り忠実に抜き出していることが判明した。

　第3章では、翻訳家であり、開成所の教授でもあった柳河春三使用の外国地名を調査した。その結果、当時の在華外国人宣教師による漢訳書の影響をうけつつ、彼独自の表記もみられ、外国地名受容の複雑さがよく理解された。

　「第3部　資料編」では、箕作省吾著『新製輿地全圖』・『坤輿圖識』・『坤輿圖識補』をとりあげ、全複写をCDに入れた。井伊直弼や吉田松陰もこれらの書を読み、政治や外交問題を考えたという。幕末に広く流布し、多くの人々に影響を与えたこれらの書の地名索引を作成し、今後の外国地名受容史研究の基礎資料とした。これに伴い、箕作省吾の地名翻訳の傾向が窺えた。

注

1）「近世に於ける外国地名称呼について」（『皇学館大学紀要』第八輯1970.3）。
2）「官板バタビア新聞における外国地名表記」（関西大学『文学論集』創立百周年記念号1986.11）。
3）『類聚紅毛語訳・改正増補蛮語箋・英語箋』（港の人2005）。
4）「卜部氏の明治5年版の『改正増補英語箋』の改訂版について」（『岡山大学紀要』27号1997.3）。
5）「外国地名の漢字表記についての通時的研究」（大阪大学文学部博士論文1994.8）。

iii

目　　次

序……………………………………………………………………………………… i

本書付属のDVD-ROMについて ……………………………………………… x

第1部　個別地名についての研究

1. 「台湾」の呼称の変遷について……………………………………………… 3

　1.1 「琉球」系………………………………………………………………… 4

　　1.1.1 「小琉球」……………………………………………………………… 4

　　1.1.2 「大琉球」……………………………………………………………… 6

　1.2 「ホルモサ」系…………………………………………………………… 7

　1.3 「たかさご」系…………………………………………………………… 9

　　1.3.1 「高山国」「たかさんこく」………………………………………… 9

　　1.3.2 「たかさくん」「たかさぐん」……………………………………… 10

　　1.3.3 「たかさご」等……………………………………………………… 11

　　　「たかさこ」「たかさご」…11　「Taccasanga」「Taccasannge」「Tacca-
　　　sango」（1615〜1621）について…12　万葉仮名的表記…18　「高砂」…18

　1.4 「東寧」系………………………………………………………………… 18

　　　「東番」…18　「東都」…19　「東寧」…19

　1.5 「大冤」系………………………………………………………………… 20

　　　「大冤」…20　「大宛」…20　「大ワン」「大ハン」「たいわん」等…21　「大
　　　湾」…21　「臺灣」…21

　おわりに……………………………………………………………………… 22

2. 「ヨーロッパ」の呼称の変遷について…………………………………… 29

　2.1　地図資料における表記………………………………………………… 29

iv

2.1.1　漢字表記 ……………………………………………………30

「歐邏巴」（1602〜1856）…30　「歐羅巴」（1728〜1939）…31　「歐洲」等 …32

2.1.2　仮名表記 ……………………………………………………33

ヨーロパ…33　ヨーローパ…34　ヨーラパ…34　ヨーラッパ…34　ヨーロッパ…36

まとめ ………………………………………………………………36

2.2　辞書類における「ヨーロッパ」の表記………………………36

2.2.1　漢字表記 ……………………………………………………37

「歐邏巴」（1725〜1857）…37　「歐羅巴」（1798〜現代）…37　「友羅巴」（1871）…38　「歐洲」（1873〜現在）…38　「西洋」等（1804〜現在）…39

2.2.2　仮名表記 ……………………………………………………40

「ヨーロッパ」系…40　「ヨーロッパ」系以外の表記…40

まとめ ………………………………………………………………41

2.3　その他の資料における「ヨーロッパ」の表記………………42

2.3.1　漢字表記 ……………………………………………………43

「歐邏巴」（1713〜1869）…43　「歐羅巴」（1720〜1939）…43　「鷗羅巴」（1869）…44　「歐洲」「歐」（略記）…44　「西洋」「西歐」「西〜」…45 「極西」「大西」「泰西」「大西洋」…46　「洋」…46

2.3.2　仮名表記 ……………………………………………………47

「ヨーロッパ」「イヨーロッパ」…47　「ヨーローパ」「ヨーローハ」…47 「ヨーロパ」「ヨーロバ」…47　「オーロッパ」「ヨーラッパ」…48

おわりに ………………………………………………………………48

3.「イタリア」の呼称の変遷について………………………………53

3.1　地図資料における「イタリア」の表記………………………53

3.1.1　漢字表記について ……………………………………………53

「意大里亞」…53　「意太里亞」「意太利」等…54　「伊太利」…54　「以他里」「以太利」…54　「義大利」…54　「伊多利亜帝」「以多利野」〈万葉仮

目　　次　v

　名風表記〉…55　まとめ…55

　　　3.1.2　仮名表記について ……………………………………… 55

　　「イタリヤ」等…55　「イタリア」…56　「イタリー」…56　「いたりにや」

　　…56

　3.2　辞書類における「イタリア」の表記……………………………58

　　　3.2.1　漢字表記について ……………………………………… 58

　　「意大～」系表記…58　「意太～」「伊太～」「以太～」等の表記…59　「義

　　大利」…62　「伊」「以太」（略記）…62　まとめ…62

　　　3.2.2　仮名表記について ……………………………………… 63

　3.3　その他の資料における「イタリア」の表記………………………64

　　　3.3.1　漢字表記について ……………………………………… 64

　　「意大～」等…65　「以大～」等の四文字表記…66　「以大里」「以大利」

　　「以太里」「以太利」（三文字表記）…67　「以太」「以国」「以」等（略記）

　　…68　「伊太里」「伊太利」「伊太」「伊」…68　その他「殿堂領」等…69

　　　3.3.2　仮名表記について ……………………………………… 70

　　「イターリヤ」「イタレヤア」「イタリヤ」（『西洋紀聞』）…70　「イタリヤ」

　　（『西洋紀聞』以外）…71　「イタリア」…71　「イタリー」「イタリイ」

　　…71　「イタリ」…72　「ワルセランド」等…72

　おわりに ………………………………………………………………… 72

4.「スペイン」の呼称の変遷について……………………………………77

　4.1　地図資料における「スペイン」の表記………………………………77

　　　4.1.1　漢字表記 ………………………………………………… 77

　　「以西」で始まる表記…77　「伊」で始まる表記…78　三文字表記…79

　　　4.1.2　仮名表記 ………………………………………………… 79

　　「ゑすはにや」…79　「いすはにや」「イスハニヤ」「イスパニヤ」「イスパ

　　ンヤ」「イスハンニヤ」…79　「いすはにあ」「イスハニア」「イスパニア」

　　…80　「スペイン」「スハン」「スパニー」…82

　まとめ……………………………………………………………………… 82

vi

4.2 辞書類における「スペイン」の表記……………………………83

4.2.1 漢字表記 ………………………………………………83
イスパニア系（「伊斯把你亞」等）…84　イスパニア系（「斯把泥亜」等、略記）…87　スペイン系（「西班牙」等、略記）…87　まとめ…89

4.2.2 仮名表記 ………………………………………………89
イスパニア系…89　スペイン系略記…91　まとめ…92

4.3　その他の資料における「スペイン」の表記…………………92

4.3.1　漢字表記 ………………………………………………92
原語系の五文字表記とその省略三文字表記（イスパニア系）…92　英語系（スペイン）による表記…95　その他（「實班牛」「大呂宋」）…96　省略形「伊斯把」「伊斯」「是班」「是」「西班」「西牙」「西」…97　まとめ…98

4.3.2　仮名表記 ………………………………………………98
まとめ…102

おわりに ……………………………………………………………102

5.「ロシア」の呼称の変遷について……………………………… 109

5.1　地図類における「ロシア」…………………………………… 109

5.1.1　漢字表記 ………………………………………………109
「魯西亞」「魯細亜」「魯斉亜」「魯斎亜」…109　　「露西亜」…110　　「蠟志亜」…110　　「羅叉」「羅刹」…110　　「鄂羅斯」「俄羅斯」「峨羅斯」…110　　「魯」「露」…110　　「沒厮箇未突」等…111

5.1.2　仮名表記 ………………………………………………111
「ルシア」「るしあ」「ルシヤ」「ルツシヤ」「るしや」「るうしや」…111「ロシヤ」「ロシア」「ろしや」…112　　「ヲロシヤ」等…112　　「もすかうひや」等…112

まとめ ………………………………………………………………113

5.2　辞書類における「ロシア」…………………………………… 113

5.2.1　漢字表記 ………………………………………………115

目　次　vii

「魯西亞」等…115　　「魯齊亞」「魯斯亜」「亜魯齊」…115　　「露西亜」…115　　「峩羅斯」「俄羅斯」「羅乄」及びその他の表記…116　　「赤人」「魯舍」「阿魯舍」…116　　「魯」「露」…116　　まとめ…117

5.2.2　仮名表記 ……………………………………………………118

「ロシア」…118　　「ロシヤ」…118　　「ロジヤ」「ロシヤヤ」「ロシャ」「ロソシ」…118　　「リユス」「リユスランド」…118　　「ルッシヤ」「ルウシア」…118　　「オロシヤ」「ヲロシヤ」「をろしあ」…119　　「ろ」…119　　「モスコビア」等…119　　まとめ…119

5.3　その他の資料における「ロシア」の表記 ……………………… 120

5.3.1　漢字表記 ……………………………………………………121

「魯西亞」…121　　「魯斉亞」…122　　「魯細亞」…123　　「魯西」「魯士」「魯」…123　　「露西亜」…123　　「露酒亞」…124　　「露」…124　　「峩 羅 斯」「峩 羅 斯」…125　　「峨」…125　　「俄 羅 斯」「俄」…125　　「鄂羅斯」等…126　　「羅乄」「羅刹」…127　　「羅西亞」…127　　「老鎗」「老 羌」…127　　「赤人」「赤蝦夷」「淤魯西亞」等…127　　「没厠箇未亞」等…127　　まとめ…128

5.3.2　仮名表記 ……………………………………………………129

「ロシヤ」…129　　「ロシイヤ」「ロシイスコイ」…129　　「ロシア」「ロッシア」…129　　「リユス」「リュス」「リユスランド」「リュスランド」…130　　「リエシア」「リユシア」「リュッシヤ」「リユツシア」…130　　「ルッシヤ」「ルウシヤ」「ルシヤ」…130　　「オロシヤ」「ヲロシヤ」「オローシア」「オロシイア」「オロシア」「オロシイスコイ」「ヲロシイスコイ」「おろしあ」…130　　「カラス」「ヲロス」「ヲロシ」…131　　「ロスシア」「ロシシャ」…132　　「ろ」（略記）…132　　まとめ…132

おわりに ……………………………………………………………… 132

第1部のまとめ……………………………………………………… 136

viii

第2部　外国地名資料についての研究

1. 『蛮語箋』と『改正増補蛮語箋』の外国地名について……………… 143

　はじめに ……………………………………………………………………… 143

　1.1　目次の比較………………………………………………………………… 144

　1.2　内容について …………………………………………………………… 145

　1.3　『蛮語箋』と『改正増補蛮語箋』との地名項目の比較 …………… 145

　　1.3.1　『改正増補蛮語箋』と『蛮語箋』の同一地名について ……………… 148

　　1.3.2　『改正増補蛮語箋』が削除した地名…61例………………………151

　　1.3.3　『改正増補蛮語箋』が増補した地名…226例 ……………………151

　1.4　地名語尾の「亞」に関連する特徴………………………………… 152

　　a）同一地名の語尾「亞」の読み方の比較………………………152

　　b）同一地名以外の語尾「亞」の読み方………………………152

　　c）「亞」のある同一地名での比較 ……………………………154

　おわりに ……………………………………………………………………… 158

2. 二種の『改正増補英語箋』の外国地名について ……………………… 173

　2.1　東京版『改正増補英語箋』附録の世界地名の典拠本について…… 173

　　2.1.1　「東京版」と『六大洲國盡』の比較………………………………173

　　2.1.2　両書の部立てとその順序の一致 …………………………………174

　　2.1.3　「東京版」の地名と両書の地名の一致…………………………175

　　　部立て地名の漢字表記…175　　「東京版」の片仮名地名と両書の地名の
　　　一致…177

　　2.1.4　「東京版」の誤写の検討 ……………………………………………181

　　2.1.5　両書の各洲地名の記載順について …………………………………182

　　2.1.6　両書の典拠本（参照文献および地図）の出版年 …………………183

　2.2　「大阪版」の典拠本『英版「ゴルドスミッス」氏ノ地理書』の確認… 186

目　次　ix

はじめに……………………………………………………………………186

2.2.1　卜部氏訳『通辯獨學』について …………………………………186

2.2.2　著者記載「英版『ゴルドスミッス』氏ノ地理書」について ………187

英版「ゴルドスミッス」氏ノ地理書について…187　　"Goldsmith's Grammar of Geography"の出版年について…189　　「大阪版」が参照した"Goldsmith's Grammar of Geography"の出版年について…189

2.2.3　"Goldsmith's Grammar of Geography" の内容について ……………190

2.2.4　「大阪版」の地名と「G」本記載地名の関係……………………………191

記載地名の順序について…191　　構成上、順序が異なる部門…192　「G」本に無く「大阪版」のみに記載される外国地名（1項）…192　　「G」本に無く「大阪版」で追加された日本地名（3項）…194　　「大阪版」で改訂された地名（3項）…194　　「大阪版」漢字地名と「G」本の地名が一致するもの（481項漢訳、473項一致）…195

おわりに ………………………………………………………………… 196

3. 幕末期における外国地名受容法の揺れについて―柳河春三を例として―

…………………………………………………………………… 203

3.1　はじめに………………………………………………………… 203

3.2　外国地名呼称の受容法について ……………………………… 204

3.2.1　仮名表記について ………………………………………………204

南蛮語の残存・回帰…204　　写音法について…208

3.2.2　漢字表記について ………………………………………………210

複数表記併存の実態…211　　特異な要因による国名呼称…214　　意訳された地名…217　　漢字表記の典拠…218　　日本の先行書の影響…220　　独自表記及び後世への影響…220

おわりに ………………………………………………………………… 222

x

第3部　資料編（DVDにも収録）

1. 『新製輿地全圖』『坤輿圖識』『坤輿圖識補』影印……………………231

　『新製輿地全圖』（軸装、34.7cm×121.7cm）について………………231
　　〔影印はDVDのみに収録〕
　『坤輿圖識』5巻3（天・地・人）冊（26.1cm×18.1cm）について…232
　　〔影印はDVDのみに収録〕
　『坤輿圖識補』4巻4冊（26.1cm×18.1cm）について………………234
　　〔影印はDVDのみに収録〕

2. 『新製輿地全圖』『坤輿圖識』『坤輿圖識補』地名索引……………236

　凡例…………………………………………………………………………236
　『新製輿地全圖』所収外国地名索引………………………………………237
　『坤輿圖識』所収外国地名索引……………………………………………250
　『坤輿圖識補』所収外国地名索引…………………………………………266

初出一覧………………………………………………………………………285
後書き…………………………………………………………………………286

本書付属のDVD-ROMについて

本書には「第3部　資料編」を設けたが、なお加えて架蔵資料『新製輿地全圖』『坤輿圖識』『坤輿圖識補』の影印と外国地名索引（『新製輿地全圖』所収外国地名索引／『坤輿圖識』所収外国地名索引／『坤輿圖識補』所収外国地名索引）のPDFデータをDVD-ROMに収録した。

●**著作権**　本書DVD-ROMの著作権はすべて著者に帰属し、著作権法上によって保護されています。

●**免責事項**　本書DVD-ROMはお客様自身の責任において御利用ください。DVD-ROMを利用した結果発生したいかなる損害や損失、その他いかなる事態についても、弊社及び著作権者は一切その責任を負いません。

●**利用条件**　DVD-ROMの利用に関しては個人の学習や研究の範囲で行い、それ以外の目的で使用する事、および著作権者に無断で転載や複製したり、再配布することは出来ません。

第1部　個別地名についての研究

1.「台湾」の呼称の変遷について

「台湾」には中国人の移入以前に先住民がいたが、清朝支配下となるまで、「台湾」を示す対外的な統一呼称は無かった。中国『明史』[1]「列伝二一一」では、15世紀前半に鄭和がこの島を「蓋擬之狗國也」と言ったことが記されている。「台湾」は明代には海賊等の跋扈する島となり、明代末にはオランダ人とスペイン人も占拠居住し、貿易港が栄えた。

日本においては「台湾」は、江戸時代に鄭成功の支配した島として、また、浜田弥兵衛事件（1628）の舞台として[2]有名になり、種々の呼称がみられるようになった。

本章はその呼称の変遷について記述するものであり、その変遷を図1に示し、各呼称について以下に述べる。

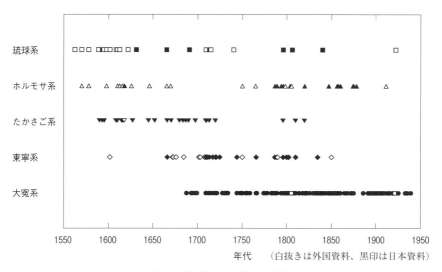

図1 「台湾」の呼称の変遷

4　第1部　個別地名についての研究

1.1 「琉球」系 （国内資料所見1602、1631、外国資料所見1269〜1840）

1.1.1 「小琉球」 （国内資料所見1631、外国資料所見1532〜1840）

　中国の資料では、志磐『佛祖統紀』[3]（1269）巻32「東土震旦地里図」に、「流求國居海島」と記載され、地図「東震旦地理圖」も掲げられている。『四海華夷総図』[4]（1532）では、北から「日本國、倭、大琉球、小琉球」が並んで記されている。陳侃『使琉球録』[5]（1534）は「見一小山乃小琉球也」「琉球…盖所望小琉球也」と説明し、これによれば、沖縄への冊封使の記録には台湾を「小琉球」と記していたことになる。鄭若曾撰『籌海圖編』[6]（1562）所載の「輿地全図」には沖縄を示す「琉球」に対して台湾島は「小琉球」、同「日本国図」には沖縄の「大琉球」に対して台湾島は「琉球」と記載されている。同書「使倭針経図説」に、「倭」への進路の説明文として「梅花東外山開船用単辰針乙辰針或用辰巽針十更船取小琉球」「小流球套北過船遇正鶏籠嶼及梅花瓶彭嘉山」と記される（下線筆者。以下特に断らない限り同じ）。胡宗憲『海防圖論』[7]（1622）所載「海防図」では、北から順に「日本」「大琉球」「小琉球」と描かれ、「小琉球」は台湾諸島を指している。王圻等編『三才圖會』[8]（1609頃）では「大琉球國」と「小琉球國」とを区別し、後者が台湾島を指している。

　元来、中国では、「流求」は沖縄と台湾の全体を指す呼称であった。やがて、朝貢国である沖縄を「大琉球」と呼び、一方、朝貢していない台湾は、野蛮な島として「小琉球」と呼ぶようになったのであろう。『三才圖會』では、「大琉球國」について「國朝進貢不時王子及陪臣之子皆入太學讀書」と記し、文化的な国であるとしている。中国の地図でも、時代が進むと『唐土皇輿全図』（1806）や『唐土全図』（1840）では「小琉球」の記載で「台湾の属島」を指している。台湾の属島の呼称としての「小琉球」は、後述するように、西洋の地図では16世紀頃既に示されているが、中国の地図では18、19世紀になって出現しているのである。

　西洋の資料では、オルテリウス図「東インド図」（1570）に、北から順に

「Lequio maior」「Y. Fermosa」「Reix magos」「Lequio minor」[9]と記される。台湾は「小琉球」に相当するが、「大・小琉球」いずれかの属島として「フェルモサ島」も描かれている。神戸市立博物館蔵オルテリウス図「太平洋図」[10]（1589）においては、北から「Lequei grande」「Lequeio pequenno」（「pequena」はポルトガル語「小さい」）が描かれている。これも台湾は「小琉球」に当たる。ヨアン・ブラウ「アジア図」[11]（1665）では、北から「Lequeo grande」「Das Reys Magos」があり、「I. Formosa」「Lequeo pequevo」「Lequio minor」と三つの島が「台湾諸島」のように並び描かれている。他にも、プランシウス図[12]（1594）、メルカトル「アジア図」[13]（1595）、ホンディウス・ジュニア「世界図」[14]（1617）には、台湾は「小琉球」を意味する「Lequio minor」「Lequio pequena」等と記載されている。

　西洋の地図において、上記「東インド図」等とは逆に、「小琉球」が「I. Fermosa」の属島として記載されているものもある。ヨーデ図[15]（1578）、リンスホーテン図（1598）、ホンディウス図（1613）、ベルチウス図[16]（1610）等である。ポルトガル人の命名「ホルモサ島」が知られるようになって以降、それ以前の台湾の呼称「小琉球」と「ホルモサ島」が共存して地図に示されるようになり、その関係には混乱が見えるのである。日本人の目に触れた地図で、台湾を「小琉球」とする例は、日本で翻刻された『皇明輿地之圖』（1631）にのみ見ることができる。

　一方『南瞻部洲図』（1709）では、沖縄を「大琉球」とし、その南に「小琉球」、西に「大宛、葛仙谷」と記載される。最後が台湾に当たる。『朝異一覧』（1835）では、「琉球国」の北に「大島、小琉球トモ云」と記される。中国の『唐土皇輿全図』等では「小琉球」は台湾の属島とされているが、これらの地図では「小琉球」は沖縄の属島を示していることになる。『倭漢三才圖會』[17]（1713）では、「大宛」の項目中でなく「琉球」の項目中に「三才図会云　有大琉球小琉球　各出名玉異寶　其國在福建泉州東」と記される。それに対し、藤原家孝『落栗物語』[18]（1779以前）では「阿蘭陀の出城をかまへて、立籠りたる臺灣と云所を攻落して引籠りける、……北は福州に対し、南は小琉球に近、五穀豊穣也」と記され、「小琉球」は台湾の南にある属島としている。日

6   第1部   個別地名についての研究

本では、「小琉球」という呼称は中国から伝わっていたものの、「小琉球」が指す場所は明瞭には理解されず、台湾を示す呼称としての「小琉球」は、大部分の日本人に知られていなかったと考えられる。

近代になって、教科書『小學地理附図』・『日本輿地圖』（共に1906）、『袖珍改新日本詳図』[19]（1922）では、「臺灣」の南方「東港」の南に「小琉球島」が記される。『ブリタニカ国際地図』[20]（1978三版）には「Liuch'iu hsü」と記された小さな島が見られる。これは「琉球嶼」を意味する。

小葉田淳は「小琉球とは、つまり琉球に到るに、最初の目標となったものをかく称したのであろう。」「大小琉球の名は、疑いもなく中国人から聞いたものである。」「（小琉球は）架空の存在ではなかった筈である。」との見解[21]を示している。また幣原坦[22]は「小琉球が臺灣の一地方のみの称である事」、「小琉球といふのは、所謂瑯𤩝地方を指してゐるから、小の字を冠せしめた中国人は、決して誤つてゐなかつたのである。」と述べている。両氏は「小琉球」を台湾島の地方名としている。

これらの見解に対して、筆者は次のように考える。元来、①宋、元代の中国では「沖縄、台湾を含む諸島」を「流求」と呼び、次いで、②明代の中国では朝貢してきた沖縄を讃えて「大琉球」と呼んだ。それとの関連でその他の島々を「小琉球」と総称した。更に③その中から最も大きな台湾島を代表して「小琉球」と呼んだ。次いで外国人、鄭成功、清朝が占有し異名をつけ、④台湾に独自の地名「東都」、「臺灣」等が与えられると、⑤その属島（琉球嶼）にこの「小琉球」という呼称が残った。⑥琉球嶼の中の一小島のみを指して「小琉球」と呼ぶようになった（①、④、⑤、⑥は歴史的事実）。しかし日本では、17世紀前半に「小琉球」という呼称が中国から伝わったものの、「小琉球」で台湾を指すことは通用せず、(1)18世紀には沖縄の属島または、台湾の属島の呼称とされたが定着せず、(2)20世紀には台湾の属島の呼称として再び受容された。

1.1.2 「大琉球」（国内資料所見1602、中国より渡来の世界地図）

日本人の目に触れた地図で台湾を「大琉球」と表記する唯一の資料として、

宮城県図書館蔵マテオ・リッチ作『坤輿萬國全圖』[23]（1602）がある。これは、マテオ・リッチの個人的判断[24]によるものであり、中国でも定着せず、他の地図にも影響を与えなかった。

1.2 「ホルモサ」系（国内資料所見1618〜1878、外国資料所見1561〜現在）

この系列は、ポルトガル語「formosa」に由来する。"World Place Names"[25]には、「It was named 'Beautiful Island' in 1590 by the Portuguese.」と説明されている。また『臺灣史』[26]では、「嘉靖三十六年（公元1557）、葡萄牙人…多分設領館。当其航経台湾海峡、遥望台湾、樹木青籠而美麗、乃誉之島（Ylhas Formosa）;於是台湾之名、遂廣播於世、而啓欧人覬観之心矣。」と記され、また『台灣懐舊』[27]では、「明世宗嘉靖23年（1544）、葡萄牙航海者在通過台灣、看見上古木参天、風光明媚、但不知島名為何、而称其為Formosa（福爾摩沙、意為美麗之島）」と記される。それぞれ命名年が異なる。また、各々根拠は明確に示されていない。西洋の地図では、以下のように、1561年から現在に至るまで「ホルモサ」系が使用され続けている。

「bartolomeu Velho」[28]（1561）には、「Fermosa」と、その南に「Liqes pequeno」（綴り不鮮明）とが示されている。また、オルテリウス『韃靼図』（1570）に「Isola fermosa」とあり、ヨアン・ブラウ『ATLAS MAIOR』[29]「中国図」（1665）に「I.FORMOSA」、ラ・ベルーズ『東アジア探検図』（1798）に「I.Formosa」、デ・ベラ『呂宋臺灣圖』[30]（1626）に「Ysla Hermosa」と記す。メリアンマテオ『中国図』[31]（1646）は、島名「Pakan al Formosa」及び都市名「Tayoan」が示されている。ライヒャルト『アジア図』（1805）では、「TAI-YUAN oder FORMOSA」と記されている。

日本の資料での所見で最も古いのは『元和航海記』[32]（1618）である。台湾を「イヽリヤヘルマウザ」と記し、その傍注に「タカサゴト云事也」とある。「イヽリヤ」は、スペイン語「isla」やラテン語「insula」ではなく、「島」を意味するポルトガル語「Ilha」によるものである。「ヘルマウザ」は、ポルトガル語「Formosa」又はオルテリウス図等の「Fermosa」の発音を聞き取った

8　第1部　個別地名についての研究

のであろう。傍注については、当時著者池田好運が認識していた通常の島名
は「タカサゴ」であったためであると考えられる。『イギリス商館長日記』[33]
では「Fermosa」が1616〜1620年の日記に9例あり、アダムズ、と日本人の会
話内容として「スペイン人によってエルモサ（Hermosa）と呼ばれている島」
という例が1616年にある。17世紀初期とされる『ポルトラーノ式航海図』[34]
では「ホルモ□」（□一字不明瞭）と書かれている。不鮮明の文字が一字ある
ため他との比較はできないが、航海者の間での通用の呼称は一般に「ホルモ
サ」系であったと判断できる。

　蘭学者の間では次のように表記された。森島中良は、『紅毛雑話』[35]（1787）、
『萬國新話』[36]（1789）、『蛮語箋』[37]（1798）で、蘭書により「ホルモウザ」「ホ
ルモーサ」と記載している。山村才助は、『訂正増譯采覧異言』[38]（1804）に
「福尔謨沙」と記し、右傍書仮名に「ホルモーサ」「支那ノ人ハ呼テ『タイオ
ワン』臺湾ト云フ」と記載している。「ニウウェンホイス」以下7種の書物を
引用したとする箕作省吾『坤輿圖識』[39]（1847）は「臺灣　フヲルモザ」、箕作
阮甫『改正増補蛮語箋』[40]（1848）は「フヲルモザformosa」と記している。箕
作家の人々は、それ以前の蘭学書より外国音により忠実に「フヲ」と表記し
ている。語尾の「ザ」はポルトガル語の発音である。箕作阮甫訓点『地球説
畧』[41]（原1856の翻刻1860）は、アメリカの宣教師禕理哲の著であるが、「ホル
モサ」（英語訳）・「ホルモザ」（蘭語訳）両様の傍書を付している。

　英学者の間では次のように表記された。「英國庸普爾地（イヨンビツルヂ）
著」から訳された『輿墜航海圖』[42]（1858）では、台湾海峡は「ハルモサ夾」、
島名は「ハルモサス」と記されている。岡修撰『増訂輿地航海全図』[43]（1875）
にも「ハルモサ夾」と「ハルモサス」の記載がある。「此書原本ハ『マツケー』
氏及『ゴールド、スミス』氏ノ地理書共ニ英板及『カラームルス』氏ノ地理
書蘭板等ニ拠リ抄譯」「地名ノ読法國ニヨリテ同ジカラス今此編ニハ多ク英
語ヲ用」とする内田正雄『輿地誌略』[44]（1874）では、「ホルモサ」と記される。
「英國ヒリプ氏著」から訳した『小學用萬國地図』[45]（1878）にも島名「ホルモ
サ」と都市名「タイワン」の記載がある。英学書とはやや異なる資料である
が、『航米日録』[46]（1860）では、「ホルモサ島」と記される。このように、英

語による翻訳では「ハルモサ」と「ホルモサ」の2種の表記が見られる。

　日本では、ホルモサ系の呼称は海禁の始まろうとした頃から使用され、南蛮紅毛人の呼称と認識されていた。外国人によるポルトガル語的、ラテン語的発音を聴取し、片仮名で書かれた。しかし、海禁以後は航海図にのみ見られ、海洋航海者の間で主に伝えられた。その後オランダの地理書が入るようになると、オランダ人の発音をまねて記されるようになり、復活した。海禁が解かれて以後は、英学者を中心に、英語を経由しても同系統の呼称が受容された。

1.3 「たかさご」系 （国内資料所見1593〜1820、外国資料所見1615〜1621）

1.3.1 「高山国」「たかさんこく」（国内資料所見1593）

　「高山国」は、日本における年代の明らかな最古の台湾呼称で、豊臣秀吉の国書[47]（1593）に見られる。この書と年代の近い有馬晴信の心得書（1609）に「たかさくん」とあり、この影響を受け『異國往復書簡集』では、「高山國はタカサグンに当てたる文字にして」と注記されたと考えられる。以来、日本史学ではこの読み方が通説となっている[48]。しかし、バークレー美術館所蔵『世界図屏風』[49]（三井家旧蔵）には、「たかさんこく」とある（台湾の地形と場所が現実の台湾と異なっているが、この島の南にルソン島の記載があるので台湾を指すことが明らかである）。「たかさんこく」（Takasankoku）から「たかさんごく」（Takasangoku）（撥音便の次が濁音となる）、更に「たかさごう（Takasagou）」（「ご」は鼻濁音）（『源氏物語』用例で「一族」を「ひとぞう」と「く」のウ音便が見られ、海北友松（1533〜1615）の姓は「かいほう」と読まれている。「斯（かく）」は音便化して「こう」と読まれる例がある）となり、更に「たかさご」と変化することは理解できよう。この読みをあてるのが妥当ではないかと考えられる。

　また、この研究により明らかになった2点は以下の通りである。

・『國史大辞典』（1990）では台湾の呼称である「たかさご」系の「たかさぐん」について、「『高山國』の湯桶読みしたものから転じたと思われる。」

10　第1部　個別地名についての研究

と記載されている。『広辞苑』では「こうざんこく」とあり、「台湾の旧
称。」と記載されている。このようにこれまでの辞典には「高山国」の読
みとして『世界図屏風』の読みである「たかさんこく」の記載はないが、
秀吉の「高山國」の読みが「たかさんこく」であるとみなすことができ
た。
・この「たかさご」系の地名は、『世界図屏風』の年代決定に使用できる。
すなわち、これまで1601年以後の作品であると言われていたバークレー
美術館所蔵の『世界図屏風』が「たかさんこく」とあることから、1609
年以前の制作と推定でき、外国地名の記載されている屏風の中で最も古
いものになると判明した。

1.3.2　「たかさくん」「たかさぐん」（国内資料所見1596頃、1609〜1615）

　所見資料は、有馬晴信の台湾貿易に関する3点の文書と『御朱印帳』、及び
『浦戸漂着西班牙船航海地図』（原1596作製図の模写）と16世紀末作とされる
山本氏蔵『世界図屏風』（京都国立博物館寄託）である。『浦戸漂着西班牙船
航海地図』は、『日本古地図大成』の解説によると、1596年のスペイン船サン・
フェリペ号漂着時に、秀吉の派遣検使増田長盛がスペイン地図を模写させた
ものの写しで、書写の年代はやや下るという。秀吉の国書より3年後頃のこ
とであるから、模写の時からこの地名が表記されていたとして、早い時期に
「たかさくん」に変化していたことになる。スペインの地図ならラテン語又
はスペイン語の記載の筈であるが、同席していた通詞の知識で「たかさくん」
と訳され、記載されたのであろう。次いで、有馬晴信の「墨付写」[50]（1609、
有馬晴信から谷川角兵衛宛、徳川幕府の内命による発給）に「たかさくん国」
（4例）、「たかさくん」（1例）、「たかさくん人」（1例）という例が見られる。
有馬晴信の「掟」（1609、有馬晴信から谷川角兵衛宛、渡海者についての掟）
には、「今度たかさくん渡海之者共」と記載されている。「久能文書」（1610、
有馬晴信の朱印とされる押印がある）には、同一文書の中に「たかさぐん」、
「たかさこ人」、「たかさこ」が各1例ずつ見られる。また、「彼国之為に」「彼
国より使者召連可致帰朝候事」とあり、台湾を一国家と認識していることも

1.「台湾」の呼称の変遷について　11

分かる。前掲の「たかさくん国」の例は、「たかさくん」が「高山国」からの変形とすると、「国」が二重に付いたことになり、本来なら間違いである。従って、既に「高山国」から変化した呼称との認識がないことになる。口頭で伝わっていた地名であったため、その由来が忘れられたのであろう。1615年「御朱印状」[51] には「高砂國」と記され、その三文字に対して右傍書仮名に「タカサグン」とある。

　これらの5資料の例は、当時の日本人にこの島を「たかさくん」と呼ぶ習慣があったことを示している。中国にはこれに類似する呼称はなく、用例も限られており、日本の航海者達と通詞達の内でのみ伝えられた呼称であると考えられる。

1.3.3 「たかさご」等

「たかさこ」「たかさご」（国内資料所見1610～1820頃）

　「たかさご」の呼称については、原住民の発音を外来語として書き留めたものだという説がある。内田銀蔵[52] は「打狗山（タアカウソア）を転化してタカサゴと呼び、最初は之を以て其の附近、即ち南部の一地方を指す名称として用ひたるならんが、既にして全島を指示する名称となりしものの如し。」と記す。『言海』[53]『広辞苑』[54] 等、沖縄語「たかさぐ」との関連を指摘する辞書もある。しかし、これらは「高山国」「たかさんこく」「たかさくん」との関連を考慮していない点で不自然である。本土方言と沖縄方言には〈o-u〉の対応関係があり、寧ろ「たかさご」が沖縄に入って「たかさぐ」と転訛したと考える方が妥当である。前述のように、幕府の命が明らかな1609年の「墨付写」と「掟」には「たかさくん」（計7例）のみが見られるが、一年後の「掟」では「たかさぐん」1例、「たかさこ」2例が書かれ、不統一である。このことから、1610年当時、一般の船乗りの間で「たかさこ」が普通の呼称として用いられ、それに対し、「たかさぐん」は古い正式な呼称であったと考えられる。そのことは、1615年「御朱印状」では、漢字「高砂國」に「たかさぐん」と読みを宛てていることでも分かる。この漢字で表記されると、『倭爾雅』（1694）には「東寧」の右傍書に「タカサゴ」とあるように、呼称「たかさご」

12　第1部　個別地名についての研究

が定着しやすくなろう。

　仮名表記「たかさこ」「タカサコ」の例は、他にも以下の資料に見られる。中村惕斎『訓蒙圖彙』[55]（1666）、16世紀末とされる[56]小林氏蔵『世界図屏風』（元池田家旧蔵）、17世紀初とされる地図では、香雪美術館蔵『世界図屏風』[57]、南蛮文化館蔵『世界図屏風』、神宮徴古館蔵と清水氏蔵の『東亜航海図』各1舗、西大寺蔵と神戸市立博物館蔵の『萬國総圖』各1舗である。年代の明らかな地図では、神戸市立博物館蔵『世界人形図』（1645）、下郷氏蔵『世界図屏風』と神戸市立博物館蔵『萬國総圖』及びその対『世界人形図』（1652）、『波丹人絵巻』（1680）、『小加呂多』と神宮徴古館蔵「地球儀」（1690、「東寧」も記入）、南波氏蔵『世界図屏風』（1698）に見られる。次いで『倭漢三才圖會』（1713）と『喎蘭新訳地球全圖』（1796）には、万葉仮名「塔曷沙古」「塔伽沙谷」の傍書仮名として、片仮名で「タカサコ」「タカサゴ」と記される。前記『元和航海記』（1618）、『扶桑国之図』[58]（1666）にも片仮名表記の例が見られる。『異國渡海船路ノ積リ』（1637）では「鶏頭籠」の傍書仮名として片仮名で「タカサコ」とあり、また『増補華夷通商考』[59]（1709）には「塔伽沙谷」の右傍書として「たかさご」の読みが書かれ、西川正休『長崎夜話草』[60]（1720）、西川如見『四十二國人物圖説』[61]（1720）には万葉仮名「塔伽沙谷」等の傍書仮名として、平仮名・片仮名で記載されている。また谷川士清『和訓栞』[62]（1800頃）、山片蟠桃『夢ノ代』[63]（1820）には「タカサゴ島」、太田全斎『俚言集覧』[64]（成立年未詳）には「たかさご」と記載されている。

「Taccasanga」「Taccasannge」「Taccasango」（1615〜1621）について

ローマ字表記の例が『イギリス商館長日記』[65]に見られる。

　〇「Taccasannge」（たっかさんげ）は2例。（1616）

　〇「Taccasango」（たっかさんご）は2例。（1617、1618）

　〇「Taccasanga」（たっかさんが）は14例。（1615〜1621）

　・「Taccasannge」（たっかさんげ）

　1616年5月5日の記事に「彼ら（稿者注：長崎のトウアン殿（東庵）の息子ら）によってはタッカサンゲと呼ばれているがしかし我々によってはフェルモサ嶋と呼ばれている嶋」と記載されている。日本人が「the iland Taccasannge」と呼んでいる島とコックスが「Isla Fermosa」と呼ぶ島が、同じ台湾島をさしているというのである。また、同年7月7日の記事に、中国人ハウの手紙文で「一行は、タッカ・サンガ（稿者注：訳文通りであるが、原文は語尾が「ge」）すなわち、フェルモサ嶋に向かって行く筈であったが」とある。これは、コックスが中国人の文を読み、このように記載したものである。この中国人も平戸に住んでおり、日本語になじんでいたのであろう。中国人の使用例ではあるが、日本の使用例に準じて扱うべきものと考えられる。

・「Taccasango」（たっかさんご）

　ポルトガル人の手紙文に、「それらの船はタッカサンゴ（Taccasango）またはフェルモサ嶋（or Jsla Fermosa）を占領するため派遣されたが」（1617年7月12日、村山東庵が幕命で1616年台湾遠征を企て失敗の知らせ）の例があり、また台湾方面に行く中国人船長に与えた推薦状について「推薦状を与えたが、一通はタッカサンゴと呼ばれる（called TaccaSango）フェルモサ嶋（Jsland Fermosa）もしくはピスカドール諸島（piscadores）に向かう3艘のジャンク船のためのものである。」（1618年1月26日、イギリス関係船舶に友好的である証明書を中国人船長に与えたこと）と記した例が認められる。

・「Taccasanga」（たっかさんが）

　「Taccasanga」は1615年10月30日から1621年7月3日まで14例が認められる。コックスが当時の「台湾」のことを長崎・平戸在住の中国人、長崎のポルトガル商人等の人々から聞きとり記載したもので、直接ではないが情報源は日本人である。それらを以下に示す。

・1615年の日記「チャイナ・キャプテンは私に、昨夜彼の弟が彼に陸路飛脚を寄越して彼に、彼等が我々の業務のためにシナへ派遣しようと思っていた小型のソモ船（或いはジャンク船）を、ゴンロク殿が長崎で差押えた由、しかし〔その船で〕今ではタッカ・サンガと呼ぶシナに近い一嶋に兵士たちを運ぶとの噂がある由を伝えてきた、と語った。」（中国人の手紙情報）

・1617年6月28日「彼らによってタッカサンガと呼ばれるフェルモサ嶋から来た」。ここでは「彼ら」は「乗組員」と編者の注がある。さらに「Isla

14　第1部　個別地名についての研究

Formosa、or the island of Tacca Sanga （Takasago、高砂or Takasagun、高山國）、present Taiwan （臺灣）．See the entry for july 12、1617．」との脚注がある。

・1617年 7 月10日「シャムからのジャンク船一隻が長崎に着いたが、かの地からは全部で五隻がともにやって来たのに、彼等がフェルモサ嶋（すなわちタッカ・サンガ）を過ぎてのち別れてしまった」ここでは括弧の下に編者は「臺灣嶋すなわち高山國」と割注をしている。中国人による情報である。

・1618年 3 月 1 日「私はタッカサンガへ行くひとりのシナ人に旗一枚と紹介状一通を与えた」ここは、コックスの言葉で「Taccasanga」の記載がある。

・1618年 3 月16日「私は、タッカ・サンガすなわちフェルモサ嶋へ向け冒険的事業に乗り出すチャイナ・キャプテンに」ここも、コックスの言葉で、「Tacca Sanga or Jsla Fermosa」の記載がある。

・1618年 7 月 2 日「またタッカサンガ（すなわちフェルモサ嶋）から来た一隻のソマ船が、同地では生糸が一ピコル當り九〇〇匁以下になり」ポルトガル商人からの情報である。「Taccasanga Jsla Fermosa」の記載がある。

・1618年 7 月 8 日「タッカサンガ」「Taccasanga」コックスの言葉である。

・1618年 7 月12日「タッカ・サンガ」「Tacca Sanga」中国人の手紙による。

・1618年 7 月17日「タッカサンガ」「Taccasanga」中国人の手紙による。

・1618年 8 月 6 日「タッカサンガ航海」「the Taccasanga voyage」コックスによる中国人への返事である。

・1618年11月 3 日「タッカサンガ向けのもの」「other for Taccasanga」御朱印状申請を中国人がコックスに依頼したことを記載している。

・1620年12月13日「また他のシナ船舶は、生糸貿易のためイスラ・フェルモサ（彼等の呼び名ではタッカ・サンガ）へ赴くため」編者の割注として「臺灣嶋」「高砂」が附されている。ここでは「タッカ・サンガ」は「高砂」であるとしている。コックスの手紙の中に記載されている。「Jsla

Fermosa, called Tacca Sanga」

・1621年3月4日「タッカサンガの嶋」「the Jiand of Taccasanga」中国人
　の手紙の文中に記載がある。

・1621年7月3日「彼のタッカサンガからの帰着について」「Taccasanga」
　中国人の手紙の文中に記載されている。

　以上は「台湾」を意味する地名「Taccasanga/e/o」18例である。このうち
に中国人貿易家関係の用例が多いのは、コックスが台湾へ出向き中国本土か
ら来た貿易家と取引をすることが多かったためである。「the iland Taccasann-
ge」も「Taccasango」も「Taccasanga」も、すべて、コックスが「Jsland
Fermosa」と呼んでいる島と呼称が違うだけで同じ島であると記載されてい
る。即ち、台湾島のことである。語尾が「ge」「go」「ga」のように異なって
いるのは、中国人にもポルトガル人にも英人コックスにとっても聞きなれな
い地名であったからであろう。日本に居住する彼らにとって、聞きなれない
地名呼称は外国人である日本人のみが称えているものである。また「Tacca-
sanga」と一語で記載する場合と「Tacca Sanga」と二語である場合がある。
これは、なんらかの意味の切れ目があるとコックスが感じたからであろう。
コックスが採った日本語ローマ字表記の方針について、イギリス人による当
時の日本語の聞きなしの観点から、もう少し詳しく検討しておきたい。

　日記の中には、日本国内の地名である播磨の「高砂」が出ている場面があ
る。コックスは、1616年11月25日に「我々は今晩大坂から二〇リーグ先のタッ
カサンガ（Taccasanga）と呼ぶ地へ着いた。」、1617年9月7日に、三浦按針
の書状を浦賀の老人が持参したことを「大坂の手前二二リーグのところにあ
るタカサンガ（Takasanga）発、昨日附のキャプテン・アダムズからの手紙」[66]
と記している。このことは、コックスは「タッカサンガ」と聞き取ったので
あるが、三浦按針は、「高」を促音に聞き取らず「タカサンガ」と聞き取った
ことを示している。一方で、この二人のイギリス人はともに、語尾について
は当時鼻濁音であったため、「ンガ」と聞き取ったのである。しかし日本人な
らば、鼻音性は無視し、「タカサゴ」と書くのが普通であっただろう。（関西、
九州地方では、現代まで鼻濁音の「ゴ」であった。）

16　第1部　個別地名についての研究

　またこれ以外に、次のような表記がコックスの日記に見られる。日本語では促音表記ではないのに、コックスは促音で記している地名及び名詞である。

イ　名詞

　　畳：タッタミtattamis　1616年1月23日、1617年3月25日、7月19日、1618年11月25日、1621年6月5日。(tattamy maker 1616年6月11、13日、tatt. maker1616年6月12日、tatta.1621年3月27日、12月10日、tattams1618年11月25日、tattamy covers1621年9月9日も見られる。)

　　高貫：タッカ・ヌカTacca・nvca　1616年4月14日、14日。

ロ　地名

　　赤坂：アッカ・サッキー Acca Sackey　1618年9月24日、11月26日。

　　岡崎：オッカ・サッケイOcca Sackey　1618年9月23日、11月26日。

　　　　　(Ocasaqui、Ocasaque 1616年8月17日も見られる。)

これらの例から、コックスは「タタ」「タカ」「アカ」「オカ」といった音連続の場合、促音に聞きなしていたことが分かる。よって、コックスによる「Taccasanga」等の表記の語頭部分は、日本語では単に直音「タカ」であったものと考えて良いであろう。

　日記中には鼻濁音についての次のような表記も見られる。

イ　名詞

　　土産：ミアンガスmiangas　1616年12月6日。

ロ　地名

　　名護屋：ナングウェイNanguay　1621年6月11日、8月27日。

　　　　　ナンゴヤNangoya　1621年5月29日。

　　　　　ランガウンLangowne　1616年7月30日。

　　　　　ラングウェイLanguay　1617年11月16日〜1621年8月27日等多用。

　　　　　ラングウェイLangway　1619年1月6日。

　　　　　ラングウェイLanguai　1621年5月26日。

　　品川：シニンガワShiningawa　1618年10月4日。

　　　　　シェニンガウェSheningaue　1618年11月8日。

スニンガウア Suningaua　1621年12月28日、

Suningava　1622年3月18日。

長崎：ランガサケ Langasacque　1615年6月1日～1618年10月31日。

ランガサキィ Langasakey　1618年10月9日。

ナンガサケ Nangasaque　1620年12月6日～1622年3月23日。

神奈川：カニンガワ Caningaua　1616年10月17日。

カニンガウア Caningaua　1618年11月19日。

カニングガウ Caninggaw　1621年12月27日。

カミングガウ Camingaw　1621年12月27日。

カネンガウエ Canengaue　1618年3月18日。

鹿児島：コヌゲシュマ Conugeshma　1616年10月31日。

コングシュマ Congushma　1618年3月2日。

浦賀：オレンガワ Orengaua　1616年8月29日～10月16日。

オレンガワ Orengava　1616年9月26日。

オレンガウア Orengaua　1617年9月7日、

1618年11月5日、11月15日。

オリンガワ Oringaua　1616年9月29日、10月2日。

オリンガウア Oringaua　1616年9月4日、1622年2月19日。

掛川：カッケンゴワ Cacken Gowa　1616年8月19日

カキンガワ Cackingawa　1616年8月20日。

カギンガワ Cagingaua　1616年10月23日。

カギンガウア Cagingaua　1618年9月26日、1621年12月23日。

カゲンガウア Cagengaua　1621年12月23日。

コックスは「語中語尾のガ行鼻濁音」を全て「-ng-」と表記している。「長崎」・「名護屋」での語頭のナ行子音については、「N」表記と「L」表記の間で揺れ[67]が見られる。また同様に、「名護屋」の「ゴ」に「ngo」「ngu」「鹿児島」の「ゴ」に「nuge」「ngu」と当てている。台湾の呼称には「nga」「nge」「ngo」と三種を当てている。品川・神奈川などの「ガ」には混乱が見られないのと対照的に「ゴ」には聞きなしの揺れが顕著である。

18　第1部　個別地名についての研究

さて、台湾を示す上記地名の語尾に「ngu」「ngun」の形が現れないというのは、当時すでに、この呼称の語形が「たかさぐん」ではなかったことになる。また他の「小琉球」[68]「大冤」等が見られないのは、この頃、台湾を呼称するのに「Taccasanga」等、即ち「たかさご」が一般的であったことを示す。

万葉仮名的表記（国内資料所見1627〜1810）

『通航一覧』[69]によれば、『柳営年表秘録』（1627）に「塔伽沙古」、『異国日記』（1627頃）に「多加佐古」が見られる。前掲『異國渡海船路ノ積リ』（1637）に「多加佐古」、17世紀の南蛮屏風三種[70]に「多加佐古」、『本朝図鑑綱目』[71]（1687）に「他賀佐吾」、『増補華夷通商考』（1709）に「此島根本の名は塔伽沙谷也」、『倭漢三才圖會』（1713）に「塔曷沙古」、『長崎夜話草』（1720）に「塔伽沙谷」、「答伽沙古」、また『四十二國人物図説』（1720）に「答加沙谷」、『喝蘭新訳地球全圖』（1796）に「塔伽沙谷」、天錫道人『一宵話』[72]（1810）に「塔伽沙古」が見られ、それぞれ万葉仮名的表記と言える。

「高砂」（国内資料所見1615〜1713）

「高砂」は、「たかさご」に対して日本人になじみのある漢字表記を宛てたものである。家康の村山等安宛渡海朱印状（1615）に「高砂國」とあり、立原翠軒『呂宋覚書』[73]（1671）、「阿蘭陀風説書」（1684）等にも見られる。「高砂」あて御朱印船貿易回数は、1615年以外では、1618年を初回とし、1635年まで29回である[74]とされる。台湾が清朝領土となった後では、『増補華夷通商考』（1709）で「日本の人、高砂の文字を仮用ゆ」と述べられ、『倭漢三才圖會』（1713）でも「和用高砂字」と記され、「高砂」が本来の地名ではないことが述べられている。

1.4　「東寧」系（国内資料所見1666〜19世紀中頃）

「東番」（国内資料所見1666、中国資料所見明代）

「東番」は中国の表記で、「東の野蛮地」という意味である。鄭氏支配に関わる名称ではないので本来「東寧」系とは異なるが、「東」という方角を示す点が一致しているので本節で扱うこととする。『明史』「列伝二一一」には「鶏

籠山在澎湖東北　故名北港　又名東番」と記載されている。「取るに足らぬ野蛮島」との認識が明代よりあったことが理解される。中村惕斎『訓蒙圖彙』（1666）には「東番今按たかさご東番夷也」と記載されている。

「東都」（国内資料所見1776、1779以前、中国資料所見清代18世紀初期）

王士禎『香祖筆記』[75]（1702）に「台湾古荒服、……成功既有臺灣、以赤嵌城為承天府、臺灣土城為安平鎮、総名曰東都。」とある。青木昆陽『続昆陽漫録補』[76]（1776）ではこれを引用している。『落栗物語』（成立年未詳）にも「延平王もこゝをば根本の地と定、承天府と名付また東都とも云」と記載されている。「東都」は、鄭成功が台湾を占領（1661）し名付けた名称である。彼の死後「東寧」と改名されているので、歴史上は2年間のみの使用である。「（明の都である）南京（寧ともいう）から東の方角にある都」の意味であろう。

「東寧」（国内資料所見1672〜19世紀中頃、中国資料所見清代18世紀初期）

1672年の「阿蘭陀風説書」に「トウネイ」とあり、同資料の1673年以降の記事に4例の「東寧」が見える。前掲『香祖筆記』（1702）には「経僭立。改東部曰東寧。改縣曰州」と記載されている。しかし、日本では鄭成功のみが有名であり、鄭経が改名した事実は広くは知られていない。『南閻浮提諸国集覧之図』（1744）と『万国集覧図』（江戸末期）には、説明文に「たいわんとうねいは国姓爺が住し処なり」と記載されている。また槙島昭武『書言字考節用集』[77]（1717）にも「大宛タイワン、タカサゴ又云臺灣○国姓爺住于斯改国号為東寧」との説明がある。また『増補華夷通商考』（1709）に右傍書仮名「とうねい」、森島中良『萬國新話』[78]（1789）巻之四に「東寧」の右傍書仮名「とくねぎ」、『噶蘭新訳地球全圖』（1796）に「トク子ギ」の右傍書仮名がある。これらは当時の唐音を写したものであろう[79]。

日本人には、日本に縁のある「国姓爺」と「東寧」が結びついて記憶されていた。鄭氏は三代22年で1683年清軍に降り、台湾は福建省管下となった。国内資料では、所見32例のうち5例が鄭氏支配の時代と合致しており、27例は鄭氏滅亡後の用例である。清朝に帰した後も、日本では国姓爺の記憶と共に「東寧」は江戸末期[80]まで使用され続けたことになる。「東寧」の意味について、『増補華夷通商考』に「国姓爺居住以後ハ、国号ヲ東寧ト改ム、此島中

20 第1部　個別地名についての研究

華之京都ヨリ南ニ当レルニ、東寧ト号スル事、国姓爺生国日本ヲ慕ノ心ニヤト云」とある。実際は、明の都南京（市名、簡称寧）、「江寧」（県名、南京市郊）の地より東にあるので、「東寧」としたのであろう。

1.5　「大冤」系（国内資料所見1688〜現在）

「大冤」（国内資料所見1688〜1853）

「大冤」の例として、日本では石川流宣作『万国総界図』（1688）が最も古い。以後『南瞻部洲図』（元禄後期）より『万国山海通覧分図』（1853）まで、多くの地図に見られる。『増補華夷通商考』（1709）では、これを中国の呼称であると指摘している[81]。中国系の地図では、例えば西田栄欣手書『中華古今分国大成図』（1728）、浪華青苔園誌『清朝一統之図』[82]（1835）に「大冤」の表記がある。

『増補華夷通商考』には、振り仮名「たいわん」が記されている。また『倭漢三才圖會』（1713）では、見出し語「大冤」の右上傍書に「たいわん」が記されている。森島中良『萬國新話』（1789）巻之四には「だいわん」の振り仮名（1例）が附されている。1709〜1853年まで8資料に傍書として「たいわん」「タイハン」が記されているが、「大」を濁音「だい」としているのは稀で、他の多くは清音「たい」である。「大冤」に対して『万国総界図』（1688）と『南瞻部洲図』（1698頃）で「たかさこ」、『大明国十三省之絵図』（1725頃）で「タカサゴ」と付した例が見られる。17世紀末の資料で「大冤」に「タカサゴ」等の振り仮名が附されたのは、その当時の日本人にとって最も一般的の呼称が「たかさご」であったからであろう。

「大宛」（国内資料所見1709、1717）

『南瞻部洲図』（1709頃）と『書言字考節用集』（1717）に「大宛」が示されている。『南瞻部洲図』では、「大宛」の右横に下げて、鮮明ではないが「葛汕谷」（「汕」は「仙」の誤りの可能性もある）とも記載されている。類似する他の東洋系世界図[83]の「大冤」に対して、「大宛」は異例の表記である。『書言字考節用集』では、「大宛」の右傍書仮名として「タイワン」と附され、

更に左傍書仮名として「タカサゴ」と記されている。

「大ワン」「大ハン」「たいわん」等（国内資料所見1713〜1891）

『世界三國記』（19C.初）と『蒙古退治萬國早分圖』（1853）とに「大ハン」、『世界六大洲』（19C.中）に「大ワン」と記される。小型の地図故の表記であり、元の漢字は決定し得ない。『新訂坤輿略全圖』（1852）には「タイ湾」と記載されている。

平仮名書きの例としては、『倭漢三才圖會』（1713）に「たいわん」とあり、『南閻浮提諸国集覧之図』（1744）とこの後継版『万国集覧図』（江戸末期）の説明文中に「たいわん」、「とうねい」と記されている。片仮名書きは、『新製輿地全圖』[84]（幕末頃）に「ダイワン」が１例、『地球一覧圖』（1783）以下『萬國地圖』[85]（1891）までに「タイハン」「タイワン」が15例見られる。

「大湾」（国内資料所見1794、1798）

「大湾」は、『北槎聞略』（1794）付録地図（振り仮名「ホルモサ」）と『類聚紅毛語譯』（1798）（振り仮名「ホルモーサ」）に見られる。これらの著者は、それぞれ蘭学者桂川甫周と弟森島中良であり、兄がロシアの地図を翻訳するに際して「大湾」を採用し、それを弟が自らの著書にも利用したのであろう。しかし、他への影響は少なく、書名として『大湾国漂泊物語』[86]（年代不明）が見られるが、日本の他資料には見出されない。

「臺灣」（国内資料所見1693〜現在）

1693〜1857年間の「阿蘭陀風説書」[87]に「臺灣」（57例）が見られる。さらに『増補華夷通商考』（1709）、『東洋南洋航海古図』（18世紀初期）、『倭漢三才圖會』（1713）、『紅毛雑話』（1787）、神沢杜口『翁草』[88]（1789）を始め、現在まで普通に用いられている。当時の通詞が、オランダ人の用いた「Tai-jouan」[89]を聞き取り、当時の中国資料により「臺灣」と記したのであろう。

現在の世界地図でも世界各国で「TAI-WAN」と「Formosa」が採用されている。1805年『アジア図』では「TAI-YUAN oder FORMOSA」と表示されている。

22 第1部 個別地名についての研究

おわりに

　「台湾」の日本における呼称を5系統に分類したうえで、その使用実態の変遷を確認した。西洋語からの訳語「ホルモサ」系は、ラテン語、ポルトガル語に依るものから、オランダ語、英語等に依るものへと変化した。日本の外交史の変遷と平行して変化してきたと言える。日本で最も古い呼称は「高山国」で、その読みは「たかさんこく」であり、コックスの「タッカサンガ」等は日本人の表記では「たかさご」に相当する。この呼称は年代によって変化しているため、年代不明資料の年代決定の指標ともなりうる。

　独自の統一名を持たなかった台湾に対して、中国は「夷洲」「琉求」「瑠求」等と呼び、次いで「鶏籠山」「北港」「小琉球」「東寧」「大員」「大圓」「大宛」、そして「臺灣」等と呼んだ。また西洋では台湾を「Formosa（フォルモサ）」と呼称したが、中国呼称の「Lequio minor（小琉球）」「TAI-WAN（台湾）」も借用していた。どちらも独自の呼称をもち、互いに影響を与えていた。

　リチャード・コックス『イギリス商館長日記』に記載される表記「Tacca-sanga」等については、日本人が「高砂（たかさご）」というのを聞き取った表記であり、「たかさご」と同じであることを証明した。

　日本では中国の呼称の多くを借用した。一方、日本独自の呼称「たかさんこく」は「たかさくん」、さらに「たかさご」へと変化し、「高砂」と漢字表記された。西洋呼称の「ホルモサ」も音訳により使用された。国姓爺に関わる「東寧」という呼称は、清朝統治後も日本人に長く記憶され使用された。このように、台湾の呼称をめぐっては、西洋と中国と日本が複雑に絡み合っている。16世紀末から17世紀にかけての国際関係が語史に端的に現れている例であると言える。

注
1）「三二三」（『明史』商務印書館1958）による。
2）　平田篤胤『古道大意』（1824）に「七人の若者が台湾の国でとんだ豪傑の振舞

をして」とある。

3）　『大正新脩大藏経　第四十九巻　史伝部一』所載。地図には、北から「扶桑・
日本・蝦夷・流求」を描く。

4）　調査は織田武雄等編『日本古地図大成　世界図編』（講談社1975）による。以
下特に断りのない古地図資料は全て同じ。

5）　『四部叢刊続編　一九』（臺灣商務印書館1976、原本は明嘉靖刻本、p.9350、
p.9362）による。

6）　王純盛編『中国兵書集成15』（解放軍出版社1990、原本は明胡宗憲刻本）によ
る。「輿地全図」p.50、「日本国図」p.277、「使倭針経図の福建使往日本針路」p.212、
p.214。

7）　王純盛編『中国兵書集成16』（解放軍出版社1990、明天啓年閔聲刻兵垣四編本）
p.1349。

8）　『三才圖會』（上海古籍出版社1988、原本は上海図書館蔵明萬暦王思義校正本）
p.836。

9）　「大琉球、フェルモサ島、レイクス・マゴ諸島、小琉球」となる。「maior」は
ポルトガル語「grande」（大きい）の比較級、又は、ラテン語「magna」（大きい）
の比較級「major」。「minor」はラテン語「parva」（小さい）の比較級。「Reix
magos」は、「八重山諸島」（村井章介「銀山と海賊」『第3回国際シンポジウム
彙報』2003）とも云われるが、この地図では、現在の「赤尾島・黄尾島・釣魚島」
（古くは「赤坎島・黄麻島・釣魚島」）を指していると考えられる。東北大学狩野
文庫の「小加呂多」に、「タカサコ」の北に「レイス」（レイクス・マゴ諸島）と
して二島、東に「ヤヽマ」（八重山諸島）が描かれている。

10）　神戸市立博物館出版複製地図による。

11）　"Joan Blaeu ATLAS MAIOR of 1665"（Taschen複製）による。

12）　チャールズ・ブリッカー『世界古地図』（講談社1985）による。

13）　複製地図による。

14）　Rodney W Shirley "The Mapping of the World"（the Holland press limited
1983）plate 230。

15）　注12に同じ、以下の2地図も同書。

16）　複製地図による。

17）　吉川弘文館（1906）影印による。

18）　『百家随筆　第一』（國書刊行會1917）p.489。寛永年間から安永8年の見聞録
という。

19）　小川琢治編『袖珍　改新日本詳図』（冨山房1922）第二十九図。

24　第1部　個別地名についての研究

20)　『ブリタニカ国際地図』（ティビーエスブリタニカ1978）p.91。

21)　小葉田淳「台湾古名随想」（『日本経済史の研究』思文閣1978）pp.646～649。

22)　幣原坦『南方文化の建設へ』（冨山房1938）p.68、69。

23)　『利瑪竇　坤輿萬國全圖　萬暦三〇年刊』（臨川書店複製1996）。

24)　「大琉球」は面積の大きいことからか、又は、世界地図で本来右端描写の中国を漢訳作製では中央にくるように変形させていると同断で、中国の支配が及ぶ島として重視したためか。

25)　John Everett-Heath "The Concise Dictionary of World Place-Names"（Oxford University Press 2005）p.511。

26)　林衡道『臺灣史』（衆文圖書股份有限公司1977）p.64。

27)　謝森展『台灣懐舊』（創意力文化事業有限公司1990）p.24。

28)　"Portugallae Monumenta Cartographica"（Imprensa Naclonal-Cssa Da Moeda Lisboa-1987）に掲載されている複製地図。

29)　注11に同じ。

30)　岩生成一「南洋日本町の盛衰（三完）」附図（『台北帝国大学文政学部史学科研究年報』1937）。

31)　新田満夫『西洋古版　日本図精撰』（雄松堂書店1967）。

32)　京都大学附属図書館蔵本による。

33)　リチャード・コックス『イギリス商館長日記』。東京大学史料編纂所『日本関係海外史料』（東京大学出版会1980～1982）の原文編、訳文編、索引編を利用した。

34)　南波松太郎等『日本の古地図』（創元社1969）p.11。

35)　森島中良『紅毛雑話』巻三8丁裏に「ホルモウザと云。華人は呼んで臺灣（たいわん）といひ。又東寧（とくねぎ）ともいふ」とある。『江戸科学古典叢書31』（恒和出版1980）。

36)　『萬國新話』巻末（巻之四）18丁表に「ホルモーサ」。

37)　『蛮語箋』「萬國地名箋」3丁表に「ホルモーサ」。

38)　青史社覆刻による（巻十「支那」部）。但し、巻十「呂宋」部では「臺湾ヲ『ホルモヲサ』又『タイオアング』ト云フ」と記す。いずれも呼称は「ホルモーサ」と長音であろう。

39)　巻天、33丁表「フヲルモザ」。

40)　「萬國地名箋」3丁裏。

41)　『地球説略　上巻　亞細亞大洲之部』9丁裏に「臺灣」の左傍書「ホルモサ」、34丁裏に「臺灣」の右傍書「ホルモザ」。「亞細亞洲圖」では「臺灣」とのみ記す。著者原名はRichard Quaterman Way（1819～1895）。

1.「台湾」の呼称の変遷について　25

42)　名雲書店「カタログ72」（2008）p.124による。

43)　岡修撰『増訂輿地航海全図』（原本は1872初版の1875版）。

44)　巻二15丁表。「基灣」の右傍書。

45)　尾藤庸一著訳『小學用萬國地図』（鈴木久三郎出版1878）。

46)　『文明源流叢書　第三』（國書刊行會1914）所収。原本は帝国図書館所蔵写本。豊前守従臣玉蟲誼（茂誼）の自記。

47)　村上直次郎訳註『異国往復書簡集』（駿南社1929）「文禄二年豊臣秀吉の台湾に入貢を促したる書」p.68。

48)　他に、幣原坦『南方文化の建設へ』（注22と同書、p.69）等多く、「高山國」の読み方は不明とするか、「たかさぐん」に漢字を当てた、または「たかさくん」と読むとしている。ただ、『国史大辞典』「たかさぐん」の項目で、中村孝志が「一般に台湾南部、打狗（打鼓）山方面に赴いた日本人航海者の称えたものが、起源といわれるが確証はない。むしろ豊臣秀吉が文禄二年（一五九三）、招諭しようとした『高山国』を湯桶読みしたものから転じたと思われる。」と述べている。「湯桶読み」とは「たかさんこく」か「たかさんくに」であろう。「たかさんくに」なら音韻変化で「たかさぐん」となりうる。しかし、筆者が本文で述べるように「たかさんこく」のみ用例を見出せた。

49)　この『世界図屏風』と対の『日本図屏風』には「せんたい」の記載がある。矢守一彦『古地図への旅』（朝日新聞社1992、p.149）によると仙台改名は1601年であるが、「推定作成年代を十七世紀前半のどのあたりに絞りうるか（中略）なお作業は多くのこされている。」と記載。筆者は屏風が1601〜1609年に制作されたとしてよいと考える。

50)　東京大学史料編纂所『大日本史料　第十二編之五』（東京大学出版会1904）pp.132〜139。

51)　注47と同書（p.334）、第二号異國渡海御朱印帳「高砂國〈タカサグン〉始而被遣候也」「自日本到高砂國舟也　等安ニ被下候、長谷川左衛状アリ、元和元７月廿四日南禅ニテ書候也、左兵状来、功不来、後ニ来、右　元和元乙卯九月九日」。

52)　『国史総論及日本近世史』（同文館1921）。

53)　大槻文彦『言海』（吉川弘文館1918）「高砂」の項目に「（琉球語タカサングから）台湾の別称」、『新編大言海』（冨山房1934）に「天竺徳兵衛ノ天竺渡航ノ紀行ニ、たかさぐん（高砂国）トアリ（長崎港草）、又秀吉台湾文書ニ、高山国（タカサングン）トアリ、又沖縄ニテハ、たかさぐトイヘリ」。

54)　『広辞苑』（第６版）「高砂」の項「（琉球語タカサングから）台湾の別称」。

55)　『訓蒙圖彙』（早稲田大学出版部1975、原本は内閣文庫蔵本）。

26　第1部　個別地名についての研究

56）　『日本古地図大成』では16世紀末とされるが、筆者は、「たかさこ」の使用より1610年以後と考える。

57）　香雪美術館所蔵の『世界図屏風』写真と映像により確認。

58）　注34と同書のp.36。

59）　『日本水土考・水土解弁　増補華夷通商考』（岩波文庫1944第1刷）。

60）　三島才二『南蛮紀文選』（洛東書院1925）による。

61）　小野忠重編『紅毛雑話』（双林社1943）による。

62）　『増補語林和訓栞』（名著刊行会1973）による。

63）　『日本思想大系43』（岩波書店1973）p.257。

64）　『増補俚言集覧』（名著刊行会1965）。

65）　注33と同書。

66）　「a lettr frõ Capt. Adames, dated in Takasanga yesterday, 22 leagues short of Osaky」と記載されている。

67）　平戸在住の華僑頭人李旦を通じて日本の情報を得ていたので、コックスは中国訛りの「N」音を「L」音として聞きなしたのであろう。

68）　コックスは沖縄のことに「Liquea」（リケア）と「Liqueas」（リケア諸島）を多用し、「Liqueo」「the Grand Liqueas」が各1例見られる。彼の携えてきた世界地図には「Lequeo」が記載されていたのであろうか。

69）　早川順三郎『通航一覧　第五』（國書刊行會1913）p.384。

70）　中村拓「南蛮屏風世界図の研究」（『キリシタン研究』第九輯、吉川弘文館1964）による。

71）　注34と同書のp.38。

72）　『日本随筆大成19』（吉川弘文館1978）による。

73）　吉田文治編『海表叢書　巻六』（厚生閣書店1928）による。

74）　岩生成一「南洋町の盛衰（一）」（『台北帝国大学文政学部史学科研究年報』1935）による。

75）　明清筆記叢書『香祖筆記』（上海古籍出版社1982）p.16。

76）　『日本随筆大成20』（吉川弘文館1978）による。

77）　中田祝夫『書言字考節用集研究並びに索引』（風間書房1973）。

78）　「寛文年間国姓爺厦門より此嶋へ押渡り、紅毛人を追払ひて、おのれが居城となし、地名をも東寧と改ける事はあまねく人の知所なり」。この本には「臺湾」「ホルモーサ」「東寧」「大冤」と各種の呼称が見える。

79）　『太閤記』に朝鮮半島の地名「東萊」を「とくねぎ」とした例があるが、関係は明らかでない。

1. 「台湾」の呼称の変遷について　　27

80）　『清朝一統之図』（1835）、『万国集覧図』（江戸末期）の例など。

81）　「此島根本の名は塔伽沙谷也。日本の人高砂の文字を仮用ゆ。或は大冤臺灣
　　　共に唐人名けたる也。」（p.117）。

82）　注34と同書のp.17。

83）　『南瞻部洲図』（元禄後期）p.14、『南瞻部洲図』（1709頃）p.16、「地球儀」（1703
　　　頃）p.19、『南瞻部洲万国掌果図』（1710）、『中華古今分国大成図』（1728）p.31、
　　　『朝異一覧』（1835）p.37、『大明国十三省之絵図』（1725頃）p.38等（すべて織田
　　　武雄等編『日本古地図大成　世界図編』）。

84）　『日本地図選集　第九巻』（人文社1977）。

85）　上田貞次郎纂訳『萬國地圖』（青木高山堂1891）。

86）　東北大学狩野文庫蔵、原本未見。

87）　日蘭学会編『和蘭風説書集成』（吉川弘文館1977）。但し、この「臺灣」以外に
　　　「高砂」（1666、1667、1684）、「トウネイ」（1672）、「東寧」（1673、1676、1677、
　　　1685）が見える。

88）　注72と同書のp.190。

89）　東京大学史料編纂所編纂『日本関係海外史料　オランダ商館長日記』（本文篇、
　　　訳文編）の訳者による注には「フォルモサ島の南部ゼーランディア城の所在地・
　　　安平」とある。筆者は次のように考えている。オランダ人は、彼らの居城のある
　　　地方名を指していたが、日本の蘭通詞は、中国の地図等で「たいわん」が島名と
　　　の知識があったので、島名と解釈したのであろう。村上直次郎訳『長崎オランダ
　　　商館の日記』（第一輯掲載）では、1625年頃製図とされる地図に「Taijouwan」と
　　　書かれている。又、「阿蘭陀風説書」（1644）には「Tayouan」と記す。

2.「ヨーロッパ」の呼称の変遷について

　本章では、「ヨーロッパ」を示す地名の日本での変遷について検証する。「ヨーロッパ」の原語表記（その読み）は、ラテン語（エウロパ）・ポルトガル語（エウロッパ）・オランダ語（エロッパ・エウロオプ）・イタリア語では「Europa」（エウローパ）であり、英語では「Europe」（ユアラパ）で、ロシア語では「Ebpóna」（エフローパ）である。

2.1　地図資料における表記

　先行の外国地名表記の通時的研究として、荒尾禎秀[1]、王敏東などの研究がある。王敏東は主に和漢の漢字表記の用例を一括して取り上げ、広く外国地名の表記を問題としている。特に、日本の外国地名の漢字表記については、マテオ・リッチの『坤輿萬國全圖』の影響が大きいことを指摘している。

　地図史においては、他の古い（又は新輸入の）地図を参照しつつ新しい地図が作られることが多い。そのように地図には相互の影響があり、一方、専門性の強い地図、一般的な地図など性格が異なっている。それだけに、個々の地図がそれぞれに統一した視点でまとめられる傾向が強い。従って、地名表記に関しても他の資料とは別に扱われるべきであり、その上で、辞書類及びその他の資料についての調査と合わせて考察すべきである。本章以降では、関連する中国の資料については必要に応じ参照することとする。本章の主目的は日本の地図資料における外国地名の表記の実態を明らかにすることであり、総合的な検討の基礎を作ることとした。

　地図の資料は『日本古地図大成』[2]所収のものを基本とし、その他のもので補った。『日本古地図大成』では、世界地図を次のように分類している。

　1　東洋的世界図（1～31）
　　　＊以下括弧内の番号は、地図に附された番号である。

30 第1部 個別地名についての研究

2 南蛮系世界図（32〜57）

3 マテオ・リッチ系世界図（58〜70）

4 蘭学系世界図（71〜103）

5 幕末民衆の世界図（104〜121）

「ヨーロッパ」を指す表記は表1のように分布している。

表1 ヨーロッパの表記の分布

用例	地図中	解説文中＊
欧邏巴（傍書無）	○	○
欧邏巴など（傍書有）エウラハ	○	○
欧羅巴（傍書無）	○	○
欧羅巴など（傍書有）エウロパ	○	○
仮名	○	○
欧洲等の略記		○

＊：「解説文中」とは1舗の紙面で、地図以外の余白に記された用例である。解説文には、題辞・地球に関する説明・凡例・里程表・跋文等がある。たとえば『地球萬國全圖』では、地図の上部に説明文として「蛮國地名清人ノ訳字ヲ以テ書スルモノ　ワキカナヲツクルニ　地ナシ　故ニ大略ヲ誌ルス」とあり、傍書付き地名を刻している。『新製輿地全圖』では、右に題辞、左に凡例がある巻物仕立てである。この凡例に「天保六年佛蘭西人所鏤刻」、「考旧圖　別製両球略圖」とある。版刻時の表記が現れているので調査対象として取り上げた。

2.1.1 漢字表記（図2）

ヨーロッパの漢字表記に関しては、「欧邏巴」及び「欧羅巴」の2種類がある。

「欧邏巴」（1602〜1856）

「欧邏巴」は『坤輿萬國全圖』（1602）に記載された表記である。江戸初期の手書き模写『坤輿萬國全圖』がこれを引き継ぎ、マテオ・リッチ系の地図に見られる。また、『大明九辺萬國人跡路程全圖』（1703頃）等の東洋的世界

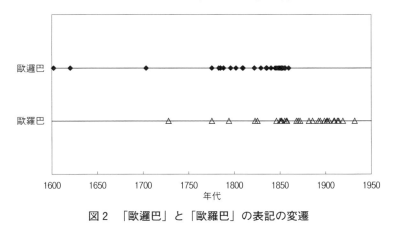

図2 「歐邏巴」と「歐羅巴」の表記の変遷

図、『地球圖』(1775) 等の蘭学系世界図、嘉永年間『萬國地球全圖』、『地球萬國全圖・大日本略圖』等の幕末民衆の世界図にも見られる。蘭学系「大輿地球儀」(1855)、幕末民衆系『萬國地球分圖』(1856) が管見に入った最後の例である。江戸時代を通じて見られ、幕末まで使用された。18世紀の中ごろより1856年までは「歐羅巴」と並行して使用され、その後日本に流入した画数の少ない漢訳表記である「歐羅巴」の使用が主体となった。

「歐羅巴」(1728〜1939)

『中華古今分国大成図』(1728)、『フィッセル改訂ブラウ世界圖』(1775年頃手書) を初めとして、マテオ・リッチ系に属さない蘭学系の桂川甫周による『北槎聞略』[3] (1794) 添付地図、『輿墬航海圖』(1858) 等の世界地図に使用された。この表記は、江戸末期の『世界六大洲』の幕末民衆の地図にも見られる。また、『輿地誌略』[4] (1870) を初め、明治時代を通じて、多くの地図で使われた表記である。その後、地図の「歐羅巴」は大正[5]、昭和[6] まで使用された。『北槎聞略』は凡例において「凡書中載する処蛮国地名人名器具物産等の名 (中略) 皆片仮名を以これを記す。(中略) 地名漢訳あるもの、物産漢名あるもの皆その下に細書し、漢名なきものは和名を記す」と記している。甫周は、外来語は原則片仮名で示し、そのうえで、地名については漢訳書で確認していたのである。書名又は地図名は記載されていないが、中国書の地名

32　第1部　個別地名についての研究

表記を借用したことに間違いない。中国から輸入された新しい世界地図も参照したであろうと推測される。

　地図以外の中国資料では、「歐羅巴」は『明史』[7]「列伝十八」(1739)に見られる。また『重刊海國圖志』[8](1868)に「歐羅巴州」と記し、『瀛環志略』[9](1861原1848)、『大英國志』[10](1856)、『地球説畧』[11](1856)、『地理全志』[12](1858)にも「歐羅巴」が見られる。日本では、地図においても、これら中国書の表記を採用したのであろう。幕末後「歐羅巴」が使用されたのは、画数が少なく書きやすいこともあろうが、中国の正史である『明史』で使用された影響が大きいと考えられる。

　「歐邏巴」「歐羅巴」の表記は、いずれも中国に渡った欧米の宣教師による中国語訳の表記がもとになっているが、日本では両者ともに中国文献に見られるものとして認識され、その表記を借用したのであった。

「歐洲」等

　地図上ではなく解説文中等で見られた「歐洲」「西洋」「泰西」「遠西」について述べる。「歐洲」は、『標準世界地圖』[13](1922の1924版)、『西洋歴史地図』[14](1927)に見られる。『最新欧州大地圖』[15](1936)、『欧州大戦大地図』[16](1939)、『改訂最新欧州大地圖』[17](1942)では、地図の題名に使用された。第一次、第二次世界大戦に関わるもので、多用されたので略称が使用されたと考えられる。中国の『大英國志』、『三才紀要』[18]、『世界地名詞典』(1996)[19]等でも使用されるが、そうした中国の用例から借用されたものであろう。「歐邏巴」又は「歐羅巴」の頭文字を採り、「洲」を付したものである。

　「西洋」は、『大明九辺萬國人跡路程全圖』(1703)、『喎蘭新訳地球全圖』(1796)、『銅版萬國方圖』(1846)、『新訂坤輿略全圖』(1852)等に使用されている。江戸末期『世界六大洲』では「西洋」に「にしのくに」の傍書がある。東洋を中心とした世界観により、漠然と「中国・日本より西の方にある海」を指し、さらにその中にある国をも意味している。後述の辞書の部に詳細を示すが、『和英語林集成』[20]では、英和の部に、「Europe.」の項目で「Yōropa, seiyō」と訳している。

　『喎蘭新訳地球全圖』解説文では、「歐邏巴」の「異称」として「泰西」「西

洋」「遠西」を示している。このことより、18世紀末より幕末明治初期にかけて「泰西」「西洋」「遠西」といった語でヨーロッパを指すとの認識があったことが分かる。『地球萬國全圖』（1836）には、「遠西」に「ヲランタ」のルビが附されている。これは、当時唯一の西洋の窓口であったオランダを西洋の代表とする意識が表れたものである。『新訂坤輿略全圖』で使用している「洋圖」は「西洋圖」又は「西洋半球圖」の略記と考えられる。

　「西洋」、「遠西」などは、初めは地図上の国々を総称するのではなく、「西の方」即ち方角を指していたのであるが、江戸後期には一般的にヨーロッパを表す語として使用された。解説文で用いられたのは、省略してあるために紙面の都合上便利であったためであろう。

2.1.2　仮名表記（図3、表2）

　「ヨーロッパ」の仮名表記について、ここでは5つに分類した。

ヨーロパ

　『萬國総圖』（1652）を初め、マテオ・リッチ系、蘭学系の地図に「ゑうろば（ぱ）」の表記が古くから見られる。語頭の「エ」と「ヱ」との仮名は表記が異なるが、発音の違いを示すものではない。「エウ」の表記が多いのは、もとラテン語綴り、あるいはオランダ語綴りが「eu」の発音であったことを反映するものであったかと考えられるが、エウは、ヨーの長音に変化するので「エウロパ」とあってもヨーロパと発音した可能性がある。「ゑうろば」の語末の「バ」は、そのまま濁音で発音されたか、半濁音で発音されたか不明である。「ハ」は、濁点もしくは半濁点の無表記であろう。また「エウロパ」は「エウロッパ」という促音の無表記とも考えられるが、ここでは全体としてヨーロパとしておく。『天草本平家物語』（1593）の総序に「エウロパ」（森田武の邦訳[21]、稿者注：ただし、ポルトガル語として示されていた外国語の可能性がある）とあるので、マテオ・リッチの漢訳地図以前に日本でEuropaが知られていたことが認められる。『西洋紀聞』[22]（1715）にも「エウロパ」と記載されている。

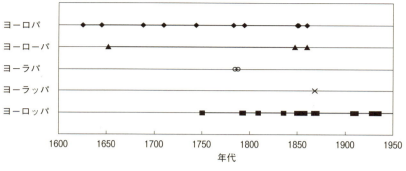

図3 ヨーロッパ仮名表記（地図）

ヨーローパ

「ヨーローパ」系は南蛮のブランシウス系『世界圖』(1592)またはその改訂版に基づくとされる『世界圖』(1652)、蘭学系の『新製輿地全圖』(1847)の凡例文の傍書、江戸後期『萬國地圖』傍書、初期の幕末民衆系の『萬國山海輿地全圖』(1847)傍書に見られる。これらは江戸初期と末期の5例であるが、マテオ・リッチ系に属さない地図の表記である。ヨーローパと発音されたであろう、この発音は、『西洋紀聞』に「漢に歐邏巴と訳す。某はじめ漢音のごとくによびしを、西人聞て、これ支那の音、非也といふ。後にまた阿蘭陀人に問ふに、そのいふところも、亦然也。」と記されているので、漢字表記を日本人が中国風に発音したものと考えられる。『職方外紀』の写本(1809年校写)[23]では「歐邏巴」に「エーロッパ」と「ヨローパ」の傍書が附されているので、この頃には、読みの揺れがあったといえる。

ヨーラパ

18世紀後半、一時期に見られる例である。マテオ・リッチ系『改正地球萬國全圖』(1785)とその異版に見られる。「エウラハ」の「エウ」はヨーと発音され、「ハ」はパの無表記であると考えられるので、ヨーラパと発音されたと推定できる。

ヨーラッパ

幕末民衆系『萬國渡海双六』(1868)に見られる（別表記も同図にある）。

表2 仮名表記一覧 （Gは古地図大成の解説編の番号）

	用例	地図番号	分類
1	ゑうろぱ	8・59・81・G21	ヨーロパ
	エウロバ	7・15・62	
	エウロハ	60平仮名・67・94	
	エウロパ	6	
2	ゑうらうは	38	ヨーローパ
	エウロウハ	89・G4	
	エウローパ	G31	
	ヨウロウパ	108	
3	エウラハ	68・G32・G33	ヨーラパ
	ヨウラハ	68文・G39	
4	ゑうらつば	119	ヨーラッパ
5	エウロツパ	73・79・96・107・109・111平仮名・114・G43	ヨーロッパ
	エウロッパ	90・G27	
	エウロツハ	107・G44	
	ヨウロツハ	17・111・112・113・119平仮名・G34・G38	
	ヨウロツパ	106・109・110・115平仮名・G45・G35・G40	
	ヨウロツバ	109・112	
	ヨーロッパ	G41・G42・G46〜G55	
	よふろつぱ	117	
	エフロツハ	116・119	

「ゑうらつば」と記載されている。

　前項「ヨーラパ」と「ヨーラッパ」に見られる「ラ」の表記については、「ろ」と「ら」の仮名字体の混同、「羅」を「ロ」と読まず「ラ」と読んだ、などの可能性がある。発音上もヨーラパ・ヨーラッパの形があったかどうか疑問である。

36 第1部 個別地名についての研究

ヨーロッパ

『和蘭新訂地球圖』（1750）記載の「エウロツパ」を初めとして、『新製輿地全圖』（1847）記載の「エウロツハ」、『地球萬國全圖』（江戸末期）記載の「ヨウロツパ」等の用例が見られる。明治時代になると、江戸時代までの表記と同じものは『地學事始』（1870）の「ようろつぱ」があるのみで、専ら「ヨーロッパ」が使用された。明治35年（1902）「外國地名及人名取調」（11月15日「官報」）でも「ヨーロッパ」と記載されている。

異例として、『萬國総圖、世界人形圖』（1652）記載の「へうろば」と江戸末期『世界六大洲』記載の「あらつば」があるが、「へ」は、ハ行転呼でエとなることからの混同で、実際には、「エ」と読まれたのであろう。「あらつば」は、「歐」を「あう」と読むことからの誤読（誤刻）が考えられる。『中華古今分國大成圖』（1728）で、傍書に「イスハニヤ」があるが、歐羅巴のうちの一国名としての意識で記載されたのであろう。

まとめ

漢字表記は2種であった。まず、マテオ・リッチの漢字表記「歐邏巴」の影響が江戸時代末まで見られた。「歐羅巴」は18世紀末に始まり、「歐邏巴」と並行して使用され、次第に「歐邏巴」に代わって用いられるようになり、明治、大正、昭和まで使用された。ともに中国の漢訳表記の借用である。

一方、仮名表記は、仮名遣い上の混同がみられるのであるが、「エウロパ」（ヨーロパ）系の表記が古く、19世紀頃からヨーロッパ系と交替した。その間ヨーローパ、ヨーラパなどの形も見られるが、地図上における例は少ない。

2.2 辞書類における「ヨーロッパ」の表記

日本の辞書において、「ヨーロッパ」の表記の実態を調べた。外来語表記については、諸本の凡例等[24]でも表記を確定する基準を述べねばならないように、様々な表記があった。辞書類は外来語の翻訳に関して模範的なものであり、その表記は社会にも影響を与える可能性が高いと考えられる。

2.2.1 漢字表記（図4）

漢字表記としては、「歐邏巴」「歐羅巴」「友羅巴」が見られる。加えて、それを下略した歐洲、歐米、歐人等の「歐」がある。また、日本及び中国より西の海を隔てた国という意味の「西洋」で、ヨーロッパを指す場合がある。更に、「極めて西」という意味の「泰西、大西、遠西」等がある。「西洋」の「洋」を下略したと考えられる形式の、西式、西人、西医等の「西〜」でヨーロッパを指す場合があり、洋算、洋語、洋服等、「西洋」の「西」を上略した形式の、「洋〜」でヨーロッパを暗示する場合がある。

「歐邏巴」（1725〜1857）

「歐邏巴」は1725年より1857年まで見られる。幕府関係書と蘭学者著書と節用集に見られる。利瑪竇Matteo Ricci、艾儒略Jules Alenio、南懐仁Ferdinand Verbiest等[25]、16〜17世紀に中国に入った宣教師達の用いた表記であり、日本での使用は漢訳書からの借用である。

「歐羅巴」（1798〜現代）

日本では、『管蠡秘言』[26]（1777）『蛮語箋』[27]（1798）より1968年まで見られる。18世紀末より使われ始め、明治期から多用されるようになって現代に至る。中国資料の『明史』[28]及び19世紀に新たに流入した漢訳本[29]による表記

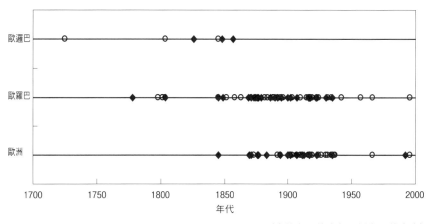

（白抜きは傍書無、黒印は傍書有）

図4　ヨーロッパ漢字表記（辞書）

38　第1部　個別地名についての研究

を採用したものであろう。山村才助は、和漢洋の諸本地理書を参照して、中国での新表記であるこの表記を用いている[30]。1739年完成の『明史』、清代の諸本[31]、『標準漢譯外國人名地名表』[32]（1924）に使用されている。

「友羅巴」（1871）

「友羅巴」は、1871年と無刊記との2本の『世界國名盡』及び西村恆方『萬國地理訓蒙』[33]（明治）に記されている。これは、始めの音が「ユー」であると示し「ユーロッパ」と読ませたい為の漢字表記である可能性も考えられる。『標準漢譯外國人名地名表』[34]には、「Eunice攸尼斯（友尼基※）」（※は編者によると、「慣用訳語」とする）と記載されている。「Europe歐羅巴」「Eurus攸刺斯」といった訳語とも較べると、同じ「eu」の発音（ユー）に「攸・友・歐」の文字を宛てていることが分かる。中国でも『瀛環志略』[35]（1861原1848）で「歐羅巴」の割注に「或作友羅巴」の記載がみられる。これらは英語発音に基づく漢訳であり、日本でも中国の文献が渡来していたことによる。中国において先行して使用されてているので「友羅巴」も中国からの借用であると判断される。

「歐洲」（1873〜現在）

歐羅巴を下略した「歐」でヨーロッパを示す例がある。『通辨獨學』[36]（1873）より見られ、現代まで多用されている。中国書『大英國志』[37]（1856）等にあり、中国表記の借用であると考えられる。

「歐」の読みは「オー」が大多数である。「ヨー」と読む例が1876年『地名称呼』[38]（「歐洲」の傍書に「エウシウ」とあり、発音は「オー」であろう）に1例ある。省略表記の初期段階ではこの読みが適切とされたのであろう。また、『萬國地誌略字解』[39]（1877、右傍書「ワウシウ」、割注「ヨウロツパシウ」）、『英學獨稽古』[40]（1883、Europeの訳語として、「歐洲」のみ挙げる）もある。つまり、当初は「歐羅巴」は漢字音では読まれず原語の発音で読まれていた。その後、省略表記が採用されると、簡便なため多用され、それに伴い日本語としての漢字音「オウ」で読みなじまれていったものと考えられる。

「歐」が他の語と複合する場合は、初めに来ること（歐米、歐亜等）が多い。異なる例では、『明治地誌』[41]（1892）の「亜歐非ノ三大州」が見られ、アジア

が初めに記載されている。また、「欧洲西部地方」という意味ではなく「西洋の国々である歐羅巴」という意味で「西欧」を使う例が『家庭要鑑』[42] (1907)に見られる。

「西洋」等 （1804～現在） （図5）

「西洋」「泰西」「大西」「遠西」「西人」「洋人」等は19世紀初めより使われ、現代に至っている。『訂正増譯釆覧異言』[43] (1804) で、山村才助は、「歐邏巴」の項目に中国の『西方要紀』を引用し、「西洋総名為歐羅巴在中國最西故謂之大西以海而名則又謂之大西洋」（傍書略）と説明する。同様に「西洋」でヨーロッパをあらわしている例として、『和英語林集成』[44] (1867初版) の「Europe．n．Yōropa，seiyō」がある。また、"A DICTIONARY of CHINESE-JAPANESE WORDS"[45] (1889) には「西洋 foreign countries」と記載されており、「西洋」は外国を指している。一方で同書には「泰西 Europe」と記載されており、「泰西」がヨーロッパを指している。『初學入門字解』[46] (1877) では、「西洋」を「エウロツパアメリカノクニクニヲ云フ」と解釈している。辞書以外では、古くは、新井白石が『西洋紀聞』[47] (1715) と書名にも用い、「西洋イタリヤの地名」「大西人」「西人」「西洋地方」とも記している。これらの語が「西にある外国」を指すか「歐羅巴」を指すかは不明である。また『坤輿圖識』(1847) でも「西洋學、西書、西洋人、西洋諸州等」のように使用されている。これらはヨーロッパを示す語として使用されている。このように、「西洋」が何を指しているかについては揺れが見られる。

「西～」とは「西の彼方の国々」とも解釈できる。また「洋～」は「海外の～」、「海を隔てた国々の～」とも解釈できる。両者は「『西洋』の略字」とも「広く外国を示す字」とも決定し難く、辞書類では揺れが見られた。特殊な例として、「闔洲」に右傍書「ヨーロツパ」を付した1例が『厚生新編』[48] (1845)に見られる。しかしこれは「全洲のこらず」の意味であるから、傍書は漢字の読みではなく説明と考えられる。この書では、「歐羅巴」が多用されているが、その中での異例である。

40　第1部　個別地名についての研究

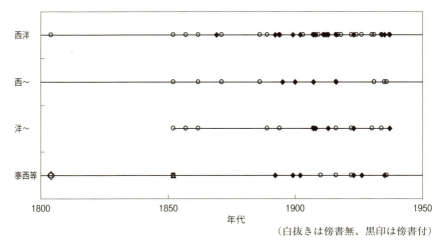

（白抜きは傍書無、黒印は傍書付）

図5　西洋等漢字表記（辞書）

2.2.2　仮名表記（図6）

「ヨーロッパ」系

『訂正増譯采覧異言』（1804）の「エウロツパ」に始まり、現代にまで至る。この間、表記には、「エウロッパ、エウロツパ、エフロツパ、えうろつぱ、やうろつぱ、ヨウロッパ、ヨヲロツパ」の揺れが見られた。アーネスト・メイソン・サトウ等『英和辞典』49)（1876）に「Yôroppa」と記載されている。1902年官報とこの年発行の『小學地理字引』とに「ヨーロッパ」と有り、以後の仮名による表記はこれのみが見られるのである。「ヨーロッパ」という単一表記への固定は文部省の影響が大きかったのであろう。

「ヨーロッパ」系以外の表記

『采覧異言』50)（1713）の「エウローパ和呼エロツパ」を始めとする。明治初期まで見られた。『西洋紀聞』51)（1715）では「エウロパ、漢にエウローパと訳す」「我俗、ヨウロウハといひしは、漢音の転じ訛れる也」と記載されている。当時、オランダ語読みに基づくものと漢字表記による漢音的発音がなされていたものとの二種類があったのである。図6に示す「ヨーロッパ系」以外の仮名表記は、植村藤松板『悉皆世話字彙墨宝』（1733）の「エウロウハ」、及

2.「ヨーロッパ」の呼称の変遷について　41

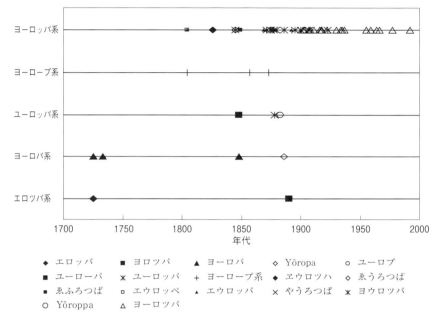

図6　ヨーロッパ仮名表記（辞書類）

び山村才助『訂正増譯采覧異言』とヘボン『和英語林集成』(1867)と中川八十吉『英學獨稽古』(1883)（英語に近い音として示す）の書に「エウロパ」「Yôropa」「イユロプ」が見られる。『萬國名』(無刊記)には右傍書「ユーロップ」、左傍書「エウロツパ」とあり、「ヨーロッパ」への過渡的表記といえるものが見られる。また、「エウロパ」「ヨーロパ」「ユーロッパ」「ヨーローパ」の混在が18世紀初めより19世紀末まで見られた。

まとめ

　18世紀より漢字、仮名による表記が見られ、漢字に傍書が付された例も多くあった。「歐邏巴」は江戸時代末まで使用された。「歐羅巴」は18世紀末より使用され現代に至る。略記「歐・泰西・大西」等は19世紀中頃より使用された。漢字表記の読みは一定していない。仮名表記については、18世紀より

見られ、異なる表記が散在するが、明治35年の「官報」の影響が大きく、1902年以後「ヨーロッパ」のみが見られることとなった。

2.3 その他の資料における「ヨーロッパ」の表記

新聞、雑誌、教科書、その他書物等にみられる表記を調査した。(図7)

日本では、明治35年11月15日に、「官報」[52]で「外國地名及人名取調」が報告された。調査方針に「外國ノ地名及人名ノ称ヘ方ハ本邦人ノ称ヘ易キニ従ヒ成ルヘク其ノ國ノ称ヘ方ニ拠ル外國ノ地名及人名ニシテ我國ニ襲用シタル称ヘ方アルトキハ成ルヘク変更ヲ加ヘス」等が示され、約4000語が原語と片仮名で、一部は漢字も示された。また、放送用としてNHKより昭和12 (1937) 年6月に同様の『外国地名人名表』が出版されている。なお、中国では民国13 (1924) 年7月に『標準漢譯外國人名地名表』[53]が出版され、「外国人名地名、向無一定譯法、混乱之弊、與日倶深、學者苦之。本書目的、在補救斯弊；換言之即謀譯名之統一、以下略)」と記している。日本と同様に外国地名呼称

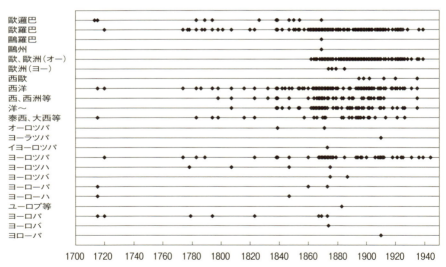

図7　ヨーロッパ漢字と仮名表記（その他資料）

が混在していたことがわかる。

2.3.1 漢字表記

「歐邏巴」（1713〜1869）

新井白石『采覧異言』（1713）に初めて記載され、その後大槻玄沢（蘭医）『蘭学階梯』（1783）、朽木昌綱（蘭癖藩主）『泰西輿地圖説』（1789）、桂川甫周（蘭医）『北槎聞略』（1794）（「ヨーロパ」と傍書）、青地林宗『輿地誌略』（1826）、渡辺崋山『鴃舌小記』（1838）（「ヲーロツパ・ヲウロツパ」と傍書）、箕作省吾『坤輿圖識』（1847）、和蘭通詞『別段風説書』（1850）、永田南渓『洋外人物輯』（1854）、杞憂道人『笑耶論』（1869）（「ヨーロッパ」と傍書）まで使用された。新井白石が在漢宣教師利瑪竇の表記を取り入れたのが始まりである。白石は「エウロパ」と傍記しており、そのまま〈エウロパ〉と発音したか、あるいは〈ヨーロパ〉と発音したと考えられる。また前述のように、彼は、オランダ人は〈エロッパ〉と発音し、中国人は〈ヨーローパ〉と発音したと記している。彼以前の日本人が〈ヨーローパ〉と発音したのは漢音の転訛である[54]という見解である。

この「歐邏巴」の表記は、幕府関係の学者達の間で、幕末に至るまで多く使用されていた。この表記を使用している人々には、この表記が正当であるとの意識がはたらいていたのであろう。1720年以後は、「歐羅巴」の表記が使用されているのと並行して使用されていた。

漢字の傍書から、「エウロパ」「ヨーロパ」「オーロッパ」「ヨーロッパ」と読み方が変化したことが分かる。

「歐羅巴」（1720〜1939）

『四十二國人物圖説』（1720）より『尋常小学地理書』（1939）までみられる。この漢字表記の用例は、西川如見（長崎生まれ、天文暦算家）『四十二國人物圖説』の〈傍書：ヨーロッパ・ヨーロパ〉に始まり、前野良沢（蘭学者）『管蠡秘言』（1777）の〈傍書：ヨーロパ〉、大槻玄沢『蘭学階梯』（1783）の〈傍書：ヨーロッパ〉、森島中良（蘭学者）『紅毛雑話』（1787）、朽木昌綱『泰西輿地圖説』（1789）の〈傍書：ヨーロッパ〉、桂川甫周『北槎聞略』（1794）の

〈傍書：エウロパ〉、箕作阮甫訓点（蘭医）『地球説畧』（1860）の〈傍書：エウローパ〉、幕末明治の新聞、明治の教科書、大槻文彦『作文大観』（1911）の〈傍書：ヨーロッパ〉、長谷川如是閑『倫敦』（1912）の〈傍書：ヨーロッパ〉等に見られる。

　初期には、蘭学者達が使用していた。彼らは新しい漢訳地理書の影響を受けたと考えられる。また、長崎のオランダ人と通詞による影響も受けていたであろう[55]。

　漢字表記の傍書には他に、橋爪貫一『世界商売往来』（1871序）の〈傍書：アフロッパ〉、黒田行元『政體新論』（1874）の〈傍書：ヨーロハ〉（発音は、「ヨーロッパ」である可能性がある）、竹内久兵衛『絵具染料考』（1887）の〈傍書：ヨーロッバ〉、加藤智之『日本いろは字典』（1910）の〈傍書：ヨーラッパ〉といったものもある。日本での漢字音は、「欧」が「おう」、「羅」が「ら」、「巴」が「は」であり、日本漢字音に従った「オーロッパ」、「ヨーラッパ」、「ヨーロハ」も見られるということである。また英語発音に影響された卜部精一『通辨獨學』（1873）〈傍書：ヨーローパ〉も見られる。このように、読みの揺れは見られるが、有力な読みとしては一貫して〈ヨーロッパ〉が存在していた。

　1860年以後には「欧邏巴」の例は1例のみであり、以後「欧羅巴」が圧倒的に多く使用されるようになった。これには蘭学者関係書と新聞との影響が大きい。さらに明治時代の教科書に採用されたこの表記は現代にまで続いている。

「鷗羅巴」（1869）

　『もしほ草』（第39・40篇1869）の新聞記事に「鷗羅巴」「鷗洲人」が見られる。誤植でなければ、漢字「鷗」と「欧」は同韻字であり（平声尤韻）、漢字音に詳しい記者により記載されたと推定できる。

「欧洲」「欧」（略記）

　「欧羅巴洲」の省略形として、「欧洲」及び「欧」で「ヨーロッパ」をあらわす場合がある。『官板海外新聞』（巻之五1862）に始まり、現代にまで続いて使用されている。前掲の辞書類の項で述べたように漢訳[56]の利用である。

2. 「ヨーロッパ」の呼称の変遷について　45

　黒田行元『政體新論』（1874）から『萬國名所圖絵』（1885）まで5例に、「歐洲」の傍書として〈ヨーシュウ〉と付されている。『江湖新聞』（第6集1868）の「歐」及び『泰西勧善訓蒙』（1871）の「歐洲」では、漢字の傍書にそれぞれ「ようろっぱ」、「エウロツハ」とあり、『改正商売往来』（1879）の「歐亞」の傍書には、「エウア」と記される。この時期には「歐」を「ヨー」と読ませている書物もあることが分かる。この略語は、新聞、雑誌、教科書でも多用された。『政體新論』、『萬國地誌略字解』（1877）、『萬國名所圖絵』及び『太平洋』（第一巻第一号1895）及び『太陽』（第1巻第1号1895）等には傍書「おう」の例がみられる。『政體新論』と『萬國名所圖絵』には、「ヨー」と「おう」の両方の傍書が見られる。この頃は両者の読み方があり、「歐」の読みには揺れがあった。

　片仮名表記の「ヨーロッパ」の使用例は古くからあり、1855年頃以前で傍書のない「歐」の例も〈ヨー〉と読まれていた蓋然性が高いだろう。1874年以後は「おう」の傍書のみ現れる。但し、片仮名の「オーロッパ」表記も1839、1871年に使用例があり、本稿の調査対象以外の書物で1839年前後にも〈オー〉と読まれた例がある可能性が無いとはいえない。「おう」は漢字の日本での音読みに従ったものと考えられる。日本漢字音で読まれるということは、それだけ略語「歐」が日本人に深く馴染んだことを意味するだろう。幕末より、ヨーロッパとアメリカを意味する「歐米・歐美・歐墨」「米歐」の例や、ヨーロッパとアジアを意味する「歐亞」の例も見られる。幕末以降、読み方は完全に〈ヨー〉から〈オー〉へと移行した。

「西洋」「西歐」「西〜」

　これらの語も中国で使用されている[57]ので、それに倣って日本でも使用されたと考えられる。1715年から使用されている。新井白石『西洋紀聞』（1715）、前野良沢『管蠡秘言』（1777）、大槻玄沢『蘭学階梯』（1783）、高野長英『西洋学師の説』（1832頃）、渡辺崋山『慎機論』（1838）、佐久間象山「海防に関する藩主宛上書」（1842）、柳河春三監修『西洋雑誌』（巻一1867）、福澤諭吉『世界國盡』（1869）、各種新聞等の「西洋諸国」、箕作省吾『坤輿圖識』（1847）の「西洋諸州・西洋諸邦」が見られる。『日本貿易新聞』（1863年10月24日）、

46　第1部　個別地名についての研究

『新聞雑誌』（第58号1872）、福澤諭吉『瘠我慢の節』（1901）に「西洋各国」
が見られる。これらの用例はアジア以外の国々をさしており、「西洋」で「ヨー
ロッパの国々」を意味していることがわかる。「東洋」と対照して「東西洋」
「東西両洋」「東西両州」「西洲」といった語も使用されている。東洋に対しての
意識があるためか、「西洋」のルビに「さいよう」「サイヨウ」とする例が桂川
甫周『北槎聞略』（1794）と橋爪貫一『續編世界商売往来』（1872）に見られる。
　「西洋」は新井白石『西洋紀聞』に始まり、西川正休『長崎夜話草』（1720）、
大槻玄沢『蘭学階梯』等でも見られ、長く使用された。また「西洋人」「西洋
流」「西洋暦」「西洋医」「西洋文明」等の「西洋〜」もある。これらのなかに
は、「ヨーロッパ」を意味しているのか、「外国から舶載された」との意味な
のか紛らわしい例もあるが、オランダ以外の国（イタリア・アメリカ・イギ
リス等）も含めて西洋といっていることは文章の前後より理解できる。
　「西歐」は、1895〜1935年の間に7例（無刊記本を含まない。1902年は2例）
みられる。「西方（又は西洋）の歐羅巴」の意味で使用されている。また、「西
〜」で「西洋の〜」を意味して使用された例が1798〜1935年まで見られる。
『遠西観象図説』（1823）では「西学家」の傍書に「ランガクシヤ」とある。
これは「西」で当時の外交国のオランダをヨーロッパ諸国の代表としたもの
である。『もしほ草』（第15篇1868）と『世界商売往来　補遺』（1873）には、
「西國」の傍書に「せいやう」とある。また『詩作早学』（1883）には「西人
術」の右傍書に「セイジンヂユツ」、左傍書に「セイヨウジンノシワザ」とあ
る。推古天皇が隋に送った国書（607）に「東天皇、敬しんで西皇帝に白す」[58]
とあり、「西」は古くは「中国」を指したのであるが、江戸時代には、初期に
はオランダを意味し、後期に「西洋（ヨーロッパ）」を意味したことになる。

「極西」「大西」「泰西」「大西洋」

　この中では、「泰西」が最も多く使用されている。これら「極西」「大西」
「泰西」「大西洋」は、1715〜1936年まで使用されてきた。（『西洋紀聞』〜『支
那學芸大辞彙』）

「洋」

　1807〜1935年まで見られた。『環海異聞』（1807）には「洋船」の傍書に「を

らんだぶね」と記載されている。また、「歐邏巴洋夷」の右傍書に「ようい」
と示し、左傍書に「セイヨウノヱビス」とある。初めは「洋」は、「オランダ」
の意味で使用された。「洋船」の傍書に「をらんだぶね」とあるのは、当時の
人々の意識が「洋即オランダ」であったことになろう。

2.3.2　仮名表記

「ヨーロッパ」「イヨーロッパ」

　仮名書きでは、「ヨーロッパ」が多く使用され、現代に続いている。調査資
料中の初出例は西川如見『四十二國人物圖説』（1720）に見られるが、「よー
ろぱ」も同書にみえ、語形には揺れがある。『泰西輿地圖説』（1789）、『外国
事情書』（1839）、『坤輿圖識』（1847）、『西洋雑誌』（巻一「エウロッパ」1867）、
『西洋開化往来』（1873・片山勤）にも同様の揺れがある。これらの中には、
表記が違うのみで、発音は同じものもある。『開化用文章』（1873）での「い
ようろつぱ」は、語頭の「ヨ」を強く発音したために、「yo」の「y」の音表
記である「い」も表されたのであろう。

　表記には、他に「エフロツパ」「エウロツパ」「エロツパ」「ヨーロツパ」
「ヨウロツパ」が見られた。

「ヨーローパ」「ヨーローハ」

　新井白石『西洋紀聞』（1715）、箕作阮甫訓点『地球説畧』（1860）に「エウ
ローパ」、『西洋開化往来』（1873）に「ヨウロウパ」と記載されている。『西
洋紀聞』に「ヨウロウハ（昔、我俗）」、『坤輿圖識』（1847）に「エウロウハ」
（「エウロツパ」も記す）の用例がある。1715年、この時既に新井白石が『西
洋紀聞』で「漢に、歐邏巴（右傍訓・エウローパ）と訳す、某はじめ、漢音
のごとくによびしを、西人聞て、これ支那（右傍訓・チイナ）の音、非也と
いふ」と述べているように、彼を含めた日本人の間に、中国語音に基づく〈ヨー
ローハ〉が存在していた。

「ヨーロパ」「ヨーロバ」

　「ヨーロパ」は、『西洋紀聞』、『四十二國人物圖説』、前野良沢『管蠡秘言』
（1777）、桂川甫周『北槎聞略』（1794）、志筑忠雄『遠西観象図説』（1823）、

48 第1部 個別地名についての研究

柳河春三監修『西洋雑誌』（巻六「エウロパ」1869）、高見沢茂『世界歴史の緒』（1873）での使用が見られる。また、「ヨーロバ」は、黒田行元『政體新論』（1874）、小酒井五一『カード式外国地理』（1910）に見られる。これらは促音の無表記とも考えられ、また濁点は半濁点の混同とも考えられるので、これらの中には「ヨーロッパ」と読むべき例も含まれているものと考えられる。

「オーロッパ」「ヨーラッパ」

「ヲウロツパ」は渡辺崋山『外国事情書』（1839）、「アフロツパ」は橋爪貫一『世界商売往来』（1871）に見られる。「アフ」の「フ」はハ行転呼の混同で「アウ」と同等である。これは「歐」の日本語漢字音「アウ（オウ）」に従った読み方である。また、「ようらつぱ」は、加藤智之『日本いろは字典』（1910）に見られる。地図ではなく書物の文中であり、平仮名からの誤写は考え難いので、「ろ」の誤写ではなく「羅」の日本漢字音「ら」による語形であろう。これらは漢字表記による影響を受けた日本での読みであると考えられる。

おわりに

漢字表記について

「歐邏巴」は17世紀、地図において初めて見られ、19世紀中頃まで続いた。次いで、18世紀〜19世紀中頃には、書物と辞書にも見られるようになったが、その後「歐羅巴」と入れ代わるように途絶えた。「歐羅巴」は地図・辞書・書物に18世紀から見られ、20世紀まで使用された。特に幕末明治から盛んに使用された。例外的なものとしては、「鷗羅巴」と「友羅巴」の例が幕末明治初期の新聞・辞書に見られる。この「鷗・友」は「歐」と同韻字で、うち「友」の例は漢籍にみられる（「鷗」は未見）ので、中国表記の影響が考えられる。英語辞書『英學獨稽古』（1883）では「Europe」と英語の傍書にあり、これは「友羅巴」と翻訳している例である。上記四種の漢字表記の読み方の主流は、新井白石以後「ヨーロッパ」であった。

一方、省略形「歐」は、地図ではほとんど使用されず、辞書、書物におい

て使用され、19世紀中頃より現代まで使い続けられている。但し、読み方は、「ヨー」から「おう」へと変化したと考えられる。

仮名表記について

　地図、辞書、書物においては「ヨーロパ」「ヨーローハ」「ヨーロッパ」の三系列が見られた。辞書、書物には、英語の発音を示すものと、日本漢字音からの読みである「ユーロッパ」系、「エロッパ」「オーロツパ」等も見られた。

特殊表記について

　地図の余白文中、辞書、書物に見られる。

　「西」「西洲」「西洋」「大西洋」「大西」「泰西」等の語でヨーロッパを表す場合がある。新井白石『西洋紀聞』(1715) では「歐羅巴是すなはち支那にては大西洋といひ、本朝にては奥南蛮といふ地方なり」、山村才助『訂正増譯采覧異言』(1804) では「中国の最西にあり、故に之を大西といふ。海を以って名づく時は、即ち之を大西洋といふ」、ヘボン『和英語林集成』(1867初版) では「Europe」の項目に「Yōropa」「seiyō」と記されている。また、ガビンス"A DICTIONARY of CHINESE-JAPANESE WORDS" (1889) は「泰西」「Europe」と記述している。これらの外国書の翻訳に関わる書物では、「西洋」と「泰西」は「ヨーロッパ」を指していることが明らかであった。「西の方の国」、「西の海の彼方」等の原義から、19世紀末にはヨーロッパを表す語に変化して理解されていることになる。ヨーロッパの語源は辞書 (1903、1907、1980) 等[59] には「セミ語の暗黒、日没の意にして即ち日没國の義なり。」「アッシリア語のエレブ (ereb：西、日没) である」と記載される。地名「ヨーロッパ」の語源に影響されて「西」が使用された可能性も考えられる。

注

1 ）「あいさつ〜ぐそく」(『講座日本語の語彙9　語誌Ⅰ』明治書院1983)。

2 ）　織田武雄・室賀信夫・海野一隆編『日本古地図大成　世界図編』(講談社1975)。

50   第1部　個別地名についての研究

3)　桂川甫周『北槎聞略』（原本は1794、杉本つとむ編『北槎聞略』早稲田大学出版部1993による）。

4)　内田正雄『輿地誌略』（文部省1870）。

5)　『世界新地圖』（大阪朝日新聞社1919）、『改造世界地圖』（大阪毎日新聞社1919）。

6)　『歐洲戦乱圖』（大阪朝日新聞社1939）。

7)　『明史』「列伝十八」（原乾隆四年版1739）。

8)　歐羅巴人原撰、林則徐訳、魏源重輯『重刊海國圖志』1852（神戸大学蔵本）。

9)　徐継畬『瀛環志略』（原本は1848、井上春洋等訓点阿陽對嵋閣梓本の影印本1861による）。

10)　慕維廉（William Muirhead、英国人）『大英國志』1856。

11)　禕理哲（Richard Quarterman Way、米国人）『地球説畧』（原本は1856、箕作阮甫訓点翻刻本3冊（老皂館蔵梓1860）による。

12)　慕維廉『地理全志』鹽谷世弘序翻刻本10冊（爽快樓蔵梓1858）を使用した。

13)　第三版、東京開成館、「西南歐羅巴」の見出し語として「西南歐」、同様に「南部歐羅巴」を「南歐」としている。

14)　三省堂編輯所編、増訂改版、修正四版（1927初版の1933）による。「ヨーロッパ洲」が多く使用されるが、「歐洲大戦要地圖」が1例見られる。

15)　『キング』（第十二巻第一号附録、大日本雄辯會講談社1936）

16)　『キング』（第十六巻第一号附録、大日本雄辯會講談社1939）

17)　大阪毎日新聞社東京日日新聞社発行。

18)　著者刊年無し　写本　19世紀末頃のものであろう（大阪市立図書館蔵）。

19)　徐宗浩編輯『世界地名詞典』（上海辞書出版社1996修訂版）。

20)　ヘボン著　飛田良文・李漢爕編集『和英語林集成　初版・再版・三版対照総索引』（港の人2000、2001）による。

21)　森田武『天草版平家物語難語句解の研究』（清文堂1976）。

22)　新井白石『西洋紀聞』（原本は1715、宮崎道生校注『新訂　西洋紀聞』平凡社1968東洋文庫113による）。

23)　「艾儒略　天啓三年識　葉向高序」（1623）、「文化戊辰十二月中旬至己巳正月二十七日卒幸　大槻玄沢氏所蔵校写」（大阪府立中之島図書館蔵）。

24)　侍医法眼伊東貫斎訳『遠西方彙』（広胖堂蔵1862）における「凡例六則」の最初に「書中薬名病名、有漢名不詳者、皆従先輩之訳、加密列（傍書カミルレ）、（中略）之類也。其未経訳者、今新定其字、（中略）。旧訳不穏当者則正之、（中略）或前訳称呼不便者則換之、（中略）若夫未経訳者、既用南洋考正之字音」。「獨乙加幾安頓　著。和蘭　傑㷭婆都　訳」とあるので、題名の「遠西」はヨーロッパ

を示している。また穂亭主人輯『西洋學家譯述目録』（原本は1852、松雲堂書店再版1926による）の例言で「翻訳ノ著述」「此編西洋醫學翻譯ヲ以テ」「儒家画家ニシテ西洋學ヲ兼ルモノアリ専門ニ非サレトモ洋學ニ通シテ譯書ノ著述」等と記されているので、「西洋」は、アジア以外の外国即ちヨーロッパの言語使用国を指していると考えられる。

25)　利瑪竇Matteo Ricci（1581〜1610、イタリア人）『坤輿萬國全圖』、艾儒略Giulio Alenio（1613〜1649、イタリア人）『職方外紀』、南懐仁Ferdinand Verbiest（1659〜1688、ベルギー人）『西方要紀』に見られる。生没年は近藤杢『支那学芸大辞彙』（立命館出版部1936）に拠った。

26)　前野良沢『管蠡秘言』（『洋學　上』岩波書店日本思想大系64　1976による）1777序。

27)　『蛮語箋』杉本つとむ編（皓星社2000）による。

28)　清張廷玉撰『明史』（原本は1739年完成、中華書局）。

29)　魏源重輯『重刊海國圖志』（1852）、『瀛環志略』（原本は1848）等。

30)　山村才助『訂正増譯釆覧異言』（1804、青史社1979、内閣文庫所蔵本の影印）を使用した。

31)　『小方壺斎輿地叢鈔』等に所載の諸本。

32)　何崧齡等編纂（原本は1924商務印書館、汲古書院1975影印）。

33)　この書は2篇で上下の2冊であるが、刊記が記されていない。その「東半球」図に「友羅巴」としているが、本文では「歐羅巴」（上5オ、5ウ傍書無し、7オ傍書ヨウロツパ、10オ傍書ヨウロツパ）が記載される。「東加拿太」の傍書を「シガシカナダ」としており、東京方言であることが解る。東京の版元によるのであろう。緒言で「米人著述セル地理史業ニ依テ抄譯シ」と書かれている。

34)　注32に同じ。

35)　注9に同じ。

36)　卜部氏訳『通辨獨學』（宝玉堂、1861初版の同年増補版）。

37)　江蘇松江上海墨海書院。

38)　千葉師範学校編、出雲寺。

39)　市橋久太郎編、師範学校、文光堂。

40)　中川八十吉訳、中川仁三郎発行。

41)　岡村増太郎編、文学社。

42)　大日本淑女學會編集発行。

43)　注30に同じ。

44)　注20に同じ。

52　第1部　個別地名についての研究

45)　John Harington Gubbins "A DICTIONARY of CHINESE-JAPANESE WORDS" London: Trubner& Co. Tokio: the Hakubunsha, Ginza 1889、英國人ゼー・エッチ・ガビンス、博聞本社、part I 1889、part II 1890、part III 1892。

46)　鳥山啓『初學入門字解』（出版人野田大二郎1877）。

47)　『西洋紀聞　中巻』（注22に同じ）。

48)　杉本つとむ編著『江戸時代西洋百科事典　「厚生新編」の研究』（雄山閣出版1998）

49)　"AN ENGLISH-JAPANESE DICTIONARY"（近代日本英学資料）。

50)　『釆覧異言　巻第一』（原本は1713、今泉定介編輯『新井白石全集　第四』吉川半七1906による）。

51)　注22に同じ。

52)　「官報」第五千八百十一号附録　彙報。及び明治36年12月26日「官報」第六千百四十七号附録　彙報　外国地名及人名増補及訂正。

53)　注32に同じ。

54)　『釆覧異言』巻第一（注50に同じ）。『西洋紀聞　中巻』（注22に同じ）による。

55)　杉田玄白『蘭学事始』（緒方富雄校注　岩波書店、p.72）注に「オランダ人の拝礼は、1609年にはじまり、（中略）江戸での彼等の宿は本石町三丁目の長崎屋ときまっており、二、三週間滞在した。この期間に、江戸の科学者達は、長崎屋に出かけ、オランダ人、ことに医師にいろいろと質問をして、知識をたくわえたのである。これを『対話』とか『対語』とかよんだ。ある意味では、江戸の蘭学はこのオランダ人滞在中、長崎屋がそのみなもとであったのである。」とある。

56)　『大英國志』（1856）で使用されている。

57)　『職方外紀』明艾儒略撰　清祚錫之校刊（写本　神戸市立博物館蔵　原本は1623刻）に「西士」「西洋」「大西洋國」「大西洋」「泰西」「西刻地圖」「西海」が使用されている。

58)　『日本書紀』（720）、推古天皇十六年（608）九月に記載される。「爰天皇聘唐帝。其辞曰、東天皇敬白西天皇（下略）」『國史大系　第一部2』（1952吉川弘文館）には、「東」に傍書「ヤマト」があり、「西」に傍書「モロコシ、モロコシ（岩）」と記す。『新日本古典文学全集』の頭注に「古訓は『東大和』『西もろこし』。中国側にはこの時の遣隋使に対応する史料はない。」とある。古訓では「西」が中国となっている。

59)　阪本健一編『外國地名人名辞典』（三書館蔵版1903）、『教材大辞典』寶文館編輯所編纂（寶文館1907）、牧英夫編著『世界地名の語源』（自由国民社1980）。

3. 「イタリア」の呼称の変遷について

3.1　地図資料における「イタリア」の表記（図7）

　原語地名表記については、ラテン語・イタリア語では「Italia」、オランダ語では「Italië」、ポルトガル語では「Itália」、英語では「Italy」、ロシア語「Итáрия」である。

3.1.1　漢字表記について（表3）
　語頭の文字及び文字数により分類した。

「意大里亞」

　『坤輿萬國全圖』（1602）に始まり、『閻浮提圖』（1829）まで見られる。即ち、江戸時代初期より後期（幕末は含まない）まで使用されたことになる。マテオ・リッチによる表記が長期に渡り使用された例であり、漢訳地名の借用である。

表3　イタリアの漢字表記

意大里亞	（意大里）	
意太里亞	（意大利）	以他里
意大利亜	意太利	（以大利）
意太利亜	（伊達里）	（以他利）
伊多利亜	（伊達利）	（以大里）
	伊太利	
以多利野		
		以太利
（意大里亞）	（義大利）	
	義大利	

＊（　）内は『海國圖志』・『瀛環志略』等の中国文献での表記。

54   第1部　個別地名についての研究

「意太里亞」「意太利」等

　「意太里亞」（亜も含む）は『地球圖』（1775）等の地図に見られ、幕末までの地図に使用されている。さらにこれを変形した用例「意太利亜」と「意太利」が明治初期に見られる。中国の地名表記では「里」「利」「理」は一般に使用され、同じ音を表している。これら日本地図での用例は、「意大里亞」（中国図『坤輿萬國全圖』）及び「意大利」（中国書『三才紀要』『標準漢譯外國人名地名表』『世界地名詞典』）といった漢訳地名の変形である。「大」を「太」に替えたのは日本独自の表記であると考えられる。

「伊太利」

　明治時代を通じて「伊太利」が使用されている。語頭の「伊」は新しく用いられた文字である。「伊多利亜帝」が『嗄蘭新訳地球全圖』（1796）に記載されており、「伊」は蘭学者の採用したものである可能性がある。中国における漢訳地名では、「イ」にあたる漢字に「伊」「以」「意」「義」が使用されている。19世紀中頃以後の例として、中国の『重刊海國圖志』（原1852）に「伊達里」が見られるので、明治の用例はこの頃の漢籍に倣った可能性がある。また、「亞・亜」の省略は、英語発音に添ったとも考えられる。日本では、漢訳を一文字変形して使用した。

「以他里」「以太利」

　山路諧考『重訂萬國全圖』（1855）に「以他里」、『新訳全書』所収地図（1880）、『萬國精圖』（1886）、『佛蘭西史』（1890）の地図に「以太利」が見られる。ただし、『萬國精圖』の都市図では地図内とは異なり、「以太里」と記載されている。当時一般には「た」の仮名として「太」が多用されていたためと考えられる。

　「以他里」は、『海國圖志』[1]及び『瀛環志略』[2]に見られるので、日本に新しく流入した漢籍に倣った表記と考えられる。中国では「太」を使用した例はなく、『瀛環志略』及び『大英國志』[3]に「以大利」とあり、「以太利」はこの変形である。

「義大利」

　当時の中国の地図を日本で翻刻した『漢訳萬國輿地新図』（1902）に見ら

れる。傍書はなく、日本での伝統的な読み「イタリヤ」か、英語からの翻訳に基づく「イタリー」かで読まれていたと推定されるが確定はできない。日本で作製された地図ではあるが、内容はすべて中国の地図の引き写しであり、この表記も漢訳地名の借用である。

「伊多利亜帝」「以多利野」〈万葉仮名風表記〉

「伊多利亜帝」は『喎蘭新訳地球全圖』（1796）の説明文中に記載されている。地図には「イタリヤ」と記載されている。「以多利野」は『世界四大州図』（手書1750年頃）の地図中に見られる。この地図は、アジア以外では地名を万葉仮名風表記で示すという特色がある。

「中国標準音の書き方」によると、漢籍の「他」「亜」とこれらの地名表記の「多」「野」との音は異なっている。実際に、中国の地図『海國圖志』の地図中と項目名では「意大里國」と記され、文中では「意大里亞、以他里、伊達里、羅問國、羅馬國、那馬國」が挙げられているが、「多」及び「野」は使用されていない。このことから、「多」「野」は「タ」「ヤ」と読め、日本で独自に宛てられた万葉仮名風表記と考えられる。

まとめ

以上のように、地図におけるイタリアを示す漢字表記には、マテオ・リッチによる漢訳「意大里亞」の借用とその変形が見られ、18世紀末には日本独自の万葉仮名風表記も見られた。江戸中頃には、新しく流入した漢訳「以大利」とその変形、及び「伊太利」、「義大利」等が見られた。

3.1.2 仮名表記について（次頁表4）

仮名表記には片仮名表記「イタリア」「イタリヤ」「イタリー」と平仮名表記「いたりあ」「いたりや」が見られる。傍書では「イタリア」「イタリヤ」「ヰタリヤ」「いたりや」が見られる。

「イタリヤ」等

「イタリヤ、いたりや」については、『世界図屏風』[4]（1593頃）に「いたりや」が見られる。この屏風は南蛮（ポルトガル、スペイン）系の地図をもととしたものである。古い屏風図ではすべて「いたりや」と記載されている。

56　第1部　個別地名についての研究

表4　イタリアの仮名表記

1	イタリヤ、いたりや、ヰタリヤ	すべての系列の世界図
2	イタリア	蘭学系以外の世界図と明治期の地図
3	イタリー	幕末と明治・大正期の地図
4	いたりにや	誤記であることは確かであるがその理由が確定できない

当時渡来の世界地図の写しであるから、キリシタンによる発音を記したと推定できる。キリシタンは日本人に世界地理も教えた[5]ということであり、当時の信者でこの地名を知る者もいたであろう。『萬國総界圖』（1688）に見られる「ヰタリヤ」の「ヰ」は仮名遣の混同で、発音は「イ」であろう。日本では最初に受容されたこの「イタリヤ」が長く使用され、江戸、明治、大正の地図に広く見られることとなった。

「イタリア」

「イタリア」は、『坤輿萬國全圖』（手写、1620）、『世界圖』（1698）等のマテオ・リッチ系図と、『萬國一覧圖』（1809）という東洋系図、幕末の地球儀[6]及び明治期の地図に見られる。「ア」は、ラテン語またはオランダ語原音の「a」、または、漢訳の「亜」を音写したのであろう。調査資料内では、「イタリヤ」の用例数と比較すると「イタリア」は約1/5である。

「イタリー」

「イタリー」は、幕末・明治・大正の地図に見られる。英語の文物が輸入された影響を受けた英語に基づく表記といえよう。

「いたりにや」

「いたりにや」は、『萬國総圖、世界人形圖』（1652）に見られる表記である。同図とセットになっている地図には「いたりや」とあるが、人物図にはこの表記が見られる。これは一つの四角枠に2ヶ国の人物が描かれ、国名を記しているものである。隣の人物に「いすはにや」とあるので、それに引かれて語尾を「にや」と誤写したとも考えられる。あるいは、元の外国書に記された「いたりあん」（Italiano、Italiaan）から翻訳する際に誤記したとも

3.「イタリア」の呼称の変遷について 57

考えられる。
　イタリアの仮名表記をまとめると、次のことが言える。「イタリヤ」は江戸時代直前から昭和初期まで見られた。「イタリア」は18世紀から20世紀初めまで散見され、現代において最も普通の語形となっている。ラテン語またはオランダ語「Italia」のオランダ人による発音を模したり、オランダ語の書物を直接見てローマ字に則して音訳したものであろう。英語「Italy」に則した「イタリー」は、幕末明治から昭和初期まで見られた。（図7）

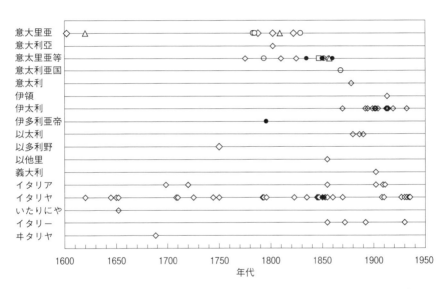

図7　イタリアの表記（地図）

58 　第 1 部　個別地名についての研究

3.2 　辞書類における「イタリア」の表記

3.2.1 　漢字表記について

　漢字表記されたイタリアの呼称は多種である。それらを、「タ」に当たる漢字に「大」を使用する系統、及び「太」を使用する系統、「義大利」、略記の 4 種に分類した。

「意大～」系表記（図 8、P.63）

　「意大里亞」という表記は、中国の『坤輿萬國全圖』[7]（1602）等の表記と一致し、中国に渡った初期宣教師[8]の書物、『明史』[9]（1739）、袁祖志著『西俗雜誌』（1850年頃）等[10]にも見られるもので、漢訳表記の借用であると判断される。日本では、『采覧異言』[11]（1713）に始まり『大成無双節用集』（1849）、『教材大辞典』[12]（1907）まで見られる最も古い表記である。「意大禮亞」は『采覧異言』に 1 例のみ見られる。これは中国地名表記の新井白石による独自の変形である。

　「意大利」という表記は、中国の『俄遊日記』（1887）、朱克敬『通商諸国記』『初史泰西記』等[13]に見られる。当時、中国へ渡った欧米宣教師[14]の漢訳表記に見られる用例である。『中日大辞典』（1968）等の戦後の辞書類にも見られ、現中国の『辞源』『世界地名詞典』等にもある表記である。これらは中国の辞書をそのまま翻訳したものであり、日本人が一般的に使用したかどうかは疑うべき例である。

　「以大利」という表記は、『訂増英華字典』[15]（1884）に見られる。これも中国の辞書の原著を忠実に翻訳したものである。

　日本では、初めに「意大里亞」が使用され、次いで「意大利」「以大利」[16]が見られた。これらは中国表記の借用であるが、用例は少ない。イタリアの「タ」に「大」を宛てるものに、幕府関係書（『西洋紀聞』『環海異聞』等）及び『大成無双節用集』（1849）、明治政府関係書（『通航一覧』（1913））がある。当時、公的に最も正しい表記とされていた可能性がある。

「意太〜」「伊太〜」「以太〜」等の表記

　『訂増英華字典』（1884）には、「太」を使用する「以太利」が1例見られる。他に「意太里亜」等もあるが、「太」を使用する表記については中国の書には見られない。「太」を用いた表記は、翻刻の際に変化したものであろう。中国ではイタリアの「タ」を示す文字として、「大」「他」「達」を使用している。『重刊海國圖志』[17]（原1852）に「意大里亞」「意大里」「以他里」「伊達里」等が記載され、『瀛環志略』（1861翻刻）に「意大里亞」「以他里」「以他利」「伊達利」等が記載されている。

　「意太里亜」等については、日本では『蛮語箋』（1798）を初めとし、『改正増補蛮語箋』（1857後印本）、『坤輿圖識』[18]（1847）を経て、『和蘭字彙』[19]（1858）まで見られる。『蛮語箋』には「明人著ス所ノ地球圖説ノ訳字ヲ上ニ標下ニ蛮人ノ称呼ヲ載ス」との注がある。ここに見られる『地球圖説』は『重刊海國圖志』にも参照されている。『続修四庫全書總目』によると、清代の在華法蘭西人宣教師蔣友仁（Michel Benoist）の著であるという。これには「太」は見られない。「意太里亜」は『萬寶節用富貴藏』[20]（1802）にも参照されている。このことから「太」は彼ら蘭学者により日本で独自に使用されたものと考えられる。この表記に対する傍書は『蛮語箋』と『萬寶節用富貴藏』に「イタリヤ」とあり、『訂正増譯釆覧異言』[21]（1804）、『厚生新編』[22]（1845）及び『改正増補蛮語箋』（1857後印本）には「イタリア」とあり、初期には傍書語末は「ヤ」であるが、後に「ア」となっている。翻訳者によって、聴音を採用したり、原語の文字を忠実に発音した文字を採用したりといった方針の違いがあったものと考えられる。

　「意太利亜」（「亞」も使用）は『訂正増譯釆覧異言』を初めとする。同書には「里、漢国訳又作理、或作利」のように「リ」にあたる別字が示されるが、「太」の異同は示されていない。また、漢訳書名は示されていないが、「萬國航海圖説ニ曰ク意太里亜ハ欧羅巴洲中第一ノ上國ニシテ（下略）」という記述に拠れば、『萬國航海圖説』に依拠したものであろうか。この『萬國航海圖説』は、「西洋諸書引用書目」の始めに「和蘭婦人『ピイテル・ゴオス』撰（中略）以上二書ヲ各国ノ下ニ増訳ス」と記載しているので、作者自

60　第1部　個別地名についての研究

身が訳したものと解される。彼の翻訳の時点で、当時の日本の流布本・写本・地図等には、「太」が使用されていたことがあったために、中国でもそうであると誤解したか、彼自身の見識で改変したかである。「意太利亜」は『日本百科大辞典』[23]（1908）まで使用されている。この傍書には「イタリア」が見られた。

　「意太利」は『萬國地誌略字解』[24]（1877）にのみ見られた。これは中国での表記「意大利」の変形である。傍書は「イタリ」である。他の三文字漢字表記の場合に「イタリー」「イタリヤ」の傍書例が多いことから考えると、単なる漢字の音読であるのか、英語「Italy」を実際に当時このように発音したのかであろう。

　「意太理亜」は『訂正増譯釆覧異言』[25]にのみ見られる。作者によれば漢訳とあるが、中国には同一の表記の例は全くなく、漢訳の変形である。傍書は「イタリア」である。

　また、「伊太里亞」は『厚生新編』にのみ見られる。この書の後に出版された中国の『瀛環志略』[26]と『重刊海國圖志』[27]に「伊達里」のように語頭の「伊」が見られる。中国の別書によるものか、日本で独自に、例えばオランダ語の翻訳時に万葉仮名風に漢字をあて「意太里亜」の語頭の一文字を変形して記載した等が考えられるが、明らかではない。

　「伊太里」は『世界國盡』[28]（1869）、『日本社会事彙』[29]（1901）に見られる。ともに傍書は「イタリヤ」である。

　「伊太利」は、『大正増補和訳英辞林』[30]（1871）及び『萬國地名誌』[31]（1875）から『或殺人』（1962）まで、漢字表記として最も多く使用された。傍書はすべて「イタリヤ」である。この語は慶応2（1866）年の「日本國伊太利國修好通商條約」では、各条42箇所でこの表記のみが使用されている。こうしたことの影響で最も正当な表記と判断され、多用されたものと考えられる。「伊刺亜（右傍書「いたりや」　割注「西洋」）」は、『万代節用集』[32]（1850）にのみ見られる。著者の錯誤（「タ」にあたる漢字の脱落と、「刺」の読みはシなので「利（リ）」との誤写である可能性が高い）があったと推定される。

3.「イタリア」の呼称の変遷について　61

「以太利亜」は『萬國地名誌』[33]（1875）から『新案日用辞典』[34]（1916）まで見られる。『ことばの泉』[35]（1900）には「いたりあ」の項で示され、『新案日用辞典』（1916）には「イタリヤ」と示されている。中国の『地球説畧』（1856）、『大英國志』（1856）、『地理全志』（1858）に「以大利」、『瀛環志略』に「以他里」及び「以他利」、『重刊海國圖志』に「以他里」と示されている。これらは漢訳語形の変形と考えられる。使用例は少ない。

「以太利」は、『英和対訳袖珍辞書』[36]（1866再版）から『最新英和商業辞典』[37]（1924）まで多く使用された。中国の『地球説畧』『大英國志』『地理全志』に「以大利」とあり、漢訳語形の変形である。傍書は、「イタリー」「イタリヤ」が多い。『ことばの泉』のみ三文字と四文字の漢字に対応する読みが異なり、「いたりい　以太利」、「いたりあ　以太利亜」と記載している。当時呼称に揺れが見られたものと理解できる。

　これらの「太」の使用例では、①『訂正増譯釆覧異言』に、中国書記載の「意大利亞」を「意太里亜」とし、漢訳であるとしている。著者が誤って無意識に「太」としたのか意図的にしたのかは不明であり、また改変した書物を参照したことも考えられる。②『西洋紀聞』では、白石自筆本（宮崎道生校注）に従うと「イタリヤ」14例、「イタアリヤ」1例、「イターリヤ」1例の合計16例が使用されている。このうち「イタアリヤ」の割注に「漢訳は意大里亞また意多禮亞」と記載されている。ところが、大槻本等による村岡典嗣校訂の岩波文庫本には、この箇所に唯一の相違があり、「意太里亞」と「太」が表記されている。校訂の錯誤がないのであれば、転写の際に片仮名書きされた「イタリヤ」の「タ」に影響され、日本人に「タ」と読み馴染んでいる「太」に書き誤ってしまったのであろう。また同書の凡例にのみ「意太里語」とあるのは、この本の誤植でなければ新井白石自身、又は、凡例作製者が「大」を「太」と書いたことになる。③『瀛環志略』は、目次には「意太利亞」とあるが、本文はすべて「意大里亞」、地図は「意大里」である。別称にも「太」は使用されていない。目次と本文の表記の相違に関しては、明治26年初版の明治35年版徳冨猪一郎著『吉田松陰』においても、目録には「意太利」とあるが本文では「伊太利」のみが使用されており、同様に目次

62　第1部　個別地名についての研究

が編集者によりなされた所為である蓋然性が高いと考えられる。①～③より
「太」は、日本で独自に使用されたことが推定される。④日本では、『古事
記』及び『日本書紀』で「大」と「太」は「だ」の仮名として使用された。
例えば、「大宰府」が古く「太宰府」が新しい表記[38]である。地名「大田
文」でも「大」が南北朝まで使用され、「太田文」は新しい表記である。『万
葉集』で「大」は「だ」、「太」は「だ・た」と読む。佐伯哲夫[39]は、「維新
前後の新聞に見る外国地名の漢字表記」の論で中国の『外国地名訳名手冊』
(1983) と照らし、「太」表記を「和臭」と推論している。上述により、稿者
は日本で使用された独自表記と認める。

　中国では「意～」が古く、また多い。「伊～」「以～」等は『海國圖志』、
『小方壺斎輿地叢鈔』(1891・1897) 等に見られる新しい表記である。日本資
料の漢字表記は、これら中国の表記の一部を変形したものである。

「義大利」

　中国の『法蘭西國志略』[40] (甯波沈敦和輯) に「義大利」と記載され、『泰
西城鎮記』[41] (美國丁韙良) では「義大里」と記載されている。日本の『漢
訳萬國輿地新図』(1902) は中国書の表記をそのまま利用したものである。

「伊」「以太」（略記）

　「伊」は、「伊太里亞」「伊太利」等を後略したものである。『和訳字彙』[42]
(1888) から『伊太利語辞典』(1942) まで見られ、使用例も多い。また、
「以太利」の略記「以太」が『世界國名盡』(1871) に1例見られる。中国で
は、「義」(張徳彝『使俄日記』(1868) の文中。張自牧 (1833～1886) 著『蠡
測卮言』の文中)、「意」(『通商諸国記』の文中、1931年刊 (初版1915) の
『辞源』) が見られるが、日本ではこの略記は使用されなかった。

まとめ

　漢字表記に関しては、初期には漢訳の「意大里亞」が使用され、次いで誤
写か故意の変換による「意太里亞」が使用され、さらに新しい漢訳表記「意
大里」「伊達里」、また「以大利」の変形である「伊太利」「以太利」へと変
遷した。後者は「いろは文字」として使用される「伊」「以」と「大」の類
似の字で「た」と読める「太」を使用しており、日本人にとって受け入れら

3.「イタリア」の呼称の変遷について　63

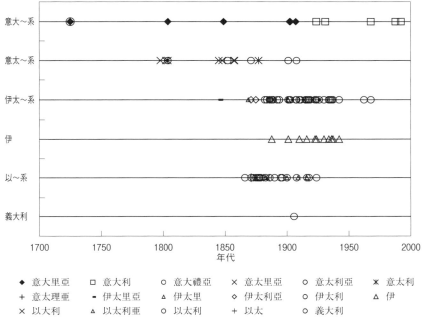

図8　イタリア漢字表記（辞書）

れるのが容易な表記であった。（図8）

3.2.2　仮名表記について（図9）

『采覧異言』（1713）に「イタアリア」、『悉皆世話字彙墨宝』（1733）に「いたりにや」（地図における表記で述べたように、特殊な事情による異例を参照引用したのであろう）、さらに『西洋紀聞』（白石自筆本1715年）に「イタリヤ」が14例あり、もと語尾を「ヤ」と発音したことが窺える。辞書では1798年から「イタリヤ」が使用され、これと並用して1804年から現代まで「イタリア」、1878年から「イタリー」が使用されている。1902年の官報で「イタリア」表記が正式とされて以後も、『萬國地誌略字解』（1877）に英語の発音又は、漢字音の読みによる「イタリ」が使用された。『訂正増譯采覧異言』（1804）、『英學獨稽古』（1883）、『國史大辞典』（1915）等に「イタリ

64　第1部　個別地名についての研究

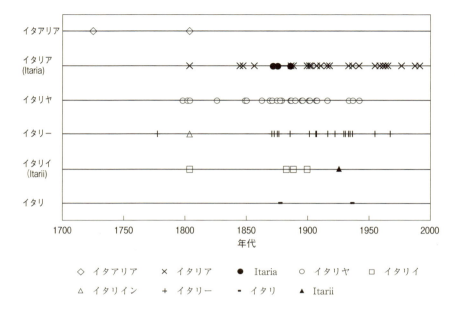

図9　イタリア仮名表記（辞書）

イ」の表記が5例あり、「イタリ」は2例あった。このように、はじめはオランダ語（又はラテン語、イタリア語）による呼称で「イタリヤ」としていた。次いで英語（又は、フランス語）による呼称「イタリー」等が現れ、最後に政府の方針による「イタリア」に落ち着いた。日本においては「イタリヤ」「イタリア」「イタリー」が並用され、政府の方針による「イタリア」専用が定着するには約170年かかったのである。

3.3　その他の資料における「イタリア」の表記

3.3.1　漢字表記について（図10、P.69）

　図10で分かるように、イタリアの四文字漢字表記はマテオ・リッチ等使用の漢訳表記による。新しい中国渡りの漢訳表記による三文字表記は1860年代

より多くみられ、1880年頃には四文字表記を駆逐した。日本では、中国表記の借用と、借用の変形を使用している。

「意大～」等

「意大里亞」「意大禮亞」は新井白石『西洋紀聞』（1715）による表記である。『坤輿萬國全圖』（1602）、『山海輿地圖説』（1788）、『万国全圖記』（1822）等を参照したものといわれている[43]。「意大里亞」は、前掲のごとく[44] マテオ・リッチの表記と一致している。白石のよみには「イタリヤア」「イタアリヤ」「イタリヤ」とある。『江関筆談』（1711）には「意多禮亜」[45] と記載されている。これは「意大禮亞」から一文字が変形しており、マテオ・リッチの元の表記に対しては二文字「多禮」が変形している。傍書は無いが、読みは「イタレヤア」であろう。

「意大利亞」は前野良沢『管蠡秘言』（1777）が使用している。マテオ・リッチ等の漢訳地名「意大里亞」の「里」を「利」にかえたものである。中国の四文字表記のイタリアで「利」は見られないのであるから、日本で変形された可能性がある。『西洋紀聞』（1715）、渡辺崋山『躾舌小記』（1838）の「意多利亜」は「大」を「多」に、深慨陰士『斥邪漫筆』（1864）の「意太里耶」は上記と同じように「大、亞」を「太、耶」へと二文字が変形されたものである。

「意太里亜」は西川如見『四十二國人物圖説』（1720）の使用であり、日本では、朽木昌綱『泰西輿地圖説』（1789）、桂川甫周『北槎聞略』（1794）、本多利明『西域物語』（1798）（以上には「イタリヤ」の傍書がある。）、大槻茂質『環海異聞』[46]（1807）、渡辺崋山『外国事情書』（1839）、箕作省吾『坤輿圖識』（1847）、『別段風説書』（阿部家旧蔵、1850）、永田南渓『洋外人物輯』（1854）、深慨野叟『斥邪二筆』（1866）（以上には「イタリア」の傍書がある）等に見られる。マテオ・リッチの表記の「大」を「太」に変えたものである。

「意太利亜」は「意大里亜」に対して、「大里」を「太利」に変えたものである。『西域物語』（1798）、青地林宗『輿地誌略』（1826）、渡辺崋山『躾舌或問』（1838）、箕作省吾『坤輿圖識補』（1847）、『洋外人物輯』（1854）、そ

の他『萬國新聞紙』（第3集1867）、青木東江『世界國名盡』（1871）、眞佐樹繁『童蒙學そめ』（1872）に使用されている。「意太里亜」と併用する人もおり、日本で変形されたものと考えられる。

「意太里」は、四方茂平『萬國往来』（1871）に見られ、西周「知説五」『明六雑誌』（第25号1874）、神田孝平「貨幣四録附言」『明六雑誌』（第34号1875）の使用するところである。

「意太利」は、内田正雄『輿地誌略』（1870）、華京『開化用文章』（1873）、小沢圭二郎『萬國地誌略』（1874）、『萬國地誌略字解』（1877）、『兵要萬國地理小誌』（1879）の使用するところである。『重刊海國圖志』に「意大利」が見られる。『海國圖志』（光緒2年本1876）には、所載地図で「意大里亞」とあるが、文章中では、「意大里国」も見られる。これらは中国表記の「意大利」、「意大里」の「大」を「太」に、変形したものである。

「以大〜」等の四文字表記

「以大利亜」は、高橋五郎『和漢雅俗いろは辞典』（1893）に見られるが、その年代近くの中国書にある表記「以大利」に、見出し語「いたりや」の「ヤ」を表すために「亜」を付け加えたことが考えられる。

「以太利亜」は中川八十吉『英學獨稽古』（1883）に1例ある。英語表記の翻訳ならば「亜」は無い筈であり、何らかの事情（補助者がいた可能性等）があろう。同書には他に4例の「以太利」があり、「Italy　イタリイ」の訳語もある。

「伊太里亞」は、志筑忠雄『遠西観象図説』（1823）、高田義甫『地学初歩』（1873）に使用されている。この頃前述のように「意太利亜」が複数の人物によって使用されているが、この初めの「意」を日本でよく使われる「いろは」文字の「伊」に変えたものであろう。或いは、『海國圖志』には「伊達里」「以他里」もみられ、こうした漢訳地名の影響をうけた可能性も考えられる。

「伊太利亞」が内田正雄『輿地誌略』（巻一の51オ）（1870）に、「伊太利亞公使」が『太政官日誌』（1870）、「伊太利亞」が中金正衡『世界風俗往来』（1872）と松川半山『開化童子往来』（1873）に使用されている。これらは

「伊太利」が頻用されている時期の例である。「イタリー」「イタリ」でなく「イタリヤ」と傍書している。

「以大里」「以大利」「以太里」「以太利」（三文字表記）

「以大里」は、『地球説畧』（1860）において見られる。これは、中国へ渡った宣教師である禕理哲の漢訳表記をそのまま翻刻したものに、箕作阮甫が訓点と若干の読み仮名をつけたもので、漢訳表記そのものといえる。箕作阮甫は、「イタリア」と傍書しており、外国地名呼称を原語音に基づくものとしようとする彼の姿勢が窺われる。

「以大利」は、『地球説畧』（1860、同書にはこれ以外の表記もある）、『バタヒヤ新聞』（巻9、1861、1例のみ）、『西洋雑誌』（巻六1869）、杉亮二「空商ノ事ヲ記ス」『明六雑誌』（第8号1874、杉亮二は漢訳尊重の人物である）、『新旧約聖書』（1908中国版）で使用されている。すべて中国の書物に関わる例であり、この頃の漢訳借用であるといえる。

「以太里」は、『官板海外新聞』（巻之九1862、1例のみ）、『世界商売往来』（1871、傍書「イタリー」）、『西洋開化往来』（1873、傍書「イタリ」）で見られた。「大」を「太」に変えた漢訳借用の変形である。『海國圖志』に「以他里」とあり、中国の「以大利」等の変形である。対応する読み方には揺れが見られ、伝統的な「イタリヤ」とするものと英語発音に基づく新しい読み方「イタリー」を採用するものとがあった。

「以太利」は、『バタヒヤ新聞』（巻1〜6等1861）、『官板海外新聞』（巻之一〜九1861）、『日本貿易新聞』（第18号1863、第101号1865）、『日本新聞』（第16・1865、外篇巻13・1866）、『中外新聞』（第42号1868）の新聞類、内田正雄『海外國勢便覧』（1870大学南校）、内田正雄『輿地誌略』（1874）、『萬國史略』（1875、1877、文部省）、『佛蘭西史』（1890）等の教育関係書、『太陽』（第3巻第20号1897）、『中學世界』（第7巻第8号1904）等の雑誌類、さらに『戊辰詔書衍義』（1908）まで多くの用例が見られる。これは漢訳「以大利」の変形である。傍書は「イタリー」が最も多く、次いで「いたりや」が多い。以上の語は、新訳漢訳表記の借用とその変形であり、その読み方には英語風読みとオランダ風読みとの揺れが見られる。

68　第1部　個別地名についての研究

「以太」「以国」「以」等（略記）

　「以太」は、『海外國勢便覧』（1870）に見られる。「以太」（イタリー）は、『童蒙學そめ』（1872）に見られる。傍書は英語風の読みであるが、三文字表記漢字の「リ」に相当する漢字は省略されている。明治初期には、一文字の「伊」、「以」等では、イギリス、イスパニヤを表すこともあったので、傍書無しではイタリアを指すことが読者に通じにくいと判断されたのであろう。

　「以国」は、『官板海外新聞』（巻之四1862）で使用されている。読者の誤解がない記事で省略形が使用されたもので、国家を示す必要から初めの文字「以」に「国」を付けたのである。

　「以」は、『日本新聞外篇』（1866年6月13日）で「澳普佛以四個国」及び「佛澳以三ケ国」のように使用され、他に『佛蘭西史』（1890）でも見られる。1862〜1865年当時は「国」を付けないと国名であることが分かりにくいと判断されていたようであるが、1890年の例には「国」は付けられておらず、用例から明らかに「以」がイタリアと理解されるという作者の判断も窺える。省略1文字表記の出現は、その国名表記が日本人に馴染んできたことの現れであろう。

「伊太里」「伊太利」「伊太」「伊」

　「伊太里」（いたりや）は福澤諭吉『世界國盡』（1869）、松山棟菴『地學事始』（1870）、「伊太里」は西周「國民氣風論」『明六雑誌』（第32号1875）及び神田孝平「貨幣四録附言」『明六雑誌』（第34号1875）、福澤諭吉『世界國盡』、福澤諭吉『童蒙教草』（1876再版）で使用されている。

　「伊太利」は、『バタヒヤ新聞』（巻1、1861年8月31日）に始まり、最も多く使用された。新聞、雑誌、地理書等に用例が多く見られる。傍書は「イタリー」が多く、1873年から1935年に見られた。傍書「イタリヤ」は1861から1911年に、傍書「イタリア」は1899年と1910年に見られた。「イタリ」は、1894、1896、1913年に見られた。傍書「イタリ」は語尾に対応する文字を欠く漢字表記に影響されたものであろう。

　「伊太」は、内田正雄『海外國勢便覧』（1870）、眞佐樹繁『童蒙學そめ』（1872）に見られた。「伊」のみでは誤解が生ずると判断したための省略形で

3.「イタリア」の呼称の変遷について　69

あろう。

　「伊」は、『香港新聞紙』(第1077号1864) より『外國精圖』(1928) まで多く使用された。他国名と並記される時は、中間に置かれた例として1896年に「独逸、澳、伊、佛」、1905年に「英伊米三国」が見られた。他国の前に置かれた例として、1879、1896、1924年に「伊佛」、1907年に「伊澳外相」が見られた。他国の後ろに置かれた例として、1920年に「英・独・墺・洪・米・佛・伊」、1924年に「日・英・米・佛・伊」、「日伊関係」及び1925年に「英独佛伊等」が見られた。このような並び方は、日本がイタリアをどのように扱っているかという国家的、世論的見方を反映したものであろう。

その他「殿堂領」等

　「邏馬国」は『西洋紀聞』(1715) に見られる例で、「漢に訳して邏馬国といふ」と記載されている。また、「殿堂領」は、『坤輿圖識』(1847) のみに見られる。これは、地図、辞書類にも見られなかった例である。この書は地理書としては幕末に最も広く読まれた書物であるが、オランダ渡りの地理書を翻訳、引用したものである。この呼称は、法皇庁のある国という意味であろう。「意太里亞、又称シテ殿堂領ト云、分テ九國トス、其法皇ノ都ヲ、

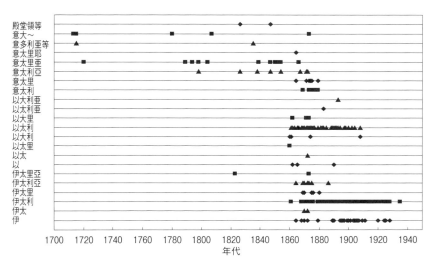

図10　イタリア漢字表記（その他資料）

70　第1部　個別地名についての研究

羅瑪ト云、（割注略）三百二十八ノ寺院アリ、営築極メテ宏麗ナリ、（中略）
其殿堂ノ周囲、白黒石ノ牆壁ニ、皆人物花鳥ヲ彫刻ス、」と説明されている。
　「意太魯斯（牛の意）」等5種の表記が、青地林宗『輿地誌略』（1826）に
見られる。これらは新知識を披露したもので、特殊な翻訳である。「熱爾瑪
尼亞人は、此ヲ物爾斯蘭土と名く、其他此國の名稱猶多し、詩家に歇斯百里
亞、豪索尼亞、撒都爾尼亞等の如し」と示されるが実際に流通したかは疑わ
しい。原語はそれぞれ独和・羅和・蘭和辞書等によると、ドイツ語Welsch
（外国の、ロマン民族の、イタリヤの、フランスの）に「‐land」を附した
もの、ギリシャ神話のヘスペルス（宵の明星神、西方の）にちなみ命名され
たラテン語Hesperia（語意はイタリア、スペイン）、中部イタリアにいた太
古の住民名にちなむラテン語Ausonia（イタリア）、サルディ人の国の意で
ラテン語Sardinia、オランダ語Sardinie、Sardegna（イタリアの島名サル
ディーニヤ島）である。

3.3.2　仮名表記について（図11）

「イターリヤ」「イタレヤア」「イタリヤ」（『西洋紀聞』）

　これらの表記は新井白石『西洋紀聞』（1715）に見られる。彼は、地の文
章は漢字交り平仮名表記をし、その中でアジアの地名は漢字表記、それ以外
の外国地名については片仮名表記としている。外国地名の発音を、漢訳から
ではなく、直接外国人から聞き取り記載したものも含まれる。
　最後の音が「ヤ」である表記は15例見られる。「西洋イタリヤ」1例、「イ
タリヤ」9例、「イタリヤ語」1例、「イタアリヤ」1例、「イターリヤ」1
例、「意大里亞」「意大禮亞」の傍書各1例である。イタリア人シドチの取り
調べを通じて、西洋の地名の発音について、原語と漢訳とでは違いのあるこ
とを白石は理解していた。前述のように「某はじめ漢音のごとくによびしを、
西人聞て、これ支那の音、非也といふ。後にまた阿蘭陀人に問ふに、そのい
ふところも、亦然也」と記載している[47]。漢字表記が本来の地名ではない
のは当然であるが、当時の大部分の日本人にとって、外国地名も漢字で書く
べきとの考えがあり、唐通事の読みや日本漢字音の読みによって受容してい

3.「イタリア」の呼称の変遷について

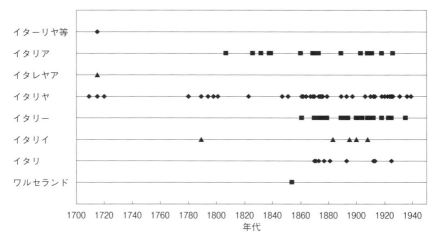

図11　イタリア仮名表記（その他資料）

た場合も多かった。「イターリヤ・イタアリヤ」はシドチの発音を写す際に、イタリア語では「タ」にアクセントがあったため長音として書きとめたのであろう。「イタリヤア、イタレヤア」は漢訳からの読みを示している。

「イタリヤ」（『西洋紀聞』以外）

「イタリヤ」は、古くから使用された。1709～1939年まで長期に使用され、用例も多い。

「イタリア」

「イタリア」は、蘭学系統の大槻茂質『環海異聞』（1807）、青地林宗『輿地誌略』（1826）、渡辺崋山『外国事情書』（1839）等が漢字表記の傍書として、箕作阮甫『改正増補蛮語箋』（1848）がオランダ語の傍書として使用している。オランダ語を正確に読もうとしたものであろう。調査範囲内では、用例数は「イタリヤ」より少ない。

「イタリー」「イタリイ」

「イタリー」「イタリイ」は、1789年より1939年まで三文字漢字表記の傍書として見られる。英語「Italy」の発音からの表記であろう。幕末以降英・米国の文物が流入してきたことの影響があり、古い表記と並用されている。

72　第1部　個別地名についての研究

「イタリ」

「イタリ」「いたり」は、1870年より1925年まで三文字表記の傍書として見られる。往来物、地理教育書で使用された。

「ワルセランド」等

「ワルセランド」は永田南渓『海外人物輯』[48]（1854）に「意太里亞国、別名『ワルセランド』といふ。」と記載されている。これはドイツ語「Welsch（外国の、ロマン民族の、イタリヤの、フランスの）」と「‐land」の合成語であり、英語及び蘭語のWales（ウェールズ）にあたる語で「外国人の国」の意味がある。

おわりに

漢字表記について

　語頭に「意」を使用する漢字表記の中では「意大里亞」が最も古く、17世紀の地図から20世紀初期の辞書にまで見られた。地図において、使用されたのは19世紀中頃までであり、日本ではこの頃まで一般に使用された。それ以降の辞書の掲載例で見られるのは、古い呼称として載せられたものである。他の四文字表記は、地図では19世紀初期に「意大利亞」、その他の書物では18世紀初期に「意大禮亞」が見られた。三文字表記の「意大利」は辞書類と西村茂樹『校正萬國史略』に見られた。すべて中国書物の漢訳地名表記の借用である。日本では「大」の替わりに「太」を用いた「意太里亞」も使用され、西川如見『四十二國人物圖説』（1720）がその初めである。地図、辞書、書物では、18世紀末より19世紀半ば過ぎまで見られる。少し遅れて「里」の替わりに「利」を用いた「意太利亞」が見られるが、地図には少なく、辞書、書物に多く使用された。「意太利耶」「意太理亞」も地図以外で見られた。その他、三文字表記「意太利」「意太里」が19世紀後半に使用された。

　語頭に「伊」を使用する漢字表記としては、地図の文中で18世紀末期に「伊多利亞」、辞書・その他書物では19世紀中頃から同末期に「伊太里亞」、「伊太利亞」が見られた。「伊太利」は19世紀末から20世紀前半にかけて地

図・辞書・その他の書物に見られ、使用例も多い。「伊太里」は地図に例がなく、辞書・その他書物において19世紀後期に見られた。省略形「伊」「伊太」は19世紀後期から20世紀中期にかけて使用された。

　語頭に「以」を使用する漢字表記として、「以多利野」（地図）、「以太利亞」「以太里亞」が18世紀中頃から20世紀初期にかけて使用された。「以大利亞」「以大里」は19世紀後半の書物・辞書に見られた。「以大利」「以太利」は、19世紀中頃から20世紀初期に多く見られた。「以太里」は、1870年前後の書物に見られた。省略形「以」「以太」は地図以外で19世紀中頃から末期にかけて見られた。「義大利」は、地図と辞書に中国の書物からの引用として見られた。

　日本では、地図における地名は初期にはマテオ・リッチの影響を受けていた。その後、その他の中国表記を借用するか、それを一部変形した表記を使用していた。

仮名表記について

　「イタリヤ」は、最も古くから見られる。類似の語形としては「イターリヤ」「イタアリヤ」「イタレヤア」「イタリヤア」が見られる。17世紀から20世紀中期まで使用された。

　ついで「イタリア」が18世紀から使用され、現在の標準形となっている。

　「イタリー」「イタリイ」は、18世紀後期から20世紀中期にかけて使用された。

　「イタリ」は、辞書・その他の書物で、19世紀末頃から20世紀中頃まで使用された。

特殊表記について

　国名の由来から翻訳した呼称である「邏馬国〔ローマアコク〕」「殿堂領」「意太魯斯〔イタロス〕」「物爾斯蘭土〔ウェルスランド〕」「歇斯百里亞〔ヘスペリア〕」「豪索尼亞〔アウソニア〕」「撒都爾尼亞〔サツルニア〕」及び「ワルセランド」が見られた。これは知識として知り得たものであり、一般に使用されたものではなかった。オランダ語書物を入手されるようになってからの出現で

74　第1部　個別地名についての研究

ある。

注

1）　欧羅巴人原撰、林則徐訳、魏源重輯『海國圖志』（原本は1852の1868、大阪府立図書館蔵）。

2）　徐継畬『瀛環志略』（原本は1848、井上春洋等訓点の阿陽對嵋閣藏梓本1861）。

3）　『大英國志』（江蘇松江上海墨海書院1856）。

4）　山本久蔵『世界図屏風』は『日本古地図大成　世界図編』（講談社1975）によれば桃山時代とし文禄の役（1592〜1593）以後とする。地名は、中村拓「南蛮屏風世界図の研究」（『キリシタン研究』第九輯、吉川弘文館1964）に記載する地名を採用した。ただしこれらの屏風の年代は確定されるものではない。筆者は前々章「台湾の呼称の変遷について」で述べたように、地名記載によると最も古いのはバークレー博物館蔵『世界図屏風』（台湾を「たかさんこく」）であり、次いで、この屏風（台湾を「たかさくん」とする）は17世紀初期作とすべきと考える。更に、これ以外の大部分の屏風は台湾を「たかさご」としているから時代は更に下る。

5）　辻田右左男『日本近世の地理学』（柳原書店1971）による。

6）　『地球儀の世界』（土浦市立博物館編集・発行、1994年第1刷の1998年第2刷）による。

7）　宮城県図書館蔵の複製（臨川書店1996）。「坤輿萬國全圖は1602年に宣教師マティオリッチの指導の下、中国の李之藻によって作られました。初版本は世界でも5点ほどしか確認されていません。日本では、宮城県図書館、京都大学図書館、国立公文書館の3点が知られています。」（仙台藩の天文学史を広める会の説明文）という。

8）　利瑪竇（Matteo Ricci1581〜1610、イタリア人）『坤輿萬國全圖』、艾儒略（Giulio Alenio1613〜1649、イタリア人）『職方外紀』、南懐仁（Ferdinand Verbiest1659〜1688、ベルギー人）『西方要紀』に見られる。生没年は近藤杢『支那学芸大辞彙』（立命館出版部1936）による。

9）　清張廷玉撰（原本は1739年完成、中華書局）。

10）　王錫祺編輯『小方壺斎輿地叢鈔』（1891年跋本及び1897年序本）著易堂鉛印、に所載の諸本による。

11）　今泉定介編輯『新井白石全集』（國書刊行會1906）の翻刻による。

12）　寶文舘編輯所編纂（寶文舘1907）「イタリヤ Italia 意大里亞」p.46。

3.「イタリア」の呼称の変遷について　75

13)　注10に同じ。

14)　『大英國志』『地理全志』等の作者慕維廉（William Muirhead、英国人）は、1847年宣教師として上海に来た（『日本人の海外知識』原本は1953、原書房1978覆刻）による。

15)　原著者英國人ロブスチード、訂増者井上哲次郎の覆刻（ゆまに書房1995）による。

16)　『重刊海國圖志』（1868）と『瀛環志略』（1861）に「意大里」、無刊記『三才紀要』に「意大利」とある。

17)　注1に同じ。

18)　箕作寛省吾著（1845年序、夢霞楼蔵版）。

19)　早稲田大学本（早稲田大学出版部1974）。

20)　下川辺拾水著『萬寶節用富貴藏』（原本は1802、『節用集大系51』大空社1994による）。

21)　山村才助著、蘭学資料叢書（青史社1979、内閣文庫所蔵本の影印）による。

22)　杉本つとむ編著『江戸時代西洋百科事典 「厚生新編」の研究』（雄山閣出版1998）による。

23)　編輯代表者斎藤精輔、三省堂1908。

24)　市橋久太郎編、師範学校、文光堂。

25)　注21に同じ。

26)　注2に同じ。

27)　注1に同じ。

28)　福澤諭吉訳、慶應義塾蔵版、岡田屋嘉七賣弘。

29)　経済雑誌社編発行、1890初版の1901再版本による。

30)　前田正穀等、刊記無し、1871序の4版による。

31)　藤澤清風、応器舘蔵版。

32)　謙堂文庫蔵本、『節用集大系78』（大空社1995）による。

33)　注31に同じ。

34)　大町桂月著、盛陽堂。

35)　落合直文著『増訂ことばの泉』（大倉書店1898初版、1900訂正の1902第17版）による。

36)　杉本つとむ編『翻訳日本語辞典』（早稲田大学出版部1981）の影印による。

37)　武田英一、瀧谷善一共編、寳文館。

38)　石井進「大田文と太田文」（山川出版『歴史と地理』246号1976）による。

39)　「官板バタビア新聞における外国地名表記」（『関西大学文学論集』36号上、

76　第1部　個別地名についての研究

1986）による。

40)　注10に同じ。

41)　注10に同じ。

42)　早稲田大学出版部。

43)　新井白石『西洋紀聞』（原1715）。宮崎道生校注『新訂　西洋紀聞』（平凡社1968）東洋文庫113の注p.107。

44)　3.2「辞書類における「イタリア」の表記」参照。

45)　『新井白石全集　第四』（國書刊行會1906）p.726。『江関筆談』は1711年、朝鮮使応待の時、使節との筆談である。「和蘭　蘇亦齊　意多禮亜人等　至於斯僕皆得見之」

46)　杉本つとむ編『環海異聞』（八坂書房1986）に依る。但し、三島才二『南蛮紀文選』（洛東書院1925）所収『環海異聞』では「意大里亞」（傍書いたりあ）とする。写本による違いがあり、どちらが正しいかは不明である。

47)　注43に同じ、同書p.29。

48)　小野忠重編『紅毛雑話』（双林社1943）p.394。

4.「スペイン」の呼称の変遷について

　日本で見られるスペインの国名表記は、1609年の徳川家康の朱印状と1613年の伊達政宗がローマ法王に送った書簡[1]に記載がある「ゑすはんや」が早い例である。「は」は「ぱ」の半濁音無表記であろう。『徳川実紀』所収の『台徳院殿御實紀』[2]（1608）には、翻刻本によると「いそぱにや酒」とある。スペインの現地名「Hispania（ラテン語）、España」の発音に基づいていると考えられる。

　"World Place Names"[3]によれば「ギリシャ人により、イベルス川岸居住民の意でイベリアと呼ばれ、ローマ人により、半島の意でヒスパニアと呼ばれ、やがてhが落ち、短いiがEとなりEspaña となった。ヒスパニアの語源は明瞭でないが、カルタゴ語のPunic span 又はtsepanで兎（半島に多数の兎がいた）、Punic sphanで北（カルタゴの北）、Basque ezpañaでヨーロッパの先又は果ての意味から、等の説がある。」という。

　原語地名表記は、ラテン語では「Hispaniaヒスパニア」、ポルトガル語では「Espanhaエスパーナ」、スペイン語では「Españaエスパーニャ」、イタリア語では「Spagnaスパーニャ」、オランダ語では「Spanjeスパニャ」（『改正増補蛮語箋』では「hispaniaイスパニア」）、ロシア語では「Испанияイシュパニーア」、英語では「Spainスペイン」である。

4.1　地図資料における「スペイン」の表記（図12、P.81）

4.1.1　漢字表記

　「以西把你亜」等の「以西」で始まる表記、「伊斯把你亜」等の「伊」で始まる表記、「西班牙」「是班牙」等の三文字表記に分類して述べる（図12）。

「以西」で始まる表記

　「以西把你亞」は、中国で出版されたマテオ・リッチ『坤輿萬國全圖』

78　第1部　個別地名についての研究

（1602、木版）に見られる表記である。この表記は、日本では同名のマテ
オ・リッチ図の模写図である『坤輿萬國全圖』4)（17世紀末期、手書、彩色）
に見られる。漢訳の借用である。その四番目の文字「你」を「尓」に変えた
「以西把尓亜」が稲垣子戠『坤輿全圖』（1802）に見られる。同四番目の文字
「你」を「尼」に変えた「以西把尼亜」が『萬國全圖』（1822）等に見られる。
これらは、中国の文献『職方外紀』5)（1623）に「以西把尼亞」、『明史』に
「依西把尼亞」とあり、中国における表記の語の借用である。また「把你」
を「巴尼」に変えた「以西巴尼亜」が山崎美成『地球萬國山海輿地全圖』
（1850）、『万国人物之図』（19世紀中頃）の各文中に見られる。中国文献の
『瀛環志略』（原1848）に「西班牙」の別称として「義斯巴尼亞」が見られ、
同様に「巴尼」が使用されている。このように、日本における「以西」で始
まる表記には、漢訳借用のものと、独自に変形して「尓」等を使用するもの
とがある。

　「伊」で始まる表記

　『坤輿萬國全圖』の「以西」を「伊斯」に変えた「伊斯把你亞」が『地球
一覧圖』（1783）等の地図に見られる。『西洋紀聞』6)（1715）に「漢に訳し
て伊斯把你亜とも伊西把你亜ともいふ」とあり、漢訳の借用と考えられる。
更に四番目の文字も変えた「伊斯把泥亜」が『地球全圖』（1794）等にある。
これと同じ表記が『蛮語箋』7)（1798）にあり、この書は「明人著ス所ノ地
球圖説ノ訳字」としているので、やはり漢籍の借用であろう。「泥」につい
ては中国書『職方外紀』では、「以西把尼亞」と記すが、他地名に現デン
マークを示す「大泥亞」（ダニア）も見られる。また、「伊斯把拲亞」が『改
正地球萬國全圖』（1785）に見られる。『世界四大州図、四十八国人物図』
（江戸時代後期）に「伊須波牟野、伊須波牟野人」が見られる。『漢訳萬國輿
地新図』（1902）には、「日斯巴尼亜」が使用されている。また、『標準漢譯
外國人名地名表』（1924）にも「Hispania」8)の漢訳表記として「日斯巴尼
亞」が記載されている。マテオ・リッチ系とは別の漢訳系書籍によるのであ
ろう。しかし、語頭の「日」は中国音では「ジヤ」「エ」「ギ」「ジョ」「ジ」
「セ」以外に、村田文夫『洋語音譯筌』（1872）にて「日尼塞、日耳曼」が掲

載され「エ」と読める。この例は記載されていないが、中国音では「エスパニヤ」の読みであろう。

三文字表記

「西班牙」は明治、大正期に使用されている。現在中国で使用されている表記でもある。「是班牙」と「西班牙」とは、中国の『海國圖志』『大英國志』『地球説畧』『地理全志』『瀛環志略』に見られ、幕末明治頃に招来されたこれらの書籍及び漢訳地図等からの借用である。

幕末期に「是班牙」と「是班呀」が見られた。これらが記載されている地図類では、「是班牙」が沼尻墨僊作製の「大輿地球儀」（1855）に見られる。「是班呀」は、鷹見泉石作『新訳和蘭國全圖』（1849）、『八紘通誌』所載「新模歐邏巴圖」（1851）、山路諧孝作『重訂萬國全圖』（1855）に見られる。それぞれ共に高名な蘭学者等の作である。新たな漢訳地図等が招来され、それに依ったことになる。漢訳書以外の外国書も参照しており、別系の漢訳表記借用か創意かは不明であるが、彼らの日本語訳である。

漢字表記については、五文字表記のマテオ・リッチの漢訳を初めとして借用と変形が見られ、19世紀以後の新漢訳地図の三文字表記を参考としつつ、借用とその変形も見られる。

4.1.2 仮名表記

「ゑすはにや」

『旧大陸圖』（江戸初期、妙覚寺蔵）に「ゑすはにや」と記載されている。これはスペインの原語「España」による。「は」は「ぱ」の半濁音無表記であろう。

「いすはにや」「イスハニヤ」「イスパニヤ」「イスパンヤ」「イスハンニヤ」

17世紀初期の『旧大陸図屏風』、『世界図屏風』（下郷伝平蔵）、1652年製作の『萬國総圖、世界人形図』（神戸市立博物館蔵、手書）等に「いすはにや」が見られる。香雪美術館蔵『世界図屏風』の南蛮屏風[9]にも「いすはにや」が記載されている（「イスハニヤ」『掌中萬國輿地細全圖』（1872）と『航海世界全圖』（1873））。「は」は「ぱ」の半濁音無表記であろう。これらは屏風

80 第1部 個別地名についての研究

図と総界図に限られている。マテオ・リッチ系の地図と東洋系の地図にも記載がある。

「イスパニヤ」は『和蘭新訂地球圖』（1750）から明治期の教科書『小学地理附圖』（1908、1910）、『高等小學校用小學地理附図』（1935）に至るまで使用された。『万国総界図』（1688）記載の「イマハニヤ」は誤刻又は版木の欠けで、正しくは「イスハニヤ」であろう。

『改正地球萬國全圖』（1785）[10] には「イスハンヤ」が右傍書として見られる。「ニ」と「ン」は誤写しやすく誤刻も考えられる。しかし、同じ形「イスパンヤ」が『地球圖』（1792）及び『喎蘭新訳地球全圖』（1796）にも使用されており、『西洋紀聞』（1715）に「ヲ、ランドの語には、イスパンヤとも、スパンヤともいふ。」とあるので、蘭学者の訳語形であると理解される。このように「イスハンヤ」と発音されていたと考えられる。当時、「hispania」の発音をこのように聞き取ったのであろう[11]。語頭の「h」を読まないのは伝統的なポルトガル語風読みの影響であろう。いずれもこれらの欧語を見ることができるようになってからの呼称である。

「イスハンニヤ」は『地球萬國全圖説覧』（1852頃）等の日本からの距離を示す地名（3例）に限り使用されている。いずれも通俗版の地図に分類されているもので、地図記載の「イスパニヤ」とは異なり、通俗語と考えられる。「パ」にアクセントがあると「ン」があるように聞こえたのであろう。

「いすんはにや」が『旧大陸図』（名古屋個人蔵、17世紀初期）にのみ見られ、この頃の屏風及び世界図には「いすはにや」が多い中での異例である。「す」が不鮮明で読み取りにくく「すん」と読んだか、「春」又は「壽」の草書体であれば「いすはにや」と読め、また「いすはんにや」の誤写も考えられる。

「いすはにあ」「イスハニア」「イスパニア」

『坤輿全図』（手書、1620）に漢字地名の傍書として「イスハニア」が見られる。渋川春海『世界図』（1698）に「いすはにあ」が見られ、原目貞清『輿地図』（1720）、『世界六大洲』（19世紀中頃）等に「イスハニア」が見られる。『世界交通全図』（1909）、『最新歴史辞典』所収地図（2例、1911）、『新旧約聖書』（1930）に4例の「イスパニア」が見られる。

4.「スペイン」の呼称の変遷について 81

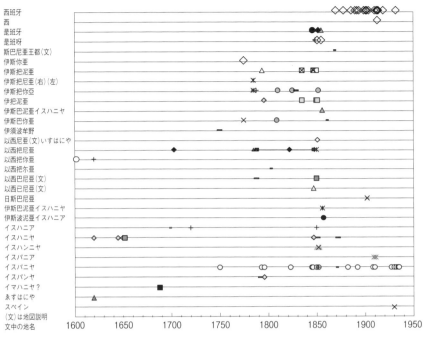

図12 スペインの漢字及び仮名表記（地図）

82　第1部　個別地名についての研究

　語末の「ヤ」はポルトガル人等の発音を聞くことによった呼称であるが、「ア」は漢訳地名語末「亞」の日本漢字音に影響されて後に生じた場合とオランダ語の語尾を明確にした場合とがある。17世紀中頃より「ヤ」と並行するように見られる新しい表記である。

「スペイン」「スハン」「スパニー」

　『改正地球萬國全圖』（1785）所載「伊斯把你亞（イスハンヤ）」の左傍書に「スハン」と付されている。これは語頭と語尾の「イ」と「ヤ」を省いた形である。このように聞き取ったか、英語「Spain」の訳語とするには時期が早すぎるため、「イスパニヤ」の略称であろうか。「ハ」は「パ」の半濁音無表記である。『瀛環志略』（1848）の日本での版本には、「西班牙」の右傍書に「スパニー」と記載されている。これはオランダ語「Spanje」（スパニャ）に由来するものと考えられる。『日本家庭大百科事彙』[12]（1930）には「スペイン」という英語訳の表記が使用されている。昭和にも「スペイン」が見られ、現代に至っている。

　仮名表記については、江戸後期から明治にかけて、種々の欧米書物が入ってきたにも関わらず、古くから馴染んで来た「イスパニヤ」が長く使用された。明治35年（1902）11月15日官報「外國地名及人名取調」[13]にも「Spain」の訳語として「イスパニア〔依西把尼亜〕」を記載している。地図においては、大正頃より「スペイン」が使われ、現在に続いている。

まとめ

　日本の地図における外国地名については、漢字表記の場合、日本に初めて招来された漢訳地図『坤輿萬國全圖』[14]に記載されるマテオ・リッチの漢訳表記が借用され、使用期間も長かった。その後、江戸中・後期に新たな漢訳地図・漢籍が輸入され、その地名表記が使用された。それらによる借用表記と、オランダ・欧米の書籍の蘭学者による翻訳によって新たな表記が生じた。この2種類に加えて、これらの日本独自の変形（日本語の音読みで読みやすい漢字を使用するなど）も見られる。仮名表記は、室町末期に渡来した宣教師・貿易商人・航海士等により知ったと思われる古い表記「イスパニヤ」系

に始まり、長く使用された。また通俗の地図の漢字表記の傍書の仮名には、日本漢字音由来の変形もあった。江戸後期には独・佛・英・米等の書物も輸入され、英訳からの仮名表記を使用するものも現れた。その後は、政府（文部省・外務省等）の取扱で、小異はあるが昭和21年以後「スペイン」で統一された。

4.2　辞書類における「スペイン」の表記

4.2.1　漢字表記（図13、P.88）

　『世界地名辞典』[15]では「スペイン　Spain→イスパニア。」と記載され、国名は「イスパニア」の項目で示されている。例言に「地名の表示はわが国において、一般に使う名称を提出した。」とある。このように20世紀中頃まで、日本では古くから伝来した呼称である「イスパニア」の表記が一般的で、後に「スペイン」が現れる。古い原語的発音と新しい英語訳発音という違いである。

　ヨーロッパの地図においては、ワルトゼーミュウラーの地図[16]（1513）に「Ispanie pars」と記載され、オルテリウスの『世界の舞台』[17]の地図では「Hispania（ヒスパニア）」と記載されている。ラテン語地名をスペイン語風又はポルトガル語風発音で読んだものが「イスパニア」である。

　中国における表記を列挙すると次のようになる。『坤輿萬國全圖』[18]（1602）「以西把你亞」、『職方外紀』[19]（1623）「以西把尼亞　大泥亞」、『明史』[20]（1739）「依西把尼亞」、『重刊海國圖志』[21]（1852）「大呂宋國　亦名斯扁國　一作是班牙　一作西班牙　一作以西把尼亞　一作千絲臘」「斯扁亞」、『大英國志』[22]（1856）「西班牙」、『地理全志』[23]（1858）「西班牙」、『地球説畧』[24]（1856）「大呂宋國　又名　西班牙」、『瀛環志略』[25]（1861）「西班牙　是班牙　斯扁亞　士便　千絲臘　義斯巴你亞　以西把尼亞　大呂宋　意卑里亞」、清末『小方壺斎輿地叢鈔』[26]に所載の諸本「西班雅w.美理哥志　實班牙w.海録　意細班尼惹w.海録　宜斯巴尼牙巽w.域録　肆班斯苛w.地理備考　義士把尼亞w.地理備考　意卑里亞w.地理備考　小以西把尼亞島w.地理

全集　斯扁亞w.四洲志　日斯巴尼亞　日西巴尼亜　日斯巴尼亞國」（wは割注。以下同）である。

　中国においても古くは「イスパニア」系で、「スペイン」系は19世紀中頃以後見られる。

イスパニア系（「伊斯把你亞」等）（図13）

・「伊斯把你亞」

『釆覧異言』[27]（1713）、『野史』[28]（1852）、『日本社会事彙』[29]（1901）、『國史大辞典』[30]（1915）まで見られる。江戸幕府の関係者が使用し、後人が踏襲していた。『西洋紀聞』[31]（1715）に「漢に訳して伊斯把你亞とも伊西把你亞ともいふ」とある。漢訳借用であろうが、『坤輿萬國全圖』（1602）とは異なる表記である。宮崎道生は、「白石の利用したものは、万暦壬寅（1602）系の写本で、かなり誤字も多かったようであり、マテオ・リッチ図の原本から見ると、もれた所の多いものだったと認められる。」[32]と述べている。

　しかし、これは誤字ではなく、1602年マテオ・リッチ図の「以西把你亞」の「西」を「斯」に変え「伊斯把你亞」とした写本または地図に拠ったのであろう。その理由として『瀛環志略』（原1848）の凡例において「泰西人。於漢字正音。不能細分。斯也士也是也實也西也蘇也。」と記載するように「斯」「士」「是」「實」「西」「蘇」は同音としている。これらのどの文字であれ同一として使用された可能性は大きいと考えられるからである。

・「伊斯把尼亞」

『厚生新編』[33]（1845）と『野史』[34]（割注p.338のみ、1852）に見られるが、両書は他表記の用例と混在している本である。前者は、翻訳者も多く長年月に渡った翻訳であり、後者は、「伊斯把你亞」が多用される中での1例のみであり、後人（飯田芳郎か）の追記部分とも考えられる。これは『厚生新編』の翻訳の際の独自表記である。中国では『海國圖志』『瀛環志略』で「以西把尼亞」が記載されているので、中国の表記を借用した変形と考えられる。

・「伊斯把泥亞」

『蛮語箋』[35]（1798）、『厚生新編』『大成無双節用集』[36]（1849）に見られる。

4.「スペイン」の呼称の変遷について　　85

『蛮語箋』には、「明人著ス所ノ地球圖説ノ訳字ヲ上ニ標下ニ蛮人ノ称呼ヲ載ス」との文があり、漢訳の変形の可能性も否定できないが、当時、日本にあった中国の書物又は写本に拠ったと考えるのが妥当であろう。『厚生新編』は訳者の見解による採用と考えられる。『大成無双節用集』はなんらかの日本書物からの引き写しである。日本で独自に、「ニ」の読みに画数の多い「泥」を宛てる可能性は低いと考えられる。中国では「伊」の使用は見られないが、イタリアを示す「イ」の漢字には「意」、「伊」、「以」が使用されており、中国の借用と考えられる。

　・「伊斯巴尼亞」

　『厚生新編』『和蘭字彙』37)（1858）に見られる。ともに長崎通詞と蘭学者達の翻訳であるので、彼らの地名翻訳に対する意識も影響したであろう。『厚生新編』においては、各個人が自らの判断で、訳していることが窺われた。

　・「伊斯波尼亞」「伊斯波二亞」

　「伊斯波尼亞」が『英和対訳袖珍辞書』38)（1862初版）に、「伊斯波二亞」が『外蕃通書』39)に見られる。いずれも幕府関係書であり、前者は幕府の所有する中国の書物に拠ったものである。後者は「二」の使用から、日本で独自に漢訳を変形させたものであろう。

　・「伊西把尼亞」「伊西巴尼亞」

　『采覧異言』に「一作」として記載され、『外国通信時略』40)、『新撰いろは活用字引』41)（1895）にも見られる。前二書は、作者が見た当時の漢訳書に拠ったものであろう。これらの「伊」で始まる表記は中国の書に見られない。中国では、イランに「伊斯巴享」「伊朗」「伊蘭」、イラクに「伊拉克」「伊剌克」と宛てるので、これらと区別するためにあえて使用しなかったことも考えられる。日本人（その始めは新井白石）による独自の表記（彼は、漢訳と認識していた）であったと考えられる。中国では、「イスパニア」の語頭の文字には「意」「以」が使用され、『重刊海國圖志』（1852）に「一作以西把尼亞」「海録謂之意細班尼」が見られる。『明史』（1739）に「依西把尼亞」、『瀛環志略』（1861）に「義斯巴你亞」「以西把尼亞」、清末『小方壺

斎輿地叢鈔』に「義士把尼亞」(『地理備考』)、「日西巴尼亜」、「日斯巴尼亞國」等の用例がある。こうした異形の漢字表記の一、二文字を変えたものであろう。

・「以西巴爾亞」「以斯把尼亞」

「以西巴爾亞」が『倭漢三才圖會』(1713)に、「以斯把尼亞」が『厚生新編』(1845)に見られる。「以西把你亞」(1602『坤輿萬國全圖』)、「以西把尼亞」(1623『職方外紀』)、「義斯巴尼亞w.地理備考」(1852)等の漢訳の変形であろう。日本人にとって「ス」を表す漢字として、「西」より「斯」の方が慣れていたための変形であろう。

・「以西把尼亞」

『訂正増譯采覧異言』[42](1804)、『野史』[43](1852)、『雅俗節用集』(1878)、『國史大辞典』(1915)に見られる。『職方外紀』(1623)の漢訳表記と同じで、『訂正増譯采覧異言』にも「艾氏圖説ニハ以西把尼亞ニ作ル」とあり、漢訳の借用である。

・「以西巴尓亞」「意斯把尼亞」

「以西巴尓亞」が『倭漢三才圖會』(1713)に、「意斯把尼亞」が『厚生新編』に見られる。漢訳「以西把尼亞」「義斯巴尼亞」等の変形である。

・「依西把尼亞」

『外國地名人名辞典』(1903)に見られる。序文に「官報附録所載の表に就きて注釈解説を為し」とあり、1902年11月15日の「官報」で報告された「外國地名及人名取調」の表記をそのまま採用したものである。『明史』(1739)にある「依西把尼亞」と同じであり、漢訳の借用である。

・「厄斯把孤涅r.エスパグネl.棒(拂郎察呼テ)」「赫斯百利亜ヘスペリアl.棒(古名、西國ノ義)」「斯把印r.スパインl.棒(譜厄利亜國呼)」「厄斯班那r.エスパンナl.棒(自称)」(rは右傍書、lは左傍書)

これらは『訂正増譯采覧異言』(1804)に書かれている表記である。凡例に「新ニ訳字ヲ加フル者ハ左傍に竪画ヲ加フ」とあり、当時の漢籍を参考に、著者自ら訳したものである。

・「日斯巴尼亞」

4.「スペイン」の呼称の変遷について　87

『標準漢譯外國人名地名表』（1924）、『中日大辞典』（1968）に見られる。両例とも中国出版書に依拠した表記である。

イスパニア系（「斯把泥亜」等、略記）

・「斯把泥亜」「斯巴你亜」「斯斑嬰」（「イ」省略）

前2例は『厚生新編』（1845）に見られ、後の例は『訂正増譯采覧異言』（1804）に見られる。漢籍を参考に各訳者がオランダ語から訳したものである。

・「巴泥亜」「把尼亜」「把儞亞」（「イス」省略）

前2例は、『訂正増譯采覧異言』（1804）に見られ、左に傍線がある。山村才助が訳したものである。後1例は、『野史』（1852）、『國史大辞典』（1915）に見られる。『國史大辞典』は、『野史』の表記を踏襲しただけであろう。日本独自の表記である。

以上イスパニア系の漢字表記のうち、漢籍と同じ表記を使用するのは、「以西把尼亞」「依西把尼亞」であるが、用例数は少ない。寧ろ、漢訳を少し変形させた、日本人が読みやすいような漢字で表した例が多い。山村才助、『厚生新編』の訳者達（馬場佐十郎、大槻玄沢、宇田川玄眞等）、長崎通詞達の翻訳者達は、初期には漢訳表記もそのまま使用したが、後に少し変形させた漢字表記を使用するようになった。福澤諭吉のように、あまりに自由で独創性の強い表記は、一般には受け入れられなかった。

スペイン系（「西班牙」等、略記）

・「西班牙」「西斑牙」

「西班牙」は、中国の『重刊海國圖志』（1852）に見られ、漢訳の借用である。『英和対訳袖珍辞書』[44]（1862）、『世界國盡』[45]（1869）を始めとする明治・大正期の多くの辞書類、『スタンダード和英大辞典』[46]（1926）を始めとする昭和期の書物に見られる。大部分が「西班牙」であり、明治期の荒木市太郎『萬國史略』（1877、小川九平出版）と棚橋一郎訳『英和雙解字典』（1886、ゆまに書房影印による）とに「西斑牙」が見られる。傍書には、古い呼び方による「イスパニヤ」等と、新しい呼び方「スペイン」等とがある。日本の『雅俗節用集』[47]にも「以西把尼亞」（傍書：イスパニヤ　割注：ス

ヘインの古号）と「西班牙」（傍書：スペイン　割注：イスパニアト云フ國名）とがあり、幕末に欧米宣教師が中国で翻訳した漢訳表記の呼称「スペイン」と古くからの呼称「イスパニヤ」等の両者が併用されていた状況を示している。

・「西牙」「西」

「西班牙」の省略表記である。『通辨獨學』[48]（1873）に「西牙」（傍書「スパイン」）が見られる。略称「西」については、『算術辞典』[49]（1910頃）、『大日本百科辞書』商業辞書[50]（1924）記載の「西國、米西、日西」、及び『日本家庭大百科事彙』[51]（1930）、『外国地名人名表』[52]（1937）に見られた。中国でも簡略にする表記（意人；『通商諸国記』、俄國；『英韶日記』）があり、それに倣い記載されたものと考えられる。『婦人家庭百科辞典』[53]（1937）には「西（イスパニヤ）」もあり、『文章大辞典』[54]（1913）に「西兵（せいへい）」とあり、読み方に

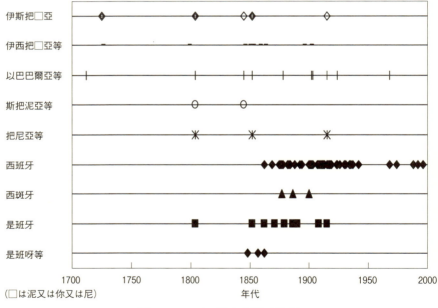

図13　スペイン漢字表記（辞書）

は揺れがある。

・「是班牙」「是斑牙」「是班呀」「是班」

「是班牙」は『訂正増譯釆覧異言』（1804）（『海國聞見録』引用部分）、『野史』（1852）（『坤輿圖識』引用部分）を始めとして『國史大辞典』（1915）まで見られた。漢訳の借用である。『改正増補蛮語箋』（1857後印本）に「是班呀」、『英和対訳袖珍辞書』（1862初版影印による）に「是斑牙」が見られる。『世界國つくし』[55]（1879）に「是斑牙」があり、『大正増補和訳英辞林』（1871）「是班牙國、是班牙人」の傍書にも「イスパニヤ」があり、『萬國名』[56]（無刊記）には右傍書「スペイン」、左傍書「イスパニヤ」が附されている。「是班」は『世界國名盡』[57]（無刊記）に見られる省略表記で、傍書に「イスハンヤ」とある。

・「大呂宋」

『世界國名盡』[58]（1871、2種）から『中日大辞典』（1968）まで散見され、中国書の『地球説畧』（1856）にあり、漢訳の借用である。16世紀以来19世紀末までスペインが「呂宋」を植民地としたので、それに対して「大」を附して本国を表したものと考えられる。『世界國名盡』には「是班牙（右傍書：イスパニヤ、左傍書：スペイン）」、「大呂宋トモ書ク」と記載され、類似の無刊記本には「是班牙（右傍書：イスパニヤ）」の異称欄に「大呂宋」と記載されている。「だいるそん」等と読みうるが、傍書は付されていない。

まとめ

辞書類におけるスペインの漢字表記には、漢訳表記の借用とその変形がある。日本独自の新訳もあるが、それもまた漢訳に影響されている。多種類の表記があり、漢訳を尊重しつつも日本人に読みやすい漢字が使用された。また、新知識を受け入れて漢字表記が更新されても、呼称については傍書が古いままである用例もあり、読み方は新旧が混在する。

4.2.2　仮名表記（図14、P.91）

イスパニア系

・「イスハンヤ」「イスパンヤ」「イスハニヤ」「イスパニヤ」

90 第1部 個別地名についての研究

『倭漢三才圖會』[59]（1713）には「イスハンヤ」「イスハニヤ」の両形が見られる。「イスハンヤ」は『倭節用集悉改大全』[60]（1826）と明治期の『世界國名盡』（無刊記）に見られる。「イスハニヤ」は『悉皆世話字彙墨宝』[61]（1733）に見られる。「いすぱんや」は『采覧異言』（1713）、『訂正増譯采覧異言』（1804）に見られ、明治初期まで用いられた。「イスパニヤ」は、『采覧異言』を始めとし『蛮語箋』（1798）、『厚生新編』（1845）、節用集類、『婦人家庭百科辞典』[62]（1937）まで多くの辞書に見られる。

・「スパーン」「スハーニ」「スパンヤ」「スパニア」「スパンエン」

「イスパニヤ」等から「イ」が落ちた形であるこれらの表記は、『采覧異言』、『訂正増譯采覧異言』（1804）、『厚生新編』に見られる。すべてオランダ語由来のものと記されている。当時の蘭学者の翻訳による呼称である。

・「はにや」「パニア」「ヘスペリア」

「はにや」は『日本節用万歳蔵』[63]（1785）所載の地図に記されている。同地図では、現メキシコを「のうはいすはんあ」と記載しているが、スペインについては「イスハンア」系の国名でなく、「はにや」と記載している。「把你亜（パニア）」は『訂正増譯采覧異言』（1804）に見られ、「古名」としてこのような呼び方を示している。後述する『台徳院殿御實紀』（1608）に「はんやあ國」が見られ、日本でも早くから知られていた呼称のようである。『訂正増譯采覧異言』には「開国ノ主ノ名」と記載されている。「ヘスペリア」は、同書に「此國ノ古名」「西國ノ義」と記されるものである。

・「エスパグネ」「エスパンナ」

両者は『訂正増譯采覧異言』（1804）に記載されている。前者はフランスでの呼称、後者はその国の自称と説明されている。山村才助独自の訳による表記である。

・「イスパニア」

『采覧異言』（1713）を始めとして『外来語辞典』（1977）まで見られる。昭和以後には、古い国名との意識で示しているものもある。

・「ヒスパニア」

『訂正増譯采覧異言』（ラテン語呼称）と『和英語林集成』（英和の部、日

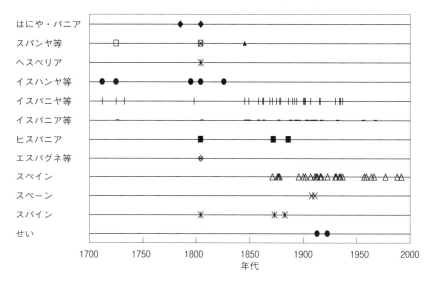

図14 スペイン仮名表記（辞書）

本語のローマ字表記、1872再版）に見られる。『和英語林集成』は、イギリス国名を例にすると「Britain, n.Ekoku. Great —, Dai-ekoku」のように記述するので、そこから判断すると、「Spain, n. Hispania」の記述は、日本では、「ヒスパニア」と読むということを示す。ラテン語の綴りと同じである。初版には無く、再・三・五版に出ている。

スペイン系略記

・「スパイン」「スペーン」

「スパイン」は、『訂正増譯采覽異言』（イギリス呼称）(1804)、『通辨獨學』[64] (1873)、『英學獨稽古』[65] (1883) に記載されている。英語の発音に従った表記である。「スペーン」は、『日本百科大辞典』(1908) の見出し語にある。どちらも英語訳表記の初期の頃に見られ、「スペイン」が定着する前の呼び方である。

92　第1部　個別地名についての研究

・「スペイン」

『世界國名盡』[66]（1871）より現在までこの表記が使用されている。

・「せい」（略記）

『文章大辭典』[67]（1913）と『日用国民寶典』[68]（1923）に「西班牙」の略称「西」の傍書として「せい」が記載され、国名を表している。

まとめ

早くは「イスパニヤ」系（イスハンヤ・イスハニヤ→イスパニヤ・イスパンヤ・スパンヤ→イスパニア）が使用され、「はにや」等が一時期使用された。追って「ヘスベリア・エスパグネ」系と「スペイン（スパイン→スペーン→スペイン）」系とが使用された。多用されたのは「イスパニヤ・イスパニア」及び「スペイン」で、19世紀中期より20世紀中期まで並用された。

4.3　その他の資料における「スペイン」の表記

スペインの国名は、日本では16世紀後半には知られていた。というのも、スペインは1565年にフィリピン（呂宋、ルソン）を占領しているからである。中国の明時代であり、日明貿易と倭寇が盛んであった。図には示していないが、1609年の徳川家康の朱印状と1613年の伊達政宗のローマ法王宛書簡とに「ゑすはんや」と記載されている。また、1608年『台徳院殿御實紀』に、献上された「いそぱにや酒」が見られる。スペインの国名呼称は、日本では、古くから見られる「イスパニア」「Hispania」「España」の原語系と、新しく流入した「スペイン」「Spain」の英語系と、「大呂宋」との三系統がある。

4.3.1　漢字表記（図15、P.100）

原語系の五文字表記とその省略三文字表記（イスパニア系）

・「伊斯把你亞」「伊西把你亞」（『采覧異言』では「你」は「儞」と記す）

「伊斯把你亞」の表記は、1715年から1866年まで見られる。「伊西把你亞」は、新井白石『西洋紀聞』（1715）に見られ、桂川甫周『萬國新話』（1789）も使用している。マテオ・リッチの表記は「以西把你亞」であるが、白石は

漢訳として「伊斯把你亞」を正しいとし、「西」を使用する表記は脚注で
「一云」として記している。白石の見た万国図はマテオ・リッチの『坤輿萬
國全圖』[69] であろうが、いくつかの版が存在する[70] ので、そのひとつに
あった漢訳地名か、別の万国図を参照したのであろう。傍書に「イスパニヤ
ア」、「イシスイパニヤア」と付しており、このように読んでいたようである。
但し、それは漢訳読みであり、地の文では「イスパニヤ」23例、「イスハニ
ヤ」1例を用いているのであるから、白石の読みは一般的には「イスパニ
ヤ」であるということになる。その後の「伊斯把你（儞）亞」の用例では、
傍書で「イスパニヤ」としているのは杉田玄白『解体新書』（1774）に見ら
れ、傍書「イスパニア」とするのは、大槻茂質『環海異聞』（1807）、青地林
宗『輿地誌略』（1826）、那波希顔『亞墨新話』（1884）、深慨野叟『斥邪二
筆』（1866）に見られる。白石以降最後の発音が少し変化（「ヤ」から「ア」）
した形で踏襲されている。白石は、唐通事の発音を正確に示そうとしたので
あるが、その後の人々は、この「亞」を「ヤ」としたり、日本の漢字音にあ
たる「ア」としたりしたのであった。

・「以西把尼亞」

西川如見『四十二國人物圖説』（1720）を初めとして、朽木昌綱『泰西輿
地圖説』（1789）、『別段風説書』（1852）、永田南渓『洋外人物輯』（1854）に
見られる。これは、艾儒略『職方外紀』（1623）と同じで『明史』（1739）に
ある表記「依西把尼亞」と類似しているので、中国の漢訳地名の借用である。
すべて傍書は「イスパニヤ」である。これらの人々は漢籍にも通暁していた
のであり、そのため語尾を「ヤ」としたのであろう。また、地図資料では、
「イスパニヤ」の表記は1750年から1935年にかけて、「いすはにや」は1620年
から1873年にかけて見られ、最も古い呼称である。翻訳の際には、地図も参
照するであろうから、マテオ・リッチ系以外の地図表記の影響もあろう。前
述のように地図では、漢訳の「以西把尼亞」は1703年から1850年まで見られ、
書物類より早く見られた。

・「伊斯把泥亞」

「伊斯把泥亞」は、朽木昌綱『泰西輿地圖説』（1789）、桂川甫周『北槎聞

94　第1部　個別地名についての研究

略』(1794)、渡辺崋山『諸国建地草図』(1839)、箕作省吾『坤輿圖厄識』(1847)
に見られる。桂川甫周にのみ傍書で「イスパニヤ」が見られる。上記のよう
に古くより流布したようであるから、これらの読みはルビがないものも「イ
スパニヤ」と読んでいた可能性が高い。

・その他の五文字表記

　「伊察巴尼亞」は、本多利明『西域物語』(1798) に見られる。これは『海
表叢書』記載本によるものである。岩波日本思想大系には「伊察巴厄亞」と
記載されるが、「尼」を「厄」とするのはイスパニヤを示す他書の用例に見
られないので、誤りであろう。但し、ナイル川については、多くは漢字表記
で「尼羅（ナイル、ネイル、ニール）」とするが「厄羅」とする1886年の1
例が『宛字外来語辞典』に見られる。1908年の漢訳聖書である『新旧約聖
書』[71] での折り込み地図には「埃及河」「西曷」「挪羅」「尼羅江」が記載さ
れている。漢字の音について字典では、「尼」は「平声、ニ・ジ」又は「去
声、ネイ・デイ」である。一方、「厄」は「入声、ヤク・アク」で、音が異
なっている。他の外国地名の漢字表記では、「厄」は「厄日多」「厄瓜多」
「厄利斉亜」「厄勒祭亜」「厄爾沙斯」「厄爾齊斯」等と書かれ、「エ」「ギ」
「ゲ」「ア」「イ」とも発音される場合があり、「ニ」は例外的である。

　「意思把泥亞」は、前野良沢『管蠡秘言』(1777) に見られる。「意斯波泥
亞」は、1857年に「海防掛の大目付、目付上申書」に記載されている。当時
の国内の地図・辞書にも見られない「意」を使用したのは、当時日本に流入
していた漢訳書の影響であろう。同一表記ではないが、語頭に「意」を使用
する中国の例として、『地理備考』及び『海録』に「意卑里亞」「意細班尼
惹」がある。

　「伊斯巴你亜」は森島中良『紅毛雑話』(1787)、「伊斯巴儞亜」は佐久間象
山「攘夷の策略に関する答申書」(1862) に見られ、「伊斯巴泥亞」は志筑忠
雄『遠西観象図説』(1823) に見られ、「伊斯巴尼亞」は横井小楠『国是三
論』(1860) に見られる。これらは新井白石の「伊斯把儞亞」の変形である。
ただし、地図資料では古屋野義春『萬國一覧圖』(1809) 等に「伊斯巴儞亞」、
一番斎『万国一覧』(1857) に「伊斯波儞亞」、橋本宗吉『喎蘭新訳地球全

圖』（1796）等に「伊西把泥亞」があるので、その頃の地図を参照した可能
性もある。

青地林宗『輿地誌略』（1826）は「伊斯把儞亞（王名による）^{イスパニア}」を見出し語
とするが、「歇斯百利亞（古名、星名より）^{ヘスペリア}」とも記す。これが林宗独自の漢
訳であるのか、あるいは中国書表記の借用であるのかは不明である。

「伊斯波泥亞」（1839渡辺崋山『諸国建地草図』）、「伊斯波尼亞」（1868「太
政官日誌」54）等で使われた「波」は、日本では「は」に「波」の草体字が
使用されており、その影響を受けたと考えられる。

・その他

「置班牙^{いすぱにあ}」（『各国産物往来』（1873））、「斯班牙^{イスパニア}」（『萬國新聞紙』（第四集
1867））、「伊白利亞（伊白略河^{イベリュ}より）、斯把爾國（鬼の意）^{スパナ}」（『輿地誌略』
（1826））が見られる。前2例は古い呼称による傍書イスパニアを付している
が、英語系の漢訳の新表記「西班牙」等に影響された漢字表記である。

英語系（スペイン）による表記

・「西班牙」とその派生「西斑牙」

「西班牙」については、『官板海外新聞』（巻之二1862）から、各種の新聞
雑誌、地理書、往来物、教科書等、木下杢太郎『新小説』所載（1926年7月
特輯号）まで多く使用された。この表記は、『海國圖志』（1852）、『大英國
志』（1856）、『地球説畧』（1856）等の中国書に見られ、中国からの借用であ
る。ときには、「西斑牙」の表記も見られる。内田正雄纂輯の『輿地誌略』
（巻五1871）では、「西班牙、西斑牙」の両者の表記が見られる。日本では、
「班」、「斑」はどちらも「ハン」と読み、文字の形も似ているため混用され
たのであろう。「西斑牙」の初出例は「横浜鎖港談判使節上申書」（1864）に
見られる。地図類では、『萬國精圖』（1886）の旗名に「西斑牙旗」の一例が
見られ⁷²⁾（但し、地図上では漢字の異なる「西班牙」である。）、辞書類⁷³⁾
でも三書に見られた（1877〜1900年）。

傍書には「イスハンヤ」「いすはにや」「いすぱにや」「イスパニヤ」「イス
パニア」と「スペイン」「スパニー」「スパイン」「スペーン」「すぺいん」が
見られる。時期が下るほど英語系が多い。この頃は、新表記の漢訳文字で

96　第1部　個別地名についての研究

あっても、その読みには旧新の両者が混交してあり、使い慣れた呼称も長く
継続して使用されている。幕末期には、原語系から英語系に移り変わる様相
が現れている。

・「是班牙」とその派生「是斑牙」「是班呀」

　「是班牙」は、渡辺崋山『趺舌或問』（1838）から岡田伴治『世界國つく
し』（1879）まで見られる。箕作省吾『坤輿圖識補』（1847）は正編ではイス
パニア系を使用し、続編では新来の漢訳表記であるこの表記を採用している。
1861年の『バタヒヤ新聞』では13例の使用があり、その一つには「イスパニ
ヤ」の傍書がある。新漢訳の漢字を使用しても、読者の誤解を生まないよう
に古くからの読みである「イスパニヤ」を与えていることが解る。中国書で
は『海國圖志』及び『瀛環志略』に見られる。日本での使用の方が早いので、
ただちに、漢訳の借用とは言えない。但し、日本独自翻訳かどうかはなお精
査した上で判断するべきである。1852年以前の日本での使用者は、渡辺崋山
と箕作省吾との二人のみである。彼らは、自らオランダ語を翻訳することも
あり、また新着の中国書をも求めうる立場でもあったことに注意する必要が
ある。

　「是斑牙」は『内國里程問答』（1876）、『絵具染料考』（1887）に見られる。
これらの作者達は地理の専門家ではないため、上記の「西斑牙」と同じよう
に「班」から「斑」へ派生したと考えるのが妥当であろう。また、「是班呀」
が『改正増補蛮語箋』（1848）に見られる。

その他（「實班牛」「大呂宋」）

　「實班牛」は箕作省吾『坤輿圖識補』（1847）に見られ、イスパニヤと傍書
されている。『坤輿圖識補』では「是班牙」が多用されている中で、一例の
使用である。なお、『坤輿圖識』では、「伊斯把泥亞」が多用されている。傍
書は箕作省吾が附したのであるが、漢字は「スパニュウ」と読める綴りであ
る。傍書に敢えて伝統的呼称を附したのは何故であろうか。彼の義父であり
養父でもある箕作阮甫著の『改正増補蛮語箋』（1848）にも「是班呀」
「hispania」とあり、傍書語尾が異なる同類の記載をしている。この父子は
オランダ語の国名からではなく、ラテン語資料により外国地名を翻訳してい

る。また、省吾の表記は中国書記載の「實班牙」[74] と類似している。「實班牙」は日本の村田文夫『洋語音譯筌』（1872、雄松堂マイクロフィルムによる）にも使用されている。村田は漢訳書に依ったと凡例に記している。「實班牛」は箕作省吾にとって唯一の例外的表記であるが、このような新しい渡来漢訳書の表記を採用したものである。語末の「牛」については、中国書の例は見出されておらず、引用か、省吾独自の改変であるのかは分からないが、彼がオランダ語[75]「Spanje」を知っていたことと関連があるのかもしれない。

「大呂宋」は、スペインがルソン（呂宋）島を占領しアジアでの貿易根拠地としたことからの命名である。中国では、『海國圖志』（1852）を始め、『地球説畧』（1856）、『瀛環志略』（1861）及び『英華辞典』（1884）等に見られる。日本では『地球説略』翻刻に「大呂宋」を本国名とし、「西班牙」を「又名」として掲げ、その読みは「スパニア・スパニー・イスパニア」と揺れがある。『世界國名盡』（1871、2種）及び『童蒙學そめ』（1872）に「異名」として記載されている。『坤輿萬國全圖』（1602）には「呂宋」と記載され、南蛮屏風でも「ろそん」「るそん」「呂宋」と記載されている。日本人にとって、「呂宋」は、「呂宋壺」などによって16世紀より馴染みの地名である。これは中国表記の借用である。

省略形「伊斯把」「伊斯」「是班」「是」「西班」「西牙」「西」

『坤輿圖識』に「伊斯把人」1例、「伊斯」を「伊斯國王」の形で2例、「伊斯國」及び「伊斯國都」各1例が使用されている。「伊」のみでは理解しにくいと作者が判断したため、二、三文字表記で表したものであろう。「伊太里亞（イタリア）」の「伊」との混同を考慮したとも考えられる。「イスパニア」という国が、当時の日本人にとって、直ぐに認知できない疎遠な国であったことも考慮されよう。

「是班」は、『世界國名盡』の傍書で「イスパニヤ」とされ、『童蒙學そめ』には「イスハンヤ」と傍書されている。漢字は二文字であるが、傍書は省略（「スパン」等）に到っていない。

「是」は、『バタヒヤ新聞』（巻3、1861年9月7日）に2例、『官板海外新聞』（第1号1862）に「英佛是三国」として1例見られる。新聞では、紙面

98 第1部 個別地名についての研究

に収めるために字数を省略することがある。前後の文より「是」が「是班牙」の省略であると理解できるので使用されたものと考えられる。

「西班」は、『海外國勢便覧』(1870) に見られる。「西牙」は、『通辨獨學』(1873) に見られ、傍書には「スパイン」と記載され、中略の特殊例である。また、「西」は1862年より戦前まで使用されている。このように、スペイン漢字表記の省略形のバリエーションがイタリア、ロシアにくらべて多いのは、各人がそれぞれ自らの見識で省略したためで、多くの揺れがあったのである。

まとめ

以上のように、スペインの漢字表記は「伊斯把儞亞」等の五文字表記が古くから知られていた。1830年代末より、新しい「是班牙」「西班牙」等の三文字表記が現れた。両者はその呼称に揺れが見られるが、その中で「イスパニヤ」が多く長く使用された。新表記には読みに揺れ（イスパニヤ等からスペーン等まで）があるが、最終期に「スペイン」となった。1830年から1870年代にかけては、両者の漢字表記が共存して使用され、その呼称も併存していた（図15）。

4.3.2 仮名表記（図16、P.101）

スペインを表す片仮名表記に関しては、歴史的事実と連動している。鎖国以前にポルトガル人の漂着を契機として、ザヴィエル（スペイン人）の来日があり、京都に教会が建てられた。16世紀末には、九州の大名である大村氏とポルトガル人との交易（ポルトガル船来航）があり、18世紀初期、イタリア人宣教師も来た。ロシア漂着民となった日本人もいた。彼らから知りえたスペインの国名には、ポルトガル語「Espanha」、スペイン語「España」、ラテン語「Hispania」、イタリア語「Spagna」、オランダ語「Spanje」(『改正増補蛮語箋』では「hispaniaイスパニア」)、ロシア語「Испáния」、英語「Spain」といった多国語が関係することとなった。

・「ハンヤー」(1608)、「イソパニヤ」(1608)、「エスハンヤ」(1609)（「いそぱにや」「ゑすはんや」）

『台徳院殿御實紀』(1608) に「はんやあ國」「いそぱにや酒」と記載され、

1609年の徳川家康の朱印状と1613年の伊達政宗がローマ法王に送った書簡[76] に「ゑすはんや」が見られる。当時の呂宋とメキシコを行き来するスペイン船が日本と関係を求めたことを記載した文章であり、この頃よりこのような呼び方が知られていた。

これらは初期の用例であり、ポルトガル人、またはスペイン人の影響を受けたものである。ポルトガル人によるラテン語「Hispania」の発音から「イソパニヤ」等と聞き取ったのであろう。「ハンヤー」は、「パ」にアクセントがあったために、「イス」を聞き漏らしたのであろう。「エスハンヤ」は、スペイン語「España」又はポルトガル語「Espanha」を聞き取ったのであろう。

・「イスパニヤ」「イスハニヤ」「イスパニア」「イスバニヤ」

これらの表記は、1715年から1939年まで見られる。ポルトガル人、スペイン人が来日していたころより伝わった呼称とその変形である。新井白石がスペイン国名としていたのは「イスパニヤ」であった。

・「ヒスパニア」「ヒスパニヤ」

これはラテン語表記Hispaniaの音訳である。朽木昌綱『泰西輿地圖説』(1789)、本多利明『経世秘策』(1798)、ヘボン・山本秀煌共編の書物『聖書辞典』(1892) に見られる。

・「スパニア」「スパンヤ」「スパニー」「スパンヱ」「スパンエン」

これらは新井白石『西洋紀聞』(1715) に「ヲ、ランドの語には、イスパンヤとも、スパンヤともいふ。」と記載され、当時のオランダ人の発音、又は通詞の発音に由来する呼称である。『今村源右衛門日記』(1709) に「スパンヤ國」、朽木昌綱『泰西輿地圖説』(1789) に「スパンヤ総州」等、本多利明『交易論』(1801) に「スパンヱ」が見られる。西村茂樹『校正萬國史略』(1873) に「西班牙」、橋爪貫一『世界商売往来』(1873) に「西班牙」の傍書が見られる。これらは、新たな漢訳を採用した時、オランダ通詞を通じて日本人に受け入れられたのであろう。『訂正増譯釆覧異言』では、「エスパグネ」(仏呼称)、「エスパンナ」(自称)、「スパンエン」(オランダ呼称) を記している。

100　第1部　個別地名についての研究

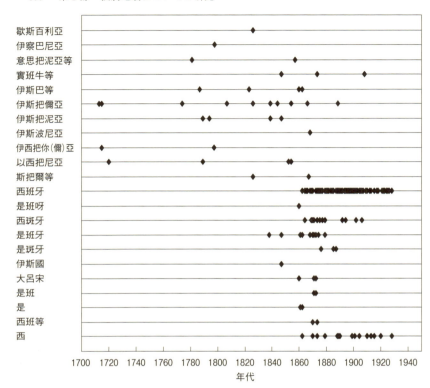

図15　スペイン漢字表記（その他の資料）

・「イシパン」

　これは、『環海異聞』[77]（巻之十二・巻之十五1807）に記載される。大槻茂質がロシア漂流民より聞き取ったものであるが、ロシア語発音というよりも、ロシア語と英語「スペイン」との折衷のようである。

・「イスパニヲ」「イスパニゥ」

　1865、1866年の『ヒコ海外新聞』（第4、23号「イスパニヲ」、7号「イスパニゥ」）にみられる。スペイン語Españaを記者が片仮名表記で記載したものであろう。同新聞には「イスパニヤ」も見られ、ときに古い呼称を使用したのか、あるいは異なる記者毎の個人差であろう。

4.「スペイン」の呼称の変遷について 101

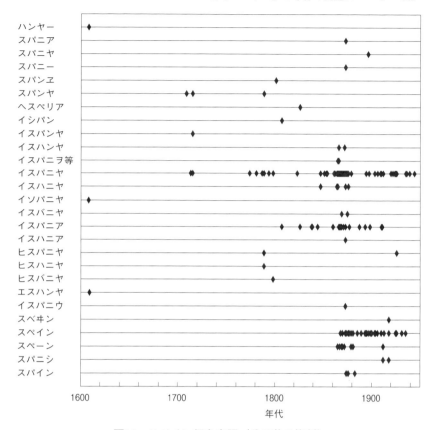

図16 スペイン仮名表記（その他の資料）

・「スペイン」「スパイン」「スベキン」「スパニシ」

前の3表記は、英語Spainの訳「スペイン」とその変形である。『通辨獨學』(1873)、『萬國地誌略』(1876)、『英學獨稽古』(1883)の「スパイン」は、英語をローマ字読みしたようである。『世界の衣食住』(1918)の「スベキン」は「スペイン」と発音したものであろう。最後の「スパニシ」は、長谷川如是閑『倫敦』(1912)に「西班牙娘(スパニシガール)」とある。『東京日々新聞』(1918年10月24日)に「スパニッシュ・インフルエンザ」が見られる。英語Spanishの発音からの訳である。1868年から現代まで使用されている。

102　第1部　個別地名についての研究

・「スペーン」

1865年から1912年まで見られる。英語Spainの発音を「スペーン」と表したものであり、「スペイン」より用例は少ない。

・「ヘスペリア」「イベリア」「スパナ」

青地林宗が国名の由来を翻訳して示した読みで、「歇斯百利亞（詩語）、伊白利亞（伊白略河より）、斯把爾國（鬼の意）」と記載されている。ヒュブネル（ドイツ人）の地理書の蘭訳本を官命により翻訳した『輿地志』（1822）の要約本『輿地誌略』[78]（1826）に記載されている。

まとめ

「スペイン」の仮名表記に関しては、初期のポルトガル人の発音に基づくものが長く使用された。オランダ人発音によるラテン語系と、英語系（英国、米国留学等を経た人々による翻訳から普及した）とが混在した期間が長い。明治時代以後は、漢字表記において新しい三文字漢字表記が多くなっても、新旧が混在していた（図16）。

おわりに

漢字表記について

イスパニア系

「以西把爾亞」が17世紀初めの地図において知られ、これの一文字変形「以西把尼亞」が18世紀初〜19世紀中期にかけて地図・辞書・書物において見られる。辞書では、「以西巴尼亞」や更に変形した「以斯巴爾亞」も見られた。「伊斯把爾亞」は18世紀初〜19世紀中期に使用された。同じ時期に「伊斯巴尼亞」「伊斯把泥亞」「伊斯波尼亞」も見られる。辞書には19世紀中〜20世紀初期にかけて「意斯把尼亞」「依西把尼亞」「日斯巴尼亞」が見られる。

他には18世紀末〜19世紀中頃までに「伊須波牟野」（地図）、19世紀中頃に「意斯波泥亞」「意斯波尼亞」「伊察巴尼亞」「意思把泥亞」も見られる。読み方は「イスパニヤ」「イスパニア」「イスパニヤア」である。

「斯把爾亞」「斯巴泥亞」「斯巴儞亞」等の表記が『厚生新編』（1845）に見られる。「スパニア」「スパーンセ」等の傍書が付されている。これらはオランダの百科事典の翻訳である。古名として「巴泥亞」「把你亞」「把尼亜」も見られた。

スペイン系

三文字表記は清末の新しい漢訳表記である。これを借用した例が幕末明治初期に多く見られる。「是班牙」が18世紀中〜20世紀初に見られた。「西班牙」は19世紀後期〜20世紀中期にかけて多く見られる。この変形「是班呀」（地図・辞書）、「是斑牙」、「西斑牙」も少数ながら見られる。読みは、「イスパニヤ」「イスハンヤ」「スペーン」「スパニア」「スパニー」「スペイン」「スパニヤ」「イスパニア」「イスハニヤ」「スパイン」と多数である。新旧の呼称をそれぞれに自由に宛てている。

省略形「是班」「是」「西班」「西牙」「西」も使用された。読みは「イスパニヤ」「イスハンヤ」「スペーン」「スペイン」「スパイン」が見られる。『中學世界』（第 7 巻 8 号1904）及び『東京日々新聞』（1910年 2 月15日）には「西」で傍書「せい」と記載されている。『日用国民寶典』（1923）まで見られた。傍書の無い「西」は『官版海外新聞』（1862）より『婦人家庭百科事典』（1937）まで見られた。

仮名表記について

1608年の「はんやあ國・いそぱにや酒」が古く、1609・1613年の「ゑすはんや」は直接スペイン人（またはポルトガル人）から聞き取り、書きとめられたものである。

「イスハニヤ」「イスパニヤ」「イスハンヤ」「イスパンヤ」は古く17世紀から20世紀中期まで地図に見られ、18世紀から1876年にかけて辞書・書物に見られる。「イスハニア」「イスパニア」は、地図では19世紀中頃まで見られ、辞書・書物でも19世紀初〜末期に多く使用されている。また、「ヒスパニヤ」が朽木昌綱『泰西輿地圖説』（1789）、本多利明『経世秘策』（1798）、ヘボン・山本秀煌共編『聖書辞典』（1892）の翻訳語として見られる。

104　第1部　個別地名についての研究

「スペイン」は1868年から見られ、英語からの翻訳である。書物の例が早く、地図には遅れて見られる。明治初期には「スパイン」「スペーン」「スパニー」等も見られる。「ハニア」は『日本節用万歳蔵』（1785）に見られる。「パニア」は『訂正増譯釆覧異言』（1804）に「古名、開国主の名、航海図説の古名」と記載されている。古い呼称を伝えるものであろう（1608年の『台徳院殿御實紀』「はんやあ國」に類似する）。一方、「スパニヤ」「スパンヤ」「スパンエン」「スパニア」「スパンヱ」の呼称がオランダ語由来の呼称として見られた。新井白石、本多利明、山村才助、西村茂樹、朽木昌綱が使用している。オランダ語の通詞等の翻訳によるものである。

特殊表記について

　「大呂宋」は『地球説畧』（1860訓点）、『世界國名盡』（1871、2種）、『童蒙學そめ』（1872）に見られる。中国からの借用である。「實班牛（イスパニア）」は『坤輿圖識補』（1847）に見られるが、漢字は新流入の漢訳語由来で呼称は伝統的なものである。他に「歇斯百利亞（ヘスペリア）（星名より）」「伊白利亞（イベリュ）（伊白略河より）」「斯把爾國（スパナ）（鬼の意）」が、国名の由来を示す表記として『輿地誌略』（1826）に見られる。

注

1）　西村真次著『日本海外発展史』所収写真、東京堂出版1942初版の同年再版による。

2）　『徳川実紀』（吉川弘文館2003）、以下同書の引用は同じ。

3）　John Everett-Heath著（Oxford university press 2005）。"The name Iberia was first used by the Greeks for the country of the Iberians who lived along the Iberus (Ebro) River. The peninsula was called Hispania by the Romans ; in due course the H was dropped and the short i became an E to give España. Al-Andalus, as Islamic Spain was called and which eventually became Andalusia, means'The Isle of the Vandals' ; it became an Emirate of Damascus. The etymology of Hispania is not clear. One favoured theory is that it comes from the Punic　(the language of Carthage)　span or tsepan 'rabbit'、which were numerous in the peninsula ; or from the Punic sphan 'north' since it was north

Carthage; or it may come from the Basque ezpaña 'lip' or 'extremity', a reference to this south-western area of Europe." とある。

4) 『日本古地図大成　世界編』（講談社1975）では17世紀初期とする。マテオ・リッチ『坤輿萬國全圖』（1602）にない「東寧」（1672から1683存在）が記入されている。しかし、前稿で述べたように、この「東寧」は江戸時代末期まで使用されているので、1683年以前成立とも確定できない。1672年以降に地名が書かれたことになる。

5)　西海艾儒略（Giulio Alenio）、天啓３年（1623）刻の写本（「文化戊辰（５年〈1808〉）十二月大槻玄沢所蔵校写」と記す）、大阪市立図書館蔵。

6)　新井白石『西洋紀聞』（原本は1715、宮崎道生校注『新訂　西洋紀聞』平凡社1968東洋文庫113による）。

7)　熊秀英（森島中良）著。

8)　何崧齡等編纂『標準漢譯外國人名地名表』（原本は1924商務印書館、汲古書院1975影印p.167）

9)　香雪美術館所蔵、写真による。バークレー美術館所蔵『世界図屏風』も「いすはにや」である。

10)　『江戸時代日本繪圖並萬國全圖集成』（人文社複製1975）

11)　箕作阮甫『改正増補蛮語箋』（1857山城屋佐兵衛等）のオランダ語は「是班呀hispania」と示しているが、Joan Blaeu "Atlas Maior"（1605）に「Hispania」と記載されているラテン語地名と同じ綴りである。"De Grote Bosatlas"（Wolters-Noordhoff Atlasproducties Groningen社2005）の地名表記及び"Biografie de Bosatlas"（2005）には1899年の地図が記載され、この地名にも「Spanje」と書かれている。原語を見ることができるようになってからの呼称である。

12)　冨山房1930。

13)　「官報」第五千八百十一号附録、明治三五（1902）年十一月十五日彙報。

14)　原本は宮城県図書館蔵、『利瑪竇　坤輿萬國全圖　萬暦三〇年刊』（臨川書店複製1996）による。

15)　大類伸等監修、編集責任河部利夫、東京堂出版、1955年初版の1968年版。

16)　Martin Waldseemuller Strassburg、1513（Thomas Suárez "Shedding the Veil" World Scientific Publishing 1992によるPlate Ⅸ）

17)　Abraham Ortelius "Theatrum Orbis Terrarum, Antverpia, xx Maii MDLXX"（大西英文・長谷川孝治『オルテリウス　世界の舞台』神戸市外国語大学外国学研究所1992による）

18)　注14に同じ。

106　第1部　個別地名についての研究

19）　注5に同じ。

20）　清張廷玉等撰（原本は1739年完成、中華書局）。

21）　歐羅巴人原撰、林則徐訳、魏源重輯（原本は1852）1868版本。

22）　江蘇松江上海墨海書院。

23）　慕維廉（William Muirhead、英国人）著、爽快楼蔵梓1858。

24）　褘理哲（Richard Quarterman Way、米国人）撰、寧波花華聖経書房。

25）　徐継畬著、井上春洋等訓点の阿陽對嵋閣梓本の影印本1861。

26）　王錫祺撰（小方壺斎はその書室の名　1880初刊）。

27）　今泉定介編輯『新井白石全集』（國書刊行會1906）の翻刻による。

28）　飯田忠彦著（吉川弘文館1876初版の1906増訂再版）による。

29）　経済雑誌社編発行、1890初版の1901再版。

30）　八代國治等編纂、吉川弘文館1908初版の1925大増訂による。

31）　注6に同じ。

32）　注6に同じ、p.107。

33）　杉本つとむ編著『江戸時代西洋百科事典　「厚生新編」の研究』（雄山閣出版1998）による。

34）　注28に同じ。

35）　森島中良著『蛮語箋』、杉本つとむ編『蛮語箋』（皓星社2000）参照。

36）　鶴峯戊申世霊編『大成無双節用集』（原1849、『節用集大系73』大空社1995）による。

37）　早稲田大学本、早稲田大学出版部1974。

38）　杉本つとむ編『翻訳日本語辞典』（早稲田大学出版部1981）の初版影印による。

39）　『古事類苑』所収の本文による。

40）　注39に同じ。

41）　川崎斯文編、井上一書堂。

42）　山村才助著『蘭学資料叢書1』（青史社1979、内閣文庫所蔵本の影印）による。

43）　注28に同じ。

44）　注38に同じ。

45）　福澤諭吉訳、慶應義塾蔵版、岡田屋嘉七賣弘、近代文学館復刻本による。

46）　寳文舘、1924初版の1926の1930版による。

47）　青木輔清『雅俗節用集』（『節用集大系94』大空社1995影印による）。

48）　卜部氏訳、宝玉堂、1861初版の同年増補版による。

49） 長澤亀之助著、宝文館・六合館（1910かとするが、刊年不明）による。
50） 同文舘、1906初版の1924増訂改版による。
51） 注12に同じ。
52） 『外国地方人名表』日本放送協会。
53） 三省堂百科辞書編輯部編纂、三省堂、1937。
54） 堀籠美善著、集文館刊、大正２年初版の大正４年五版による。
55） 岡田伴治編、博真堂刊。
56） 京都府蔵版、出雲寺刊。
57） 書林会社刊。
58） 青木東江訳、秋田屋市兵衛等刊。同名書作者名のない別刷もある。
59） 寺嶋良安著、吉川弘文館1906による。
60） 俣野通尚編『倭節用集悉改大全』江戸大阪京都九書肆刊1826（『節用集大系63』大空社1995）による。
61） 中村平五編『悉皆世話字彙墨宝』植村藤松壽板1733（『節用集大系29』大空社1994）による。
62） 注53に同じ。
63） 勝村常喜編『日本節用万歳蔵』1785（『節用集大系43』大空社1994）による。
64） 注48に同じ。
65） 中川八十吉訳、中川仁三郎発行。
66） 注58に同じ。
67） 注54に同じ。
68） 大日本実用學会編集発行、1923初版の1924版による。
69） マテオ・リッチの『坤輿萬國全圖』は、徳川家に秘蔵され、普通の人の見られるものでなかった。
70） 鮎澤信太郎著『地理學史の研究』（原本は1948の復刻版、原書房1980）に「初版図、趙心堂版、南京版、萬暦壬寅版、萬暦の密造版、世界図献上版」と別製「両儀玄覧図」、「1644年以後三度修訂刊行され、削改もあった」とある。
71） 『新旧約聖書』聖書公會印發 British and Foreign Bible Society, 1908 Wenli Bible （旧訳の部p.52、p.482、新訳の部p.116、各頁の次にある折り込み地図）。
72） 風月庄左衛門（『日本繪圖並萬國全圖集成』人文社1977複製による）。
73） 4.2「辞書類における「スペイン」の表記」。
74） 清末『小方壺斎輿地叢鈔』にある。「實班牙」には「海録」に載せられているとの割注がある。しかし魏源『増広海国図志』（珪庭出版社1835、影印1978）所載の「海録」では「實班牙」は記載されず、「大呂宋国、意細班尼惹」とある。

108   第1部　個別地名についての研究

75) J. van WYK Rz. "Algemeen Aardrijkskundig Woordenboek"（Bij J. de VOS&Comp.1825）には、見出し語「Spanje」であり、古くは「Iberië, Hesperië」とし、ローマ人は「Hispania」と呼ぶとの記載がある。

76)　注2に同じ。

77)　『環海異聞』では、三島才二『南蛮紀文選』（洛東書院1925）によれば「イスパン、イシパン」とあり、杉本つとむ編『環海異聞』（1986）によれば「イシパン」とある。写本の違いであるが、ここでは「イスパニア」と紛らわしい「イスパン」を誤写と考え、「イシパン」とした。

78)　『文明源流叢書』（鳳文書館1913）による。

5.「ロシア」の呼称の変遷について

　ロシアの原語表記については、ラテン語・英語では「Russia　ルッシア」、ポルトガル語では「Rússia　ルッシア」、オランダ語では「Rusland　リュスラント」、ロシア語では「Россия　ラスィーヤ」である。

5.1　地図類における「ロシア」（図17、P.113）

　「ロシア」は、歴史上一公の国名であった時がある。その時期には、「モスクワ」公国と並立して地図上で示されたり、どちらかが国名として示されたりしている。ロシア帝国は1721年より1917年まで存在した。日本・中国では、ロシアもモスクワも同じ国名との認識もみられる（司馬江漢『西遊旅譚』(1794)・中国書『瀛環志略』(原1848)）。1991年のソビエト社会主義共和国連邦（Union of Soviet Socialist Republics）崩壊後、国名としての「ロシア」が復活した。

5.1.1　漢字表記
「魯西亞」「魯細亜」「魯斉亜」「魯斎亜」

　マテオ・リッチ『坤輿萬國全圖』(1602) の示す「魯西亞」（地方名）を始めとする。この「魯西亞」「魯西亜」は、すべての系列の世界図に使用されており、江戸時代から明治時代にかけて見られる。漢訳の借用である。また、「魯西亞」の「西」を「細」に変え「魯細亞」とする地図[1]が江戸末期使用されている。同時期に、「西」を「斉」または「斎」「齊」に変えた「魯齊亞」「魯齋亞」も使用されている[2]。「亜細亜」「亜齊亜」の「細」「齊」からの類推で用いたものであろう。日本では、「斉」は音読み「サイ」（慣用音）及び「斎」は音読みが「サイ」（漢音）で、「西」「細」と同音であることも影響したと考えられる。一方、「細」を使用する『新製輿地全圖』[3]

（1847）は海賊版との見解もあり、『萬國地球全圖』（嘉永年間）も箕作省吾の『新製輿地全圖』[4]の模造と認識されている。『魯西亞國全圖』[5]（1818）は、手書彩色で、「齊」（地図中と題字）と「西」（袋題字と里程文中）が一舗中にある。『野史』（1852）には、「魯齊亜」が『聞見録』にあると述べられている。しかし、『重刊海國圖志』によると、『西域聞見録』の表記は「鄂羅斯」とある。異版には両者があったのであろうから、これが事実ならば漢訳の借用である。これら「魯」を使用する表記には、原形「魯西亜」の他に、日本で改変したものと新たな漢籍による借用とが見られる。

「露西亜」

岡村増太郎『明治地誌』（1892所載地図、文学社）、森熊五郎編『大字萬國地図』（1899）に見られ、昭和初期『最近世界地図』（1932三省堂）までを確認した。『辞源』[6]によると「日本謂俄羅斯曰露西亜省称曰露」とあり、中国の文献『瀛環志略』[7]に挙げる十三種の別称にもない。このことから「露」を使用する表記は日本独自の表記で、「魯西亜」の変形である。

「蠟志亜」

「蠟志亜」は、古屋野意春『萬國一覧圖』[8]（1809）に見られる。これも日本で独自に作られた表記であろう。

「羅叉」「羅刹」

「羅叉」は新発田収蔵『新訂坤輿略全圖』（1852）及び瀬戸昌邦『亜墨利堅洲全圖』（1853）に見られる。「羅刹」は山路諧孝『重訂萬國全圖』[9]（1855）に見られる。「羅車」「羅刹」は中国の書物である『瀛環志略』に記載されており、「羅刹」は中国の借用である。「羅叉」は『野史』に異称として記載されている。

「鄂羅斯」「俄羅斯」「峩羅斯」

これらの表記は『八紘通誌』所載地図（1851）、『掌中萬國輿地細圖』[10]（1872）等の資料に見られる。すべて中国の『瀛環志略』に見られる表記で、当時の漢籍からの借用である。

「魯」「露」

これらは、「魯西亞」「露西亜」等の略称である。略記「魯」は幕末に使用

されている。略記「露」は明治大正期に多く見られる。1904年「日露戦役宣戦ノ詔勅」で「露國」[11]が使用された影響により社会に広がったものと考えられる。

　以上、地図における「ロシア」の漢字表記については、マテオ・リッチの「魯西亞」が江戸・明治を通じて使用されていた。その変形である「魯細亜」「露西亜」等の日本独自の表記が江戸後期から明治にかけて使用された。江戸後期には並行して、新たな漢訳書物により「羅刹」「鄂羅斯」等も見られるようになった。両者の使用には漢訳地図等の影響がある。明治後期より漢訳表記「魯西亜」は使用されなくなり、「露西亜」のみ続いて使用されることとなった。

「沒厮箇未突」等
「沒厮箇未突」は、マテオ・リッチ『坤輿萬國全圖』（1602）とその日本での手書本（17C.初期）に見られる。「無須巨宇非異野」が『世界四大州図』（18C.後期）に見られる。「莫斯哥未亜」が『フィッセル改訂ブラウ世界図』（古写手書1775年頃）と林子平『地球図』（1775年の1797年写し手書）に見られ、訓を附すものとして、存統『閻浮提図附日宮図』（1829頃、右傍書「モスカビヤ」、左傍書「リユスランド」）と『万国地図』[12]（蓬左文庫蔵江戸後期付属の「万国地名考」に右傍書「モスコーヒヤ」が附される）とに見られる。

5.1.2　仮名表記
「ルシア」「るしあ」「ルシヤ」「ルツシヤ」「るしや」「るうしや」
　『坤輿萬國全圖』（1620書写）には、傍書に「ルシア」が見られる。『地球万国山海輿地全図説』（1788）にも例がある。江戸初期の『旧大陸図』『世界圖』には「るしや」及び江戸末期『地球万国全図』には「ルシヤ」（文中）が見られる。江戸時代中後期では、『地球圖』（1792）、『新製輿地全圖』（1847）、『萬國地球全圖』（嘉永年間）にも「るしや」が見られる。また、江戸初期の『旧大陸圖』に「るうしや」が『和蘭新訂地球図』（18C.中頃）に

「ルツシヤ」（但、「モスコヒヤ」も記載）が見られる。「るう」は原語の巻き舌の「r」を聴取したものであろう。「るしあ」は『世界皿図』（1840〈『日本古地図大成』所収〉）に見られる。

「ロシヤ」「ロシア」「ろしや」

「ロシヤ」が『世界萬國地球圖』（1708）に見られる。この表記は幕末から昭和（1935）まで継続して使用された。「ロシア」は1857年（『万国一覧』）、1909年（『世界交通全図』）、1911年（『最新歴史辞典』所収）の地図に見られる。語頭を「ロ」とするのは、日本での「魯」「露」の漢字音が影響している可能性が高い。

「ヲロシヤ」等

江戸時代後期より幕末にかけての限定された期間に、「リユスランド」「ロシイスカヤ（イムペリア）」「ヲロシヤ」「あろせあ」等が見られる。これらは、『北槎聞略』（1794）、及び18世紀中頃の地図に見られる。漂着民の齎した地図の蘭学者による日本語訳と新たな漢訳表記「俄羅斯」等の読みの影響が考えられる。「リユスランド」「ロシイスカヤ」は、蘭学者による日本独自のロシア語からの翻訳表記であり、オランダ語発音の影響があろう。蘭学者達は語末の「d」を「ト」とせず「ド」としている。「世界図皿」（伊万里焼1840頃）には、「ヲロシヤ」地方名に「赤エソ」も見られる。

「もすかうひや」等

モスクワ公国は1283〜1547年に存在した。この年代間に製作された地図及びその踏襲地図に見られる。「もすかうひや」が江戸時代初期の『世界図』『万国総図』『萬國総圖、世界人形圖』に見られ、『萬國総圖、世界人形圖』には「もすかうびや」も見られる。「もすこびあ」が渋川春海『世界図』（1698頃）に見られる。「モスコヒア」が原目貞清『輿地図』（1720）に見られる。「モスコビヤ」（右傍書、左傍書に「ムス」がある）が『改正地球万国全図』（1785）に見られる。「モスカビヤ」が存統『閻浮提図』（1829頃）に見られる。「ムスコウヒヤ」が『世界三国記』（江戸後期）に見られ、「モスコーヒヤ」が大阪府立図書館蔵『和蘭新訂地球図』（江戸中期）に見られる。「モスコヒイセエウロツパ」が司馬江漢『地球図』（1792）に見られる。

まとめ

　「ロシア」の語尾にあたる仮名表記については、江戸初期より、「ア」、「ヤ」の両方がある。古くから日本で呼称された伝統的発音又は日本人による口頭発音「ヤ」を示すため、「ヤ」が多かった。語尾の「シャ」及び「シヤ」は、「シア」から転化し易いためもあろう。「シヤ」が拗音化していたかどうかは不明である。漢字表記「亜」は、日本語漢字音では「ア」となるため、「ア」と読む者もいたであろう。語頭「ロ」にあたる表記では、「ル」が古く、原語の発音を示そうとしたものである。「ロ」はその後に見られ、漢字「魯・露」の日本での読みに依るものであろう。江戸後期には、巻き舌の「r」を表そうとする新しい知識によって「オロ」、「アロ」の表記が現れた。明治35年の「官報」に、「ロシア〔幹羅思、阿羅思、兀魯思〕」とあるにも関わらず、地図では「ロシヤ」が長く使用された。（図17）

5.2　辞書類における「ロシア」

　ロシアの国名については、『采覧異言』（1725頃、1713序）に「モスコビヤ又云ムスコビヤ　没厠箇未突一作莫所未得」と示されている。一時期（1283〜1547）このように呼んだが、ここでは、主体である「ろしあ」系の用例に限って調べることとする。ロシア帝国としては、1547年から1917年まで存在した。

　中国でのロシア表記を以下に示す：『坤輿萬國全圖』[13]（1602）「魯西亜」；『使俄日記』[14]（1868）「大俄羅斯國」「英法俄義」等・「俄皇」「俄國」「俄人」「俄都」；『大英國志』[15]（1856）「俄羅斯」；『地球圖説』（1856）「俄羅斯」「峨羅斯」；『職方外紀』「鄂羅斯」「羅利」「羅車」「俄羅斯」、『西域聞見録』「鄂羅斯」、『俞正燮『癸巳類稾』（1836序）[16]「阿羅思」「幹羅思」等；『地理全志』[17]（1858）「峨羅斯」；『地球説畧』[18]（1856）「峨羅斯」；『瀛環志略』[19]（1861）「峨羅斯」「俄羅斯」「鄂羅斯」「厄羅斯」「鄂羅斯」「阿羅思」「幹魯思」「羅利」「羅車」「兀魯思」「葛勒斯」「縛羅答」「魯西亞」「莫哥斯未亜」等；『小方壺斎輿地叢鈔』[20]（1880）所載の無刊記の諸本「干絲臘w.海録」

114　第1部　個別地名についての研究

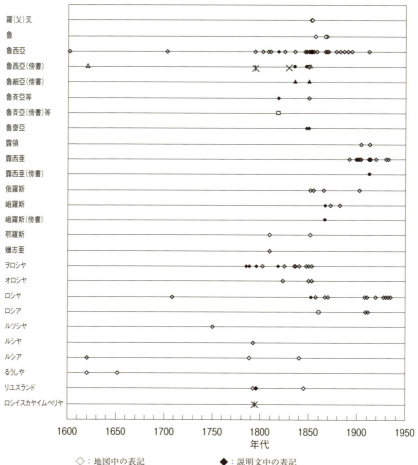

図17　ロシアの表記（地図）

「干絲蝋w.海録」「宋仔w.海録」「羅利國w.皇清通考」「邏車國w.皇清通考」「羅沙國w.皇清通考」「呃羅斯」（wは割注）。

5.2.1　漢字表記（図18、P.117）

「魯西亞」等

　早い時期に『坤輿萬國全圖』（1602）がもたらされ、それに記載される漢訳語であり、日本での使用はその借用となる。『蛮語箋』[21]（1798）より『日用国民寶典』[22]（1923）まで見られる。『蛮語箋』には、「明人著ス所ノ地球圖説ノ訳字ヲ上ニ標下ニ蛮人ノ称呼ヲ載ス」との文がある。別系の『地球圖説』は『重刊海國圖志』（1868）にも参照されている。

　傍書は「ロシヤ」が多いが、『訂正増譯釆覧異言』[23]（1804）では、「ロシア」、『和英語林集成』[24]（1867初版）では「オロシヤ」であり、英語読みの「ルッシヤ」「ルウシア」と記されているものもある。このように、読み方には揺れがある。

　『新撰いろは活用字引』[25]（1895）には、「阿魯西亞」が見られる。これは中国の「阿羅思」（1861）の「阿」と「魯西亞」を組み合わせて、発音の「を」を追加した表記であり、日本での変形であろう。

「魯齊亞」「魯斯亜」「亜魯齊」

　「魯齊亞」は『野史』[26]（1852）及び『國史大辞典』[27]（1925）に見られる。『野史』には中国の『西域聞見録』の引用であると示されている。当時の漢籍に在った中国表記の借用である。「魯斯亜」は、『音訓新聞字引』（1876）に見られる。呼称として「ロシア」「オロシャ」が示されている。これは一例のみであり、日本での変形であろう。「亜魯齊」は『万代節用集』[28]（1850）に傍書「をろしや」と記載されている。日本独自の表記である。これらは中国表記「阿羅思」「俄羅斯」及び「魯齊亞」を真似て類推されたものであろう。

「露西亜」

　『明治地誌』[29]（1892）より『言林』[30]（1957）まで多くの辞書に見られる。中国の『辞源』（1915）に「日本謂俄羅斯」「曰露西亜」「省称曰露」とあり、

116　第1部　個別地名についての研究

「露」の使用は日本独自の表記といえる。「日露戦役宣戦ノ詔勅」（1904）で
使用されたために、この表記は新聞・雑誌でも多用され、社会的に定着した
といえる。

「峩羅斯」「俄羅斯」「羅乂」及びその他の表記

「峩羅斯」は『雅俗節用集』（1878）、『世界國名盡』に、「俄羅斯」は『改
正増補蛮語箋』（1848）、『野史』（1852）『日本社会事彙』（1902）に、「羅乂」
は『野史』（1852）に、「鄂羅斯」は『日本社会事彙』（1902）に見られる。
これらの表記は、中国の文献から引用されたものである。一部には日本で書
写する際に文字が変換された書き様のものもある。日本では異名として載せ
られている場合が多い。「峨」「俄」「鄂」は日本では「ガ」と読まれるため、
「を」「お」の宛て字としてふさわしくなかったのであろう。

「赤人」「魯舎」「阿魯舎」

これらの表記は各一例であるが、中国で見られず、日本独自の表記である。
「赤人」[31]はその皮膚（又は毛髪）の色で呼んだものである。これは中国で
オランダ人を紅毛と呼んだのが日本に伝わったのとは異なり、日本で名づけ
たものである。「魯舎」は岡三慶『漢文典』（1886序）に見られ、または「阿
魯舎（おろしや）」[32]と記載する文献があるので、この一文字が欠落したも
のか、「魯舎」は呼称「ロシャ」の宛て字表記である。

「魯」「露」

「魯西亞」等の省略表記である。「魯西亞」が多く使用されるのに伴って出
現している。『世界國名盡』[33]（1871）から『大日本百科辞書』[34]（1924）ま
で見られる。「魯」に傍書のある場合、「ロシヤ」「ロシア」とあるものが多
い。無刊記の『世界國名盡』に「ロ」の一例が見られる。「露」は「露西亜」
の省略である。『古事類苑』（1903）長澤亀之助『算術辞典』（1910頃）大槻
文彦等『作文大観』（1911）『大日本百科辞典』（1916・1924）井上十吉『英
和中辞典』（1917）NHK『外国地名人名表』（1937）新村出『言林』（1957）
に見られ、現代でも使用される。特に1904年に日露戦争があり、新聞雑誌の
報道記事による影響が大きいと考えられる。『作文大観』[35]（1911）等の傍書
に「ろ」とあり、広く使用された。

5.「ロシア」の呼称の変遷について 117

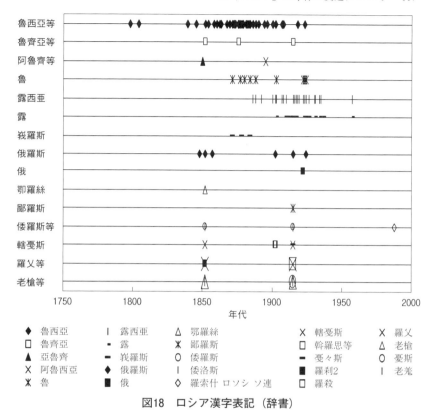

図18 ロシア漢字表記（辞書）

まとめ

漢字表記については、日本で使用される以前に三文字国名の漢字表記の漢訳があり、その借用である。その変形として日本独自の表記もあり、明らかに中国表記の影響を受けている。継続して中国から入る新表記[36]に接していたが、取り入れられる場合と、以前より馴染んだ表記を残す場合とがある。中国表記を真似て日本人に読み易い表記を創出することもあり、異称も書き留められている（図18）。

118　第1部　個別地名についての研究

5.2.2　仮名表記（図19、P.120）

「ロシア」

『訂正増譯采覧異言』（1804）より『外来語辞典』[37]（1977）まで見られる。すべてがこの通りに発音されたかどうかは不明である。例えば、『新案日用辞典』[38]（1916）では、この表記「ロシア」の見出し語で発音を「ロシャ」と示しており、拗音に読む場合もある。この表記は1917年のソ連誕生後も長く使用された。1902年の「官報」でも標準的呼称として示されている。

「ロシヤ」

『蛮語箋』（1798）より『フレンド英語新辞典』[39]（1937）まで見られる。『新修百科大辞典』[40]（1934）では「U.S.S.R.」「ソ聯邦」「ロシヤ」と記載されているが、掲載地図では「ロシヤ」となっている。「ロシャ」と読まれることもあったであろう。

「ロジヤ」「ロシヤヤ」「ロシャ」「ロソシ」

『大正増補和訳英辞林』（1871）に「ロジヤ」、『雅俗節用集』（1878）に「ロシヤヤ」、『和英語林集成』（三版と縮刷版、1886）に「Russia n. Orosha Rosha.」（「オロシャ」「ロシャ」）の記載がある。『婦人家庭百科辞典』[41]（1937）にも拗音表記の「ロシャ」が見られる。当時、一般にこの発音があったことが認められる。「ロソシ」は竹之内安巳『中日欧対照世界地名人名表』（1988）に見られる。

「リユス」「リユスランド」

『厚生新編』[42]（1845）と『改正増補蛮語箋』[43]（1848）に見られる。オランダ語文献からの訳である。『永代節用無盡藏』[44]に「リユスランド」と「モスコビヤ」（地方名）が見られる。オランダ語で国名は「Rusland」、形容詞は「Russisch」であるから、「land」を国と理解すれば発音に基づいて訳したものであろう。

「ルッシヤ」「ルウシア」

ともに英語音を示している。『地名称呼』[45]（1876）、『英學獨稽古』[46]（1883）に見られる。英語の「Russia」は現代風に片仮名表記するならラシャに近いが、当時の人はローマ字に添うように読む場合があるので、この

5.「ロシア」の呼称の変遷について　119

ような表記としたのであろう。

「オロシヤ」「ヲロシヤ」「をろしあ」

「オロシヤ」は『倭節用集悉改大全』[47]（1826）等より『國史大辭典』（1915）まで見られる。「ヲロシヤ」は『万代節用集』[48]（1850）及び『雅俗節用集』[49]（1878）に見られる。「をろしあ」は『新撰いろは活用字引』（1895）に見られる。『和英語林集成』には「オロシヤ」「Orosya」、『英和辞典』（1876）にも「Orosha」とあり、拗音化した呼称である。また、語頭に「亞」、「峨」の附く表記では「亞魯齊異國」「峨羅斯國名魯西亞」と傍書に読みが示され、下に国名の注「魯西亞」が記載された。19世紀中頃、中国から新しく流入した表記に宛てられた読みである。

「ろ」

高橋五郎『いろは辞典』（1893）では、「ろじん」の見出しで、「露人、魯人、ロシアびと」と記載されている。

「モスコビア」等

『采覧異言』（1725頃、1713序）では、「沒厠箇未突」と記載している。『蛮語箋』（1798）では、「沒斯箇未亞」と記載している。『訂正増譯采覧異言』では、「モスコヒヤ」又「ムスコベヤ」を国名として掲げる。羅甸呼で「モスコヒア」又「ムスコヒア」、和蘭呼で「モスコヒイン」又「ムスコヒイン」と記し、「蘇亦齊」の項目では「莫斯哥未亜」も記載[50]している。『洋語音譯筌』[51]（1872）では「沒壽啡」（左傍書「モスコビア」）を「ロシア之旧号」と記載している。

まとめ

仮名表記に関しては、図19に示すように、「ロシヤ」「ロシア」から「オロシヤ」（「ヲロシヤ」「をろしあ」の類）を経て、「ロシャ」と年代順に現れる。この間に、「リュス」等、「ルッシヤ」「ろ国」も見られ、「ソビエト社会主義共和国連邦」を経て、現在は「ロシア」となっている。「シア」は「シャ」と変音され易いので、拗音に呼称される場合も多かった可能性が高い。初めに受け入れられた呼称「ロシヤ」は20世紀中頃まで用いられた。19世紀中頃、在華欧米人による漢訳表記が入ると、その呼称も採り入れられたが、直接外

120　第1部　個別地名についての研究

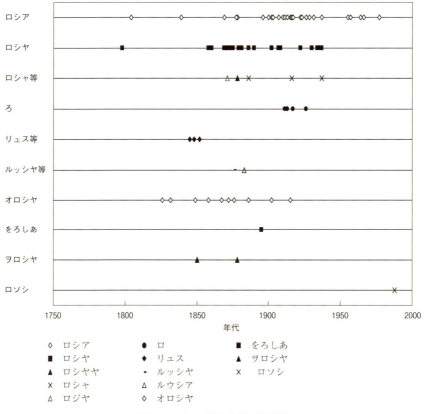

図19　ロシア仮名表記（辞書）

国語訳（蘭語訳、英語訳等訳）もするようになった。多種の呼称が併存した中で、日本人に馴染みのある読みで、より簡略な呼び方が好まれる傾向が見られた。さらに、国名が日本で多用されると、その略記も使用されるようになった。

5.3　その他の資料における「ロシア」の表記

日本がロシアと接するのは、ロシアの東方領有を企てる政策のために日本

近海にロシア船が現れてからで、「明和五年（1768）には千島列島中のウルップ島に来て抄掠した。」[52] のが始まりである。ロシアの国名については、ロシア[53] 系、モスコビア[54] 系、ソビエト[55] 系が日本で見られ、本稿ではこのうちロシア系について調べた。

5.3.1　漢字表記（図20、P.128）

「魯西亞」

「魯西亞」は桂川甫周『北槎聞略』（1794）から大槻茂質『環海異聞』（1807）、馬場貞由『遁花秘訣』（1820）、高野長英『戊戌夢物語』（1838）、横井小楠『国是三論』（1860）、内田正雄『輿地誌略』（1870）、福澤諭吉『童蒙教草』（1876再版）、西村天外『和漢泰西古今学者列伝』（1890）を経て、『新小説』大正15年7月特輯号（1926）等、大正期まで見られる。中国の地図『坤輿萬國全圖』（1602）に「魯西亞」（地方名）とあり、漢訳地名の借用である。『北槎聞略』では、「ロシイヤ」の傍書がある。著者はロシアから持ち帰った地図を見ており、また、光太夫のロシア語発音を聞き、著者の判断でこのように表記したのであろう。

「ロシヤ」の傍書があるのは本多利明『西域物語』（1798）、荻田筬夫『世界の富』（1868）、柳河春三『西洋雑誌』（巻六1869）、松山棟菴『地學事始』（1870）、青木東江『世界國名盡』（1871）、橋爪貫一『世界商売往来』・中金正衡『世界風俗往来』・眞佐樹繁『童蒙學そめ』（1872）、片山勤『西洋開化往来』・卜部氏『通辨獨學』（1873）、藤澤清風『萬國地名誌』（1875）、家原政紀『内國里程問答』（1876）、『小学地誌』（文部省1877）、『世界國つくし』（1879）、増山久吉『教授細目摘用小学地理』（1894）、『太陽』（第4巻第8号1898）等である。

「ロシア」の傍書は、佐久間象山「攘夷の策略に関する答申書」（1862）、内田正雄『輿地誌略』（1870）、交野東西郎『各国産物往来』・西村茂樹『校正萬國史略』・橋爪貫一『世界商売往来』（1873）、子安信成『高名僧伝』（1880）、大島一雄『作文初歩』（1883）に見られる。発音は「ロシヤ」が古く、後に日本語漢字に添った発音である「ロシア」が見られ、両者は並行使

用された。

「おろしや」の傍書は、『西洋往来』（1868）、高田義甫『地学初歩』（1873）、仮名垣魯文記の「魯西亞人之図」（一枚もの、刊年不明）等に見られる。

「オロシア」の傍書は、馬場貞由『遁花秘訣』（1820）に見られる。語頭の「オ」は、巻き舌で強く言われた「R」の発音が「オ」と聞こえるので語頭に加えられている。『北槎聞略』には、「魯字舌を転して呼ぶ故に、阿字をおびたることく聞ゆるによりて　皇朝にてヲロシヤと称し　支那も亦　俄字を冠せしなるべし」[56]と記載される。馬場貞由も桂川甫周も、ともに蘭語翻訳に関わった人物である。

大槻茂質『環海異聞』（1807）には「オロシイスコイ」の傍書が「魯西亜國」に対して付されている。「〜の」を表わす接尾辞「スコイ」を「国」と誤解したようである。『環海異聞』の地図では「ロシイスカヤイムペリヤ」（ロシア帝国）とある。後ろの「スキイ」「スコイ」「スカヤ」等は、格変化による接尾辞である。

「ルッシヤ」の傍書が『地名称呼』（千葉師範学校1876）に見られる。巻き舌の「R」をこのように聞き取り、表記したものであろう。

以上のように、漢字表記「魯西亜」には同じ時期に異なる読み方が並立して見られ、新しい地名知識として各人がそれぞれの見識で自由に表記したため、固定せず、揺れが見られた。

「魯斉亞」

「魯斉亞」は、志筑忠雄『遠西観象図説』（1823）で使用されている。傍書には「オロシヤ」が付されている。ロシアの「シ」に「斉」を与えるのは書物類では他に見られない。但し、「シ」を「斉」とすることについては、新井白石が『西洋紀聞』で「シシリア」について「漢訳西斉里亜といふ。我俗にシシリヤといひし、即此。」とした例が見られる（『海國圖志』では「四治里島」と記載している）。「魯斉亞」は地図には見られる表記であり、著者がなんらかの地図資料を参照したか、日本では「西」も「斉」も「サイ」と読むという字音の共通性からこの漢字を与えたのであろう。中国表記の借用、あるいは借用の変形（「魯西亞」の一文字改変）である。

5.「ロシア」の呼称の変遷について　123

「魯細亞」

「魯細亞」は、「魯西亞」の「西」を「細」に変えたものである。「西」、「細」は中国語ではどちらも同じ音［xi、hsi］（シー）である。黒田行元『萬國地名往来』（1873）、『改正諸職往来』（1873）、『世界都府尽』（1874）で見られ、「ろしあ」の傍書が付されている。中国に用例が見られないので、日本人による改変であろう。アジアの漢訳表記では、「亞細亞」、「亞西亞」が使用されているので、そうした例からの類推で使用されたのであろう。借用表記の一文字改変である。

「魯西」「魯士」「魯」

「魯西」「魯士」「魯」は、「魯西亞」等の省略である。「魯西」は「孝明天皇御沙汰書」（1858）、津田真道「政論」『明六雑誌』（第9号1874）で使用されている。

また、「魯士人」が『太陽』（第1巻第1号1895）に見られる。「魯士」は「魯舎」ではなく「魯士亞」の省略であろう。

「魯」は横井小楠『国是三論』（1860）での使用に始まり、『東京日々新聞』（1911年2月11日）まで見られる。（但、『倭節用集悉皆大全』[57]では「魯國」が見られる。）

傍書では、『新聞雑誌』（第51号1872）に「ロシヤ」、『新聞雑誌』（第52号1872）に「ロシア」、『童蒙學そめ』（1872）に「ろしや」、『地学初歩』（1873）に「おろしや」、1908年1月1日の『東京日々新聞』に「ろ提督」「ろ國臣民」と記載されている。初期には読み方は省略されずに「ロシア」等と読まれていたが、多用されるに従い、読み方も略されて「ろ」となっていったことを示している。

他の国名と並記の例として、『東京日々新聞』（1879年2月1日）に「魯清」、『太陽臨時増刊』（第6巻第8号1900）に「日魯」が見られる。

「露西亜」

「露西亜」は前述のように日本独自の表記である。「魯西亞」の「魯」を「露」に変えたものであり、借用表記の変形である。普及舎編集『小學地理』（1879）から以後75例の用例があり、和田健次『事物起源大辞典』（1935）ま

124 第1部 個別地名についての研究

で見られた。

　傍書「ろしあ」は、佐藤適『外国貿易案内』(1899)、『東京日々新聞』(1904年2月11日)・『日露戦争實記』(1904)、三宅雪嶺『世の中』(1913)で使用されている。傍書「ロシア」は、長谷川如是閑『倫敦』(1912)、『世界の衣食住』(1918)、勝俣銓吉郎『新小説』(1926年7月特輯号)、和田健次『事物起源大辞典』(1935)で使用されている。初めは平仮名表記が多かったが、後に片仮名中心となっている。明治後半より昭和まで見られる。

　傍書「ろしや」は『戦時画報』(1904)、『最近世界地理』(1918)、『最近世界地圖』(1925)、『尋常小学地理書』(1939)で使用されている。明治後半期から昭和にかけて見られる。「露西亜」の呼称は初期には揺れがあり、「ロシア」と並行して「ロシヤ」が見られ、次第に「ロシヤ」中心となっていくことがわかる。傍書「おろしあ」は『環海異聞』(1807)に見られ、傍書「ルシヤ」は『中學外国地誌』(1896)に見られる。「露西亜」については別稿で述べた。

「露酒亞」

　「露酒亞」が『中外医事新報』(221号1889)に見られる。「酒」の発音は[jiu /chiu]（チウ）であり、「シ」とは異なる。傍書はないが「ロシュア」のような発音からの当て字か、誤記または誤刻があったのであろう。これは日本人による改変である。

「露」

　「露」は、「露西亜」等の初めの一文字をとった省略形である。1879年の『小學地理』から1935年の『事物起源大辞典』まで見られる。「露国」「露領」「露艦隊」「露使節」「露皇帝」「露人民」「露政府」「露人」「露語」「露書」等の複合語も作られている。また他の国名と併記される場合は、その時の世情と著者の意識により羅列順が異なっている。例えば、『小学地理』（普及舎編輯発兌）「英・露・獨・佛・米」(1879)、『金』（坂牧勇助訳　博文館）「英・露・獨・墺」(1889)、『太平洋』（第一巻第一号）「露佛」(1895)、『新撰普通地理』（山上萬次郎編述）「英露両国」、「露澳」、「佛澳露」(1897)、『太陽』（第四巻第八号）「露清」「露佛」「露米」「露英米」「露獨」(1898)、『太陽』

（臨時増刊第六巻第八号）「露佛」「英露」（1900）、『史学雑誌』（第四編第一号）「露清」、『東京日々新聞』（11月1日）「獨露」（1903）、『太陽』（第拾壱巻第八拾五号）「英露」「佛露」（1905）、『日本近世時代史幕末史』小林庄次郎、早稲田大學出版部「米露」「英露」「露米」（1909）、『世界偉人傳』（福田琴月、實業之日本社）「露佛」、『東京日々新聞』（2月15日）「澳露簡」（1910）、『東京日々新聞』（2月11日）「露清銀行」「露印鉄道」（1911）、『倫敦LONDON』（長谷川如是閑 政教社）「英、佛、獨、露の四国語」（1912）等である。日露戦争前後の時期から省略形が見られ、日本以外の他国の前に置かれることが多い。

　1904年「日露戦役宣戦ノ詔勅」（明治37年2月10日）で「露」（文中に9例）が用いられたことが大きく影響し、これ以後「露西亜・露」が多く使用されるようになった。省略形で傍書のあるものは「ろ」となっているので、「ロシア」等の読み方はしていないのであろう。

「峨羅斯」「峩羅斯」

　「峨羅斯」、「峩羅斯」は、箕作阮甫『地球説畧』（1860訓点）から杉亮二「峨國彼得王ノ遺訓」『明六雑誌』（第3号1874）まで見られる。『地球説畧』は在華宣教師の漢訳書の翻刻である。『地球圖説』（1856）で使用されており、中国の表記の借用である。傍書は、『地球説畧』に「オロス」、「ロスシア」、橋爪貫一『世界商売往来』（1871）に「ロッシア」、山本與助『世界婦女往来』（1873）に「をろしや」が見られる。当時、新しく流入した漢訳を借用したものである。語頭に「オ」の入る読み方は「峨羅斯」の漢訳に則しているといえる。幕末・明治初期に使用された。

「峨」

　「峨」は、『香港新聞紙』（第1075号1864）、「峨國」「峨皇」で見られる。「峨羅斯」の省略形である。日本では、箕作阮甫『地球説畧』（1860訓点）の使用が最初であり、幕末・明治初期に用いられている。その読み方は一定していない。

「俄羅斯」「俄」

　「俄羅斯」は、『北槎聞略』（1794）から『新小説』（1926年7月特輯号）ま

126　第1部　個別地名についての研究

で見られる。初期には蘭学系の人々による使用であったが、後に新聞・その
他学者も使用している。中国の『大英國志』（1856）に見られることより漢
訳の借用であろう。桂川甫周は『北槎聞略』で使用しているが、多くは「魯
斉亞」と訳し、この「俄羅斯」は引用文中での使用である。いち早く新来の
漢訳地理書を見て、その表記を引用したのであろう。

　読み方については、傍書「ガラシ」が渡辺崋山『外国事情書』（1839）に、
傍書「カラス」「ヲロス」が箕作省吾『坤輿圖識』（1847）に見られる。中国
音では「俄」は［ｅ ｅ］（オー）であり、「俄羅斯」は［eluosi］（オールオ
スー）である。従って、両者が「俄」を「ガ」と読んでいるのは日本の漢字
音によってであり、蘭語に依拠せず漢訳書を参照したのであろう。漢訳の誤
読といえる。傍書「ロシヤ」は『官板海外新聞』（巻之一1862）と『開化用
文章』（1873）に見られる。初期には、中国の漢字を借用しても、日本での
伝統的な読みが引き続き使用された。

　一方、略語「俄」は、『バタヒヤ新聞』（巻一、巻十九1861）、『官板海外新
聞』（「俄國」巻五1862）、『西洋雑誌』（巻五1868頃「オロシヤ」の傍書が左
にある）、『解放』（1921、10月特大号）に見られる。「俄羅斯」の省略形であ
る。『バタヒヤ新聞』（巻一、巻二）は「俄羅斯」の傍書に「オロシヤ」と付
しており、中国音に近い発音に「ヤ」が付加されている。『解放』では、「俄
国」「俄艦」「俄英」のように使用しており、「ガ」と読ませるつもりであろ
う。中国の『使俄日記』（1868）にも「大俄羅斯國」「俄人」「俄國」「英法俄
義」等の語が見られ、中国からの借用である。

「鄂羅斯」等

「鄂羅斯」は、青地林宗『輿地誌略』（1826）、渡辺崋山『慎機論』（1838）
で使用されている。『輿地誌略』では、文中で「魯西亞」が使用され、「或は、
鄂羅斯、俄羅斯、倭羅思等に作る、」と記されており、漢訳の書物等により、
異名として掲載したことが分かる。「鄂羅斯」及び「俄羅斯」、「兀魯思」「阿
羅斯」が中国の『瀛環志略』（1861）に見られる。このように、調査範囲内
では日本の方が早い使用であるが、「オ」に相当する漢字に日本人が「ガク
（日本音）」の文字を敢えて使用したとは考え難く、訳本が中国よりもたらさ

5.「ロシア」の呼称の変遷について　127

れ、それに従ったと考えるのが妥当であろう。

「羅叉」「羅刹」

「羅叉」は『北槎聞略』(1794) の引用文、『外国事情書』(1839) に見られる。作者の桂川甫周と渡辺崋山は共に蘭学者であり、新来の中国書を見る機会があったと考えられる。「羅刹」は、『外国事情書』に見られる。中国の『海國圖志』(1852) に「羅刹」「羅車」が見られ、中国からの借用であると考えられる。

「羅西亞」

「羅西亞」は『日用百科全書』(1899) に 1 例見られる。「羅叉」と「魯西亞」を混同して用いたようであり、日本での宛て字か誤記であろう。

「老鎗」「老羌」

これらは『外国事情書』に見られる。渡辺崋山は「唐土では」と注記しており、中国からの借用である。

「赤人」「赤蝦夷」「淤魯西亞」等

工藤平助『赤蝦夷風説考』(1781～1783) に「赤蝦夷」「赤人」「赤狄」が見られるが、「カムサスカ」の住人を指し、本国がヲロシヤとする。本多利明『赤夷動静』[58] (1791) には「赤人蝦夷土人はフレッシャモといふは魯齊亜国の土人にて」と記載している。最上徳内『蝦夷草子』[59] (1790) に「赤人、赤夷」、平田篤胤『千島白波』[60] (1813) に「淤魯西亞、於呂舍、赤人」が見られる。これらは日本独自の表記である。

「没厠箇未亞」等

『西洋紀聞』(1715) から『野叟獨語』(1807) まで見られる。新井白石『西洋紀聞』「没厠箇未亞」、森島中良『萬國新話』(其一の一丁裏1789)「没斯箇未亞」(「ムスコビヤ」の割注)、朽木昌綱『泰西輿地圖説』(1789)「莫斯哥未亜」(目録)「モスコヒイ」(巻十五地図)、巻十二では「リユスランド」と題し、「ミーユスコピイ」「モスコピイ」「モスコウ」を掲げ、ラテン語で「ミーユスコピヤ」と云うと載せる。桂川甫周『北槎聞略』(1794)「莫斯哥未亞」「莫斯哥未亞」、大槻茂質『環海異聞』(1807)「没斯哥未亜」「莫斯哥未亜」、杉田玄白『野叟獨語』(1807)「設斯箇未亞」等である。彼らは、

128　第1部　個別地名についての研究

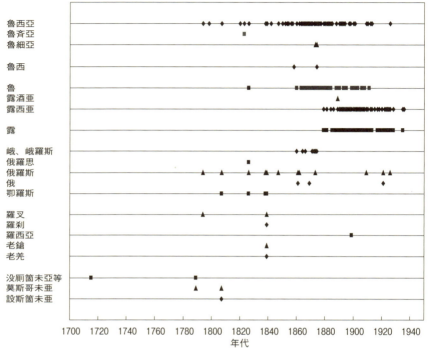

図20　ロシア漢字表記（その他資料）

蘭学に詳しく、新しい地理書を見ることができた。『坤輿萬國全圖』（1602）には「没厮箇未亞」の記載があり、白石は「漢に没厠箇未亞と訳す」[61]とし、大槻茂質も「明訳」としており、漢訳借用である。

まとめ

以上のように、「ロシア」国名の漢字表記は多いが、いずれも中国の借用か、その一文字を改変した借用の変形が大部分を占める。読み方では、漢訳風、オランダ語風、英語風がある。特殊な例としては、18世紀初めより19世紀初めまで、モスコビヤ系の漢字表記が使用された。日本独自の「赤人」等も見られた。1800年前後より「魯西亞」系と「俄羅斯」系が並行して使用され始めた。1880年頃には「魯西亞」及び「露西亜」が使われるようになり、

20世紀始めには、「露西亜」が優勢となった。特に日露戦争以後には「露西亜」がよく使用された。これは借用の変形である。略記「魯」「露」はそれぞれ1826年、1879年から見られた。「ろ」と読む時期が明らかなのは、俣野通尚纂補『倭節用集悉改大全』（1826）「魯國」1881年『東京日々新聞』（3月15日）「露京」からである（図20）。

5.3.2　仮名表記（図21、P.133）

　日本での「ロシア」国名の仮名表記には、モスコービヤ系、ロシア系（ロシア等、リュス等、オロシヤ等、略記）、ソ連系が見られる。前二者が18世紀末より19世紀初期まで並行して使用されていた。ロシア系の中で様々な読み方が使用されたのは、19世紀中頃である。20世紀に入ると「ロシヤ」、「ロシア」が主流となり、以後、ソ連系を経て「ロシア」と変化する。ここでは特にロシア系について記す。

「ロシヤ」
　本多利明『西域物語』（1798）、大槻茂質『環海異聞』（1807）、杉田玄白『野叟獨語』（1807）、渡辺崋山『外国事情書』（1839）、箕作省吾『坤輿圖識』（1847）、『官板海外新聞』（巻之一1862）、荻田筱夫『世界の富』（1868）、柳河春三『西洋雑誌』（巻六1869）、福澤諭吉『世界國盡』（1869）、内田正雄『輿地誌略』（1870）等に見られ、以後約40例が確認され、『初等科地理』（1944）まで使用されている。漢字表記の傍書について述べたように、漢訳表記の日本漢字音を写したものと考えられる。

「ロシイヤ」「ロシイスコイ」
　桂川甫周が大黒屋光太夫の言葉を聞き取って記した『北槎聞略』（1794）に見られる。原語であるロシア語発音に添った表記である。「ロシイスコイ」は接尾辞「スコイ」を付したもので、「～の」を示すが、「国」と考えた誤解である。

「ロシア」「ロツシア」
　「ロシア」の用例は、大槻茂質『環海異聞』・『捕影問答』（1807）、渡辺崋山『躾舌小記』（1838）・『外国事情書』（1839）、佐久間象山「海防に関する

130　第1部　個別地名についての研究

藩主宛上書」(1842)、箕作省吾『坤輿圖識』(1847)、横井小楠「小寺常之助宛書簡」(1853) 等に見られ、以後38例が確認され、和田健次『事物起源大辞典』(1935) まで使用されている。

「ロッシア」は橋爪貫一『世界商売往来』(1871) に見られる。巻き舌の「r」の発音で促音の「ツ」が現れたのであろう。外国人の発音を聞き取った可能性がある。

　「リユス」「リュス」「リユスランド」「リュスランド」

　朽木昌綱『泰西輿地圖説』(1789)「リユスランド」「リユス」、本多利明『交易論』(1801)「リユス国」、渡辺崋山『外国事情書』(1839)「リュス」「リュスランド」に見られ、オランダ語の発音に添うものである。

　ただし、本多利明の『赤夷動静』[62] (1791) において「赤人（蝦夷人はフレツシャモといふ）・魯斉亜國・ヲロシャ國・ヲロシヤ・モスコヒヤ・リュスランド（ヲロシャの事をいふ）」、『西域物語』[63] (1798) において「魯西亞・ロシヤモスコヒヤ」としている。

　「リエシア」「リユシア」「リュツシア」「リユツシア」

　「リエシア」「リユシア」は大槻茂質『環海異聞』(1807) に見られる。彼は漢訳書、蘭書を参照しており、また津太夫らのロシア帰りの船子たちからも聞き取りを行って、音訳している。

　「リュッシヤ」は渡辺崋山『外国事情書』(1839) で、「リユツシア」は橋爪貫一『世界商売往来』(1871) でそれぞれ使用されている。

　これらは語頭の巻き舌の「R」音を忠実に表記したものと考えられ、著者の習得していたオランダ風発音とロシア語風発音の混合による呼称であると考えられる。

　「ルッシヤ」「ルウシヤ」「ルシヤ」

　「ルッシヤ」は『地名称呼』(1876) に、「ルウシヤ」は『英學獨稽古』(1883) に、「ルシヤ」は『中學外国地誌』(1896) に、それぞれ見られる。いずれも英語風発音による音訳である。

　「オロシヤ」「ヲロシヤ」「オローシア」「オロシイア」「オロシア」「オロシイスコイ」「ヲロシイスコイ」「おろしあ」

「オロシヤ」は、大槻茂質『環海異聞』（1807）、志筑忠雄『遠西観象図説』（1823）、高野長英「蛮社遭厄小記」（1841）、『阿部家風説書』（1851）、『バタヒヤ新聞』（巻１、1861年８月31日）、柳河春三監修『西洋雑誌』（巻一〜五、1867〜頃）、『もしほ草』（第24篇1868）に見られた。「おろしや」は、横井小楠『国是三論』（1860）、『西洋往来』（1868）、松川半山『開化童子往来』（1873）、高田義甫『地学初歩』（1873）に見られた。用例は幕末・明治初期に限られている。新しい漢訳に従った読み方である。

　「ヲロシヤ」は、立原翠軒『楢林雑話』（1798）、大槻茂質『環海異聞』『捕影問答』（1807）、渡辺崋山『外国事情書』（1839）、箕作省吾『坤輿圖識』（1847）、「黒田斉溥上書」「徳川斉昭十条五事建議書」（1853）、『明治新聞』（第５号1869年５月13日）に見られる。「をろしや」は山本與助『世界婦女往来』（1873）に見られる。「オロシヤ」と発音も使用時期も同じ頃である。

　「オローシア」、「オロシイア」、「オロシア」はすべて大槻茂質『環海異聞』、「おろしあ」は馬場貞由『遁花秘訣』（1820）に見られる。「オロシア」は西周『脚二つある獣』（1877）にも見られる。大槻茂質は津太夫の口語を聞き取り、ロシア語の発音として表記したのであろう。

　「オロシイスコイ」「ヲロシイスコイ」は大槻茂質『環海異聞』（1807）及び渡辺崋山『外国事情書』（1839）に見られる。「オロシヤ」を誤解がある。渡辺崋山は、「本国にて」このように呼ぶと記している。

　これらの呼称は、幕末・明治初期に見られるもので、限られた期間にのみ用いられた。

「カラス」「ヲロス」「ヲロシ」

　箕作省吾『坤輿圖識』・『坤輿圖識補』（1847）に「カラス」「ヲロス」が見られる。これらは「俄羅斯」の傍書として見られ、前者は日本語漢字音に添った読み方である。松川半山『開化童子往来』（1873）では、「魯西亜」の傍書は「おろしや」としているが、「馴鹿」の左には注として「ヲロシニテ馬ノカハリニ用フ」としている。この例は「オロシヤ」の「ヤ」が脱落したものか、あるいは「オロシ」とも読むことを示したのか、不明である。

132　第１部　個別地名についての研究

「ロスシア」「ロシシャ」

　「ロスシア」は、箕作阮甫『地球説畧』（1860）で、「峨羅斯（オロス）」の左傍書に見られる。「魯西亜」の読み方かオランダ語風発音を示したものであろう。

　「ロシシャ」は、櫻井鴎村『世界の衣食住』（1918）に見られる。この本には、「露西亜（ロシア）」が７例見られるのであるから、この１例は異例である。何らかの誤りであろう。

「ろ」（略記）

　『倭節用集悉改大全』（1826）に「魯國（ろこく）」が見られる。『東京日々新聞』（1881年３月15日）「露京（ろけい）」から『事物起源大辞典』（1935）「日露役（にちろえき）」「露軍（ろぐん）」まで見られる。管見の24例中、すべての例が「露」に付された傍書である。1893年の『いろは辞典』のみ「ろじん」の項目に「露人」「魯人」、「ロシアびと」と併記している。

　この略称は日露戦争（1904年）前後より多く使用された。「日露戦争」の戦勝後、『日露戦争實記』[64]（1904）等の戦記雑誌も出版された。1907年以後ロシアという国名が多用されたために現れた省略表記である。

まとめ

　仮名表記については、1700年代の始めに「モスコービヤ」が見られるが[65]、1807年まで使用され、以後は見られない。1800年前後には、蘭語又は英語系の「ロシヤ」「リュッシヤ」等すべての呼称が並行して使用された。「オロシヤ」系と「ヲロス」は、1880年には使用されなくなり、1880～1900年にかけては「ルツシヤ」が使用された。1900年以後「ロシヤ」と「ロシア」が並行して使用された。「ロシヤ」はやや長く使用された。（図21）。

おわりに

漢字表記について

　「魯西亞（亜）」は、地図では17世紀から20世紀初期まで使用された。その他の書物では、18世紀末から20世紀初期にかけて使用された。読み方は「ルシヤ→ロシヤ等→ロシイヤ→ヲロシア・オロシヤ→ロシア」と年代に伴って

5.「ロシア」の呼称の変遷について 133

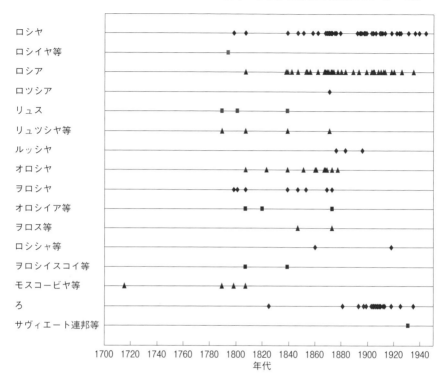

図21　ロシア仮名表記（その他資料）

変化した。この表記の変形「魯細亞」「魯斎亞」も19世紀中頃に見られる。読み方は「ルシヤ」「ヲロシヤ」「オロシア」「ロシア」であった。

　略記「魯西」「魯」は、19世紀中期以後から20世紀初期まで使用された。読みは初め「ロシヤ・ロシア・オロシヤ」が見られ、1900年前後「ろ」とされた。特殊例として「魯士人(ろしやじん)」が『太陽』（第1巻第1号1895）に見られた。

　「露西亜」は、地図では中国図の復刻等には見られず、日本の出版物に1899年から1932年にかけて見られる。この表記については別稿（『国文論叢』第52号）で、1875年に「樺太千島交換條約」に始まることを述べた。傍書は「オロシア」「ロシア」「ルシヤ」「ロシヤ」が見られる。略記「露」は1957年まで見られる。読み方は「ロ」である。借用表記の変形であるが、日本での

134　第1部　個別地名についての研究

み使用された形である。

　「俄羅斯」「峨羅斯」「鄂羅斯」は、中国からの借用である。傍書には「オロス」「ロスシア」「ガラシ」「ガラス」「カラス」「ロシヤ」「ヲロシヤ」「リユスランド」が見られる。略記には「俄」、「峨」が見られる。左傍書に「オロシヤ」が見られるが、読みは不明である。

　「阿魯西亞」、「亞魯斎」は、日本では傍書に「あろせあ」、「あろせや」、「オロシヤ」とある。

　「倭洛斯」「斡羅思」「阿羅思」「兀魯思」等は、20世紀初期に見られる。これらは、著者の凡例によると中国での表記であり、新しく流入した漢訳の借用である。「轄戞斯・戞斯戞斯・戞々斯・鄙羅斯」も見られる。

　「羅叉」「羅刹」は1850年前後に見られる。中国からの借用である。

　「羅利」「羅殺」は、1900年前後に見られるが、「利」は「刹」の誤写で、「殺」は「刹」の誤写であろう。日本での変形であろうが、一般に通用していたものかどうかは疑わしい。

　「老鎗」「老 羌」は、1839年に見られた。

　「羅西亞」は1例しか見られない特殊例である。「欧羅巴」「羅索什」等の「羅」が「ロ」と読むことによる類推にて使用されたもので「羅」を「ロ」と読むものには、他に『海國圖志』に「俄羅斯」、同書所載の『地理備考』に「厄羅斯國」、『瀛環志略』に「阿羅斯」「羅車」「羅利」がある。

　「羅索什」は『中日欧対照世界地名人名辞典』（1988）に見られる。

　「魯舎」は『大正増補和訳英辞林』（1871）に見られる。

　「莫斯哥未亞」等は1602年から1860年まで見られる。

仮名表記について

　「ルシヤ」については、1792、1835、1850年の地図に見られる。その他の書物では1896年に見られる。単なるローマ字読みというより、巻舌の「r」の発音によって地図では初期からこのように記されたのであろう。この語形は書物では用例が少なく、語頭の「魯・俄」等の漢字の日本音に影響された「ろしや・おろしや」が多い。

「ルシア」「るしあ」は1620、1788、1840年の地図に見られる。

「ルウシヤ」は江戸初期頃の地図に3例、「ルウシア」は1883年の辞書に見られる。

「ルツシヤ」は1750年の地図、1876年の辞書に見られる。

「ロシヤ」は1708の地図、『北槎聞略』所載地図（1794）、『新製輿地全図』（1847）、『新訂地球万国方図』（1852）、『万国一覧』（1857）、『西洋旅案内の世界図』『亜西亜略図』（1867）、『輿地誌略』（1870）、『小學地理附図』（尋常小学校用1908、高等小学校用1910）、『改造世界地図』（1919）、『西洋歴史地図』（1927）、『日本家庭大百科事彙』（1930）、『最近世界地図』（1932）、『高等小學地理書附図』（1935）、1847〜1935年の地図、1798〜1944年の書物に多く見られる。

「ヲロシヤ」「オロシヤ」等も以下のように地図、書物、辞書に見られる。

　　地図1785、88、96、1802、18、23、25、35、36、40、47、19世紀中頃年。

　　書物1798、1807、23、39、47、51、53、60、61、67、68、69、73、77年。

　　辞書1826、49、50、58、67、72、76、78、86、95、1902、15年。

「オロシア」（1807、1820年）、「おろしあ」（1877年）、「オローシア」（1807年）、「オロシイア」（1807年）、「ヲロシイスコイ」（1807、1839年）、「オロシイスコイ」（1807年）、「ヲロス」（1847年）、「オロス」（1860年）。

「リユスランド」は1792、1796、1845年の地図、1789、1839年の書物、1848、1857年の辞書に見られる。オランダ語に由来するものである。

「リユス」は1789、1839年の書物、1845年の辞書に、「リエシア・リユシア」は1807年の書物に、「リュツシヤ」は1839年の書物に、「リユツシア」は1871年の書物に見られる。

「ロシア」は1857、1909、1911年の地図、及び1807年から現代までの書物1877、1903、10、11、13、15、16、17、23、26年以降の辞書に見られる。

「ろしあ」は、1873年『各國産物往来』、1893年『和漢雅俗いろは辞典』、1900年『ことばの泉』（落合直文）に見られる。

「ロシイスカヤ」は1794年の地図、「ロスシア」は1860年の書物、「ロツシア」は1871年の書物に見られる。「ロジヤ」は1871年の辞書に見られるが、

136　第1部　個別地名についての研究

誤記であろう。

「ろ」は1881〜1935年の書物に多く見られ、明治期の辞書に3例見られる。

「もすかうひや」等は江戸初期から1829年までの地図に見られる。

「モスコービヤ・ムスコービヤ」は1715年の書物に見られる。「モスコビア」は1725年の辞書に見られる。「モスコヒイ・モスコピヤ・ミーユスコピーイ・モスコピーイ・モスコウ・ミーユスコピヤ」は1789年の書物に見られる。「モスコヒヤ・モスコビヤ」は1798、1807年の書物に見られる。「ムスコビヤ」は1789年の書物、及び1798年の辞書に見られる。

特殊表記について

「赤人、赤蝦夷、赤夷、赤狄」は、ロシアのカムサスカ地方の人を指して呼んだものである。『赤蝦夷風説考』には「あか人」「あかゑぞ」「人ゑぞ」「おくゑぞ」も見られ、「赤人国名ハ、ヲロシヤト言」と記載する。また『北方未公開古文書集成』第三巻所載「エトロフ滞留魯西亜人之図」（写真、内閣文庫所蔵『辺境防備録』）には「色至テ白ク髪ウス赤ク長高ク眼ノ玉茶色之髭ヲ剃ル」の文がありロシアをも指している。漢訳語「紅毛人」、「南蛮人」とは異なり用例は多くないが、日本独自の表記である。

第1部のまとめ

第1部で取り上げた外国地名五地名のうち「ヨーロッパ」「イタリア」「スペイン」「ロシア」は、江戸時代17世紀には明末清初に中国入りしたマテオ・リッチ等宣教師達の漢訳地名の影響を受け、19世紀には清末の欧米宣教師達と魏源等の漢訳地名の影響を受けた。これら借用表記とともに、それを変形して使用されることも多い。幕末明治には特に借用の変形が多用された。読み方は、初期にはポルトガル、スペイン人の発音を聞きとり宛てていたが、海禁以降オランダ語風、中国語風の読みが主となり、その後、ロシア語風や英語風の読み方も現れるようになった。一方で、日本人に馴染んだ漢訳地名

はそのまま使用された。明治になっても官報、辞書、書物の凡例等に外国地名の呼称法が記載されているように、漢字表記の外国地名は各著者が基準を持って用いていた。

　仮名表記は、17世紀初め（海禁以前）には各自（船頭、商人、幕府関係の人）が聞き取ったポルトガル語風、スペイン語風発音に従って記されていた。その後17世紀中頃（海禁以後）より、オランダ語風表記が続き、江戸後期・明治にはロシア語風、英語風の表記が現れた。しかも、これらの表記は混在していた。明治後期には、漢字重視から脱し、アジア以外の外国地名を主として仮名で表す書物（瀬川秀雄『西洋全史』冨山房1910）も現れた。

　日本独自の表記は2例のみ見られた。台湾を表す「たかさご」系（「高山国、たかさんこく、たかさくん、たかさご、高砂」等）及びロシアを表す「赤人」等である。また、「たかさご」系地名は南蛮屏風の年代決定の指標となり、地名記載のある南蛮屏風のうち、最古のものは「たかさんこく」とする現バークレー美術館所蔵屏風である。

注

1）　栗原信晃『万国地球全図』（嘉永年間）の地図では「魯西亜」であるが、一舗中の文章の中で「魯細亜ルシ」が見られ、この地図の海賊版である『新製輿地全圖』（版元・年号不記）には、上記の2表記以外に『魯西亞ロシヤ』が見られる。

2）　『魯西亜國全圖』（文化年製手写）では地図上に「魯齊亞ヲロシヤ」が見られ、一舗中に「魯齊亞」「魯西亜」が見られる。赤水原稿・山崎美成補著『地球萬國山海輿地全図説』（1850）では地図上「魯西亞」で、一舗中に「魯齋亞」が見られ、長久保氏銅版の同名地図（年代不記）では地図上に「没厠箇未突ムスコビヤ」（「没」の左傍書「ムス」）が見られ、文中に「魯齊亞」が見られる。赤水周泉『万国山海輿地全図』（1847）では、地図上で「モスコヒア」、文中で「魯齋亞」が見られる。

3）　『日本繪圖並萬國全圖集成』（人文社蔵版所収複製地図1977）による。

4）　箕作省吾著、和泉屋他、1847。

5）　神戸市立博物館編集『日蘭交流のかけ橋』（神戸市スポーツ教育公社1998）所載。

6）　方毅等『辞源正続編合訂本』（商務印書館、中華民国1915初版の1949版）。

7）　徐継畬『瀛環志略』（原1848）（井上春洋等訓点の阿陽對崎閣梓本の影印本

138 第1部 個別地名についての研究

1861、中華公共図書館文献縮微複制中心2000による）。

8）　南波松太郎・室賀信夫・海野一隆編『日本の古地図』創元社1969。

9）　但し、「西半球図」では「俄羅斯」と記すが「定日本京師為心圖」において
ロシアを示す「羅利」「悉比理阿」が見られる。

10）　石田斎圖並刻、村上出店他、1872。

11）　建部遯吾『戊申詔書衍義』所収、同文館、1908初版の1909七版。

12）　『日蘭交流のかけ橋』による（神戸市立博物館1998）

13）　利瑪竇（Matteo Ricci）作、宮城県図書館蔵の複製（臨川書店1996）による。

14）　鉄嶺　張徳彝著『使俄日記』（『小方壺斎輿地叢鈔』所載）。

15）　『大英國志』江蘇松江上海墨海書院。

16）　『小方壺斎輿地叢鈔』所収、俞正燮『癸巳類藁』（1836序）

17）　慕維廉（William Muirhead）著　爽快楼蔵梓。

18）　褘理哲（Richard Quarterman Way）撰、寧波花華聖経書房刊。

19）　注7に同じ。

20）　王錫祺撰『小方壺斎輿地叢鈔』（小方壺斎は王錫祺の書室の名、1880年初刊）
所載の諸本。

21）　熊秀英（森島中良）著。

22）　大日本実用學会編発行、1923初版の1924版。

23）　山村才助著『蘭学資料叢書Ⅰ』（青史社1979、内閣文庫所蔵本の影印）による。

24）　ヘボン著、飛田良文、李漢燮編集『和英語林集成　初版・再版・三版対照総
索引』（港の人2000、2001）による。

25）　川崎斯文編、井上一書堂。

26）　飯田忠彦著、吉川弘文館1876初版の1906増訂再版による。

27）　吉川弘文舘1908初版の1925大増訂版による。

28）　宮田彦左衛門編『万代節用集』謙堂文庫蔵本、英屋大助、河内屋茂兵衛1850
（『節用集大系78』大空社1995による）。

29）　岡村増太郎編、文學社。

30）　新村出編、全国書房。

31）　大槻茂質『環海異聞』（原1807、杉本つとむ編、八坂書房1986）には、「松前
地方の人彼等を指して赤蝦夷、赤人と呼へり。是は彼人の中チ緋羅紗、猩々絨
の類の着服せる者多きを見て、みだりにいひ初めし事とそ」（p.14）と書かれて
いるが、着脱することのある衣服で人物を表し、国名とするのは不自然であり、
筆者はこの説は採らない。

32）　「阿魯舎伝信録附聘使記」（1804〈文化元〉年九月、香川大学神原文庫蔵）。

5.「ロシア」の呼称の変遷について　139

33）　青木東江訳、秋田屋市兵衛他刊。

34）　大日本百科辞書委員会、同文館、1906初版の1924増訂改版による。

35）　大槻文彦等監修　千代田書房。

36）　「沒厠箇未突」『釆覧異言』（1725）「莫斯哥未亜」『訂正増譯釆覧異言』（1804）
　　「没斯箇未亞」『蛮語箋』（1798）「莫斯歌未亞」『野史』（1852）及び「俄羅斯」等
　　（上記）。

37）　あらかわそおべえ著、角川書店。

38）　大町桂月、盛陽堂。

39）　岡倉由三郎、研究社。

40）　長谷川誠也編纂代表、博文館。

41）　百科辞書編輯部編纂、三省堂1937。

42）　杉本つとむ編著『江戸時代西洋百科事典　「厚生新編」の研究』（雄山閣出版
　　1998）による。

43）　箕作阮甫著、兼塾版。

44）　堀原甫再輯（1831年旧刻の1849年再刻。須原屋茂兵衛等）

45）　千葉師範学校編輯、出雲寺刊。

46）　中川八十吉訳、中川仁三郎刊。

47）　俁野通尚編『倭節用悉改大全』1826（『節用集大系63』大空社1995による）。

48）　注28に同じ。

49）　青木輔清板『雅俗節用集』1878（『節用集大系94』大空社1995影印による）。

50）　この著者は、国都が「ムスカウ」一名「モスコウ」にあるので総国の号とす
　　る者であるとし、総名を羅甸呼で「ルュシア」、漢訳は「魯西亜」和蘭呼で
　　「ルュスランド」其土人の自称は「オロシイスコイ」としその漢訳も記載してい
　　る。

51）　村田文夫編纂、三都書林（勝村治右衛門等七書店）、同志社大学マイクロ
　　フィルムによる。

52）　西村真次『日本海外発展史』（東京堂1942）。

53）　英語Russia、ロシア語Rossija。牧英夫編著『世界地名の語源』（自由国民社
　　1980）によれば「ロシアが、国名として用いられるようになったのは、十五世
　　紀からで、モスクワ公国命令書に、ロシアと書かれているのが、最古の記録で
　　ある。」とある。

54）　新井白石『西洋紀聞』（原本は1715、宮崎道生校注『新訂　西洋紀聞』平凡
　　社1968、東洋文庫113 p.39）等によると、「モスコービヤ１例、ムスコービヤ７
　　例、漢訳モッツコウイヤウ」がある。1715年頃の国名はロシア帝国

140 第1部 個別地名についての研究

（1721〜1917）になる前である。1917年ロシア革命以前までの国名。前掲『世界地名の語源』によれば、「モスクワが年代記に始めて記されたのは一一四七年で、」とある。

55）　ソビエト社会主義共和国連邦、英語Union of Soviet Socialist Republics、ロシア語Союз Советских Социалистических Республик（СССР）。

56）　杉本つとむ編『北槎聞略』影印（早稲田大学出版部1993）p.126。また、杉本つとむ編『環海異聞』（八坂書房1986、p.527）で「"オロシア"は語頭に立つラ行音の前に母音を添加するという日本語のくせの典型的一例である。」と書かれているが、外国地名においては、『坤輿圖識』（1847）に「邏瑪r.ロウマ、龍動r.ロンドン」、鳥山啓『初學入門字解』（1877）に「羅馬r.ロウマ」、『華夷通商考』（1708）に「六甲r.ロッコン、呂宋r.ろそん・1.ルスン」、『聯邦志略』（原本は1861の1864）に「禄細亞那r.ロイシアナ、落機山（ロッキー山）」等のラ行が語頭にくる用例は多く見られるのであり、稿者はまき舌説をとった。

57）　俣野通尚纂補　須原屋茂兵衞等1826。

58）　本多利明『赤夷動静』（原本は1791、『北方未公開文書集成　第三巻』叢文社1978による）。

59）　大友喜作編『北門叢書策冊』（北光書房1943）。

60）　『新修平田篤胤全集』（補遺五所収『千島白波』名著出版1980）による。ただし、これら以外に「魯西亞、ロシヤ、オロシヤ、ヲロシヤ、おろしや、ルス國、ルシヤ、むすかうびや國、ムスカウビヤ國」等が見られる。

61）　注54に同じ、同書p.39。

62）　注58に同じ。

63）　本多利明『西域物語』（原本は1798、『海表叢書　第二』厚生閣書店1928による）。

64）　博文館発行。1編（1904）から110編（1905）まで発行され、初期の発行は再版され、5版もでた。第1編では「宣戦の詔勅」を挙げ、ここには「露國」のみが9例記載されているので、記事の文章でも「露國」を始め、「露艦、露船、露國公使、露領、露佛同盟、露兵、露國皇太子、露國海軍司令長官」等がみられ、すべてに傍書「ろ」が、「露西亞」には「ろしあ」の傍書が附されている。投書には「ロシヤ國」、「露西亞」（傍書ロシヤ）も見られるが少ない。

65）　『日本国語大辞典』（第2版）では1763年の談義本が最後の例として掲載されている。「オランダ人が、もたらした、モスクワ産の皺のあるなめし皮」の意としては、1767年、1785年、1803年、1891年の例を挙げる。

第 2 部　外国地名資料についての研究

1.『蛮語箋』と『改正増補蛮語箋』の外国地名について

はじめに

　本章で調査対象とした『蛮語箋』は架蔵本である。洋学資料文庫①『蛮語箋』[1]には影印及び解説がある。『蛮語箋』は森島中良（熊秀英）『類聚紅毛語譯』[2]の改題本である。解題については、杉本つとむ及び櫻井豪人[3]の解説を参照されたい。また書誌については、石上敏[4]の論がある。「題言」に「寛政十戊午歳十月」とあり、もとは、1798年に刊行されたものである。『類聚紅毛語譯』と『蛮語箋』との関連は、岡田袈裟男[5]が述べるところによれば、「改題の出版であったとすると、（理由、事情が）曖昧である。」と

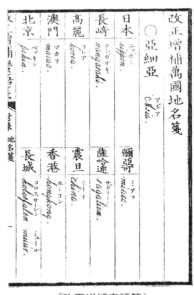

　　　『蛮語箋』　　　　　　　　　『改正増補蛮語箋』

144　第2部　外国地名資料についての研究

される。未だ改題、改著者名の理由が明らかでないのであるが、著者が同じ
く森島中良であることは確かである。

　『改正増補蛮語箋』は元1848年刊、箕作阮甫の編纂になり、多くの異板が
見られる。現存の伝本は三十数本あり、この書誌については、二者[6]の先
行研究がある。ここで対象とした本は、刊記に安政4年（1857）刊とあり、
見返しの左下に蔵版印があるものを使用した。櫻井豪人の分類による「A2
初版安政四年本類」に入るもので、架蔵本である。

1.1　目次の比較

表1　『蛮語箋』と『改正増補蛮語箋』の目次の比較

| 『蛮語箋』 | 『改正増補蛮語箋』 |

| --- | --- |
| ○天文　　　　　○地理
○時令　　　　　○人倫
○身体　　　　　○疾病
○神仏　此條姑闕　○宮室
○服飾　　　　　○飲食
○器財　　　　　○金部
○玉石　　　　　○鳥部
○獣部　　　　　○魚介虫
○草部　　　　　○木部
○数量　　　　　○言語
　　附録
○萬國地名箋 | 巻一
　天文　　地理　　時令　　人倫
　身体　　疾病　　宮室　　服飾
　飲食　　器財　　火器　　金
　玉石　　鳥　　　獣　　　魚介
　虫　　　草　　　木　　　数量
巻二
　言語　依頼名字　添字　　代名字
　　　　　處前字　接続字　嗟歎字
　日用語法　会話一　会話二
附録
　萬國地名箋　亞細亞　歐邏巴　亞弗利加
　　　　　　　南北米里堅　豪斯多剌利 |

　内容の分類は目次から分かるように（表1）、ともに節用集の門分類に
倣っている。『永禄本節用集』（永禄5年（1562））の分類は「天地　時節
草木　人倫　人名　官名　支体　畜類　財宝　仏名　食物　楽　言語　数
量」である。中国で1689年に出版され、日本で翻刻（1828年刊）された『錦
字箋』の部門分けでは「天文　方輿　山水　宮室」（巻三）及び「珍玩　服
飾　飲食　器用　花木　禽獣　鱗介昆虫附」（巻四）としており、これも類

似している。

　『改正増補蛮語箋』は、『蛮語箋』に目録のみで本文に記載のない「神仏此條姑闕」を削除し、「火器」と「日用語法」を増補し、「魚介虫」を実内容に合わせるため、「魚介」と「虫」に別部門としている。

1.2　内容について

　『蛮語箋』は中本82丁で、熟語の下に対応するオランダ語の発音を片仮名で示している。最初の日蘭辞典と言われているが、内容的には簡単なポケット判「日蘭字書」であると言えよう。『改正増補蛮語箋』は、中本で巻一77丁、巻二69丁、合計146丁の書物である。後者が増補しているのは、語数、アルファベットの一覧（大文字筆記体、小文字活字体及び筆記体、仮名相当のローマ字）、日用語法である。各項目に対応するオランダ語筆記体を追加しているのである。一方で、削除した語もある[7]。このうち言語部について、日蘭対照以外に唐話をも取り入れているとの指摘が岡田袈裟男[8]によりなされている。しかし、地名についての詳しい検討は見られない。

1.3　『蛮語箋』と『改正増補蛮語箋』との地名項目の比較

　表2に示すように、『改正増補蛮語箋』の方が地名の掲出数が多いので、『改正増補蛮語箋』をもとに以降比較検討を述べる。『改正増補蛮語箋』の作者である箕作阮甫は、「凡例四則」において森島中良の『蛮語箋』を「原書」とよび、四則のすべてで、自らがどのように改正したかを述べている。

　　一　此書原係森島忠良撰、忠良寛政年間人、當時洋學未甚明、譯語往往
　　　　失確當、至地名箋尤甚、因補正数欵
　　一　原本毎語下、（以下略）
　　一　原本本為目不曉洋字者而作、（以下略）
　　一　人事部、原本甚略、（以下略）

このように、わざわざ地名についても「譯語往往失確當、至地名箋尤甚」と

146　第2部　外国地名資料についての研究

表2　『蛮語箋』と『改正増補蛮語箋』における地名数の比較

『蛮語箋』の『萬國地名箋』の項目に記載の地名数	『改正増補蛮語箋』に記載の地名数
亜細亜之部*（アジヤ） 　81地名 歐羅巴之部 　66地名 亞弗利加之部　又利未亞（アフリカ、リビヤ） 　42地名 北亞墨利加之部　南北ニ分ツ（ノールドアメリカ） 　26地名 南亞墨利加之部（ソイドアメリカ） 　16地名 合計：5部門231地名数（9丁分）** *：「亜細亜之部」の脚注には、「明人著ス所ノ地球圖説ノ訳字ヲ上ニ標下ニ蛮人ノ称呼ヲ戴ス」と記載されている。 **：附録の丁数に「附四」「附又四」があり、丁付けは「附八」まで。但し、「地理」の門の後部に8つの地名が掲載されている。後部に「此他萬國ノ地名ハ別巻ト為テ附録トス」の文がある。	亜細亜　Asia（アジア） 　71地名 亜細亜諸島　Asiatische　eilanden（アジアチセ、エイランデン） 　45地名 地中海及諸島　middellandsche zee en eil.（ミッデルランツエ ゼイ エン エイランデン） 　15地名 歐邏巴　Eúropa.（エウローパ） 　63地名 歐邏巴諸島　Eúropische Eilanden.（エウロビセ、エイランデン） 　18地名 亞弗里加　Africa（アフリカ） 　36地名 亞弗利加諸島　Africaansche　eilanden.（アフリカーンセ、エイランデン） 　13地名 南北米里堅　Zúid　en　noord　Ameriaa（ソイド エン ノールド アメリカ） 　65地名 米里堅諸島　Americaansche　eilanden（アメリカーンセ、エイランデン） 　16地名 豪斯多刺里　Aústralie（アユスタラリー） 　44地名 合計：10部門386地名数（15丁）

述べているが、本当にそう言えるのか疑問もある。確かに、語数は増えているが、改正とすべきではなく、単に伝来漢訳表記の違いにすぎないかもしれない。しかも、箕作阮甫は、参照した地理書の題名を掲げていない。両者は共に蘭方医である。箕作阮甫は幕府の御用を受けており、約50年前の先人である森島中良に対して一種の対抗意識が働いたのではなかろうか。

　それを確かめるためには、彼等の引く地理書（典拠本）を確かめる必要があろう。『蛮語箋』には、表2の*印に示したように「明人著ス所ノ地球圖説」を参照したと記載されているので、『地球圖説』との対照作業が必要で

1.『蛮語箋』と『改正増補蛮語箋』の外国地名について　147

ある。中良は、兄桂川甫周の家に同居し、兄の手伝いもしていたのであるから、甫周訳『新製地球萬國圖説』（1786）の著述にも関わっていたことであろう。この『新製地球萬國圖説』の凡例に「地名譯名専ラ明人ノ坤輿圖説ノ経用スル處ニ襲ル」とある。『蛮語箋』と『新製地球萬國圖説』とには一致語彙が多数ある。その背景を正確に把握する為には、『地球圖説』と『坤輿全圖説』との地名語彙についても調べる必要があろう。『地球圖説』[9]は掲出する地名語彙は少なく、例としてヨーロッパ・アフリカ・ロシアの表記を見ると「歐邏巴・利未亞・鄂羅斯」とあり、中良の「歐羅巴・亞弗利加・魯西亞」とは異なる。森島中良が『蛮語箋』で参照したのは、実際にはこの書ではない。一方、橘春暉『坤輿全圖説』[10]とは、地名語彙の一致が多数見られる。また南懐仁『坤輿圖説』（二巻、1672年刊）と、『坤輿外紀』（刊年不明[11]。『坤輿圖説』と呼ばれていた可能性がある[12]）との関係を調べる必要がある[13]。また、利瑪竇『坤輿萬國全圖』との関わりも見るべきであろう。ここでは詳しい比較は行っていないが、岡田袈裟男は、『蛮語箋』の注記より「語彙のソースが明らかだ。」とする。艾儒略の『職方外紀』五巻に比定するが、典拠本は簡単には決定できないだろう。杉本つとむは『蛮語箋』の地名について、236語のうちの25語について在華西洋人の地理書との比較を行って、その結論として、漠然と「中良は上の三本の中国書以外にも、使用した世界地理書があったと思われる。」と述べている（三本とは、『職方外紀』・『坤輿外紀』・『坤輿全図』を指す）。また、櫻井豪人は、「『新製地球万国図説』と『北槎聞略』地図の二点だけで『万国地名箋』全体の約九割程度の収録語をカバーできる」[14]と述べる。しかし、参照本については、これらの『新製地球萬國圖説』、『北槎聞略』に参照されたのと同一の中国書物が『蛮語箋』にも参照された可能性について検討しなくてはならない。

　『改正増補蛮語箋』の著者箕作阮甫は、「徳川家に仕え、天文台にも出仕し、蛮書調所の役人」ともなり、長崎からの取り寄せた地理書も持っていたようである。『八紘通誌』、『広輿志』、『豪斯多辣利譯説』等の著述があり、1854、1855年に『海國圖志』の校正出版をし、1860年に『地球説畧』の訓点出版、1861年に『瀛環志略』も校訂しており、地理の方面にも詳しい人物であった。

148　第2部　外国地名資料についての研究

養子省吾の著『坤輿圖識』（1845〜47）にも彼の影響があるとの説もある。彼は、当時新しいオランダ渡りの書物と古い地理資料も参照していたことが考えられる。恐らくはオランダ語の地理書からオランダ語地名を拾い上げ、それに漢字表記を与えたか、その逆に、中国渡り書物（又は地図）の漢訳表記地名に対応するオランダ語を探したかのいずれかの作業を行ったものであろう。

1.3.1 『改正増補蛮語箋』と『蛮語箋』の同一地名について

　次に、地名について『改正増補蛮語箋』と『蛮語箋』の二書を比較してみることとする。両書に見られる178地名の内169例が同地名で、その他に異名6、異原語2及び旧称が1あり、その合計9例[15]は比較できない。全ての用例は本章末尾に掲載した（表17）。

　(a) 漢字表記も蘭語傍書のカタカナ表記も同じもの…22例
　　　　例「亞蠟罕　アラカン」
　(b) 漢字表記が同じで蘭語傍書のカタカナ表記が異なるもの…51例
　　　　例「日本：ヤッパン、ニッポン」、「印度：インデヤ、インデア」
　(c) 漢字表記が異なり、蘭語傍書のカタカナ表記が同じもの…25例
　　　　例「阿瑪港、澳門：マカヲ」
　(d) 漢字表記が異なり、蘭語傍書のカタカナ表記も異なるもの…71例
　　　　例「西里亞　セーリヤ、西里牙　シイリー」

表3　『蛮語箋』と『改正増補蛮語箋』の同一地名数の比較

	同仮名	異仮名	合計
同漢字	a.22	b.51	73
異漢字	c.25	d.71	96
合計	47	122	169

　『改正増補蛮語箋』は『蛮語箋』のラテン名〈ヒペルニア〉、異名〈シント、ラ・ウレンス〉[16]の2地名表記を削除している（無記入）。

　(a) の特殊例に、喜望峰「グーデ、ホープ（蛮）／カープ　デ　グーデ

ホープ（改正）」と濟歴湖・河「サイレ、ラクス（蛮）／サイレ　リフィール（改正）」がある。前者においては『改正増補蛮語箋』の方が「峰」の意味まで訳している。後者は湖の名と河の名の違いはあるが、主要な地名部は同じなので、ここに入れた。

　(b) については、そのカタカナ表記の違いはオランダ語発音を日本語に表す際の差であり、清濁の差、短音と長音の差、ヤとアの差、清音と拗音の差、促音に読むか否か等に関わるものである。「日本」については、中良は当時のオランダ読みを「ヤッパン、ヤポネーセン」と判断したのであるが、約50年後の阮甫の時代には、「ニッポン」がヨーロッパでも一般的に認められていたのか、阮甫が日本の国名は外国においても現地音で読まれるべきであるとの認識からこう書き示したものであろう。但し、オランダ人が「ニッポン」と言う場合もあったであろうが、一般的にはオランダ人の発音では「ヤッパン」が普通であろう。

　(c) の漢字表記については、彼等の参照した地理書の差が表れたものであろう。「魯西亞」「伊斯把泥亞」は、古い漢訳書にみられる表記であり、「俄羅斯」は18世紀末、「是班呀」は19世紀中頃より使用された表記である[17]。これらは、明らかに参照された新旧の漢訳書の違いである。特に意訳された地名で異なるものが目立つ。但し、〈強盗嶋／悪党〉については、新旧漢訳書の違いか彼らの訳の違いか明瞭ではない。マテオ・リッチ『坤輿萬國全圖』（1602）には「強盗島」とあり、マテオ・リッチ系の『坤輿全圖説』[18]（1802）には「強盗島ラトロニス」と記されている。渋川春海『世界図』（1698）には「強盗嶋、ラダラン、はだか人」と記し、『萬國山海輿地全圖』（1847）及び『地球萬國全圖説覧』（19世紀中頃）には「強盗」と記す地図がある。阮甫の「悪党」ではなく、中良の表記と同じであり、中良は漢訳書または地図を忠実に写したものと考えられる。また、『ジョン・タリスの世界地図』[19]（元1840年代出版）では「Ladrone or Marian Is.」の記載で、「マリアナ諸島」を指している。スペイン語で「ladron」は「盗賊」（村岡玄『西和辞典』1937による）である。

　(d) 『蛮語箋』の「伊斯把泥亞、波尔杜瓦亞」の五文字表記は、古い在華

150 第2部 外国地名資料についての研究

宣教師による表記であり、『改正増補蛮語箋』の「是班牙、葡萄牙」の三文字表記は、『海國圖志』等の新しい表記である。(d) のカタカナ訓みも (b) と同様に、大きな差ではない。

同一地名でも漢字表記が相違するもの (c + d) は96例にものぼる。箕作阮甫が参照した地理書は、『蛮語箋』とは別のものであり、その表記を採用したのであろう。森島中良が古い明人訳地理書（マテオ・リッチ等の地理書）からの表記を採用したと明記しているのに対して、それを改正したというよりは、新表記を採用したのであり、改訂とでも言えるものとなっている。

その中には、例外とも言える改変もある。『蛮語箋』の新しい「歐羅巴」を『改正増補蛮語箋』では古い「歐邏巴」の表記に変えている。ここには、箕作阮甫の何らかの意識が働いている。「歐邏巴」は大槻玄沢『蘭学階梯』(1783)、渡辺崋山『外国事情書』(1839) 等の蘭学書が使用しているもので、阮甫も習い覚えていた。それを正しい書き方と認識したものであろう。一方、森島中良は古い「邏」をとらず、桂川家流の表記として「羅」を採用したのであろう。桂川甫周『新製地球萬國圖説』(1786) にも朽木昌綱『泰西輿地圖説』(1789) にも「歐羅巴」と翻訳されており、この文字を適切と考えたものと考えられる。

現スリランカ（旧セイロン Ceylon）は二書共に、「錫蘭、セイロン Ceylon」とある。これと類似の地名として、『蛮語箋』に「設蘭、セイラン」、『改正増補蛮語箋』に「西蘭、セラム」が挙げられている。両地名は、同一地名として対応し、アジアの部に記載されていて、「セイロン」とは異なる地名（モルッカ諸島のセラム島　英訳Ceram or serang）を指しているのである。杉本つとむ『蛮語箋』では、セイロンについて2箇所にあるのが不審である[20]としているが、セラム島について、二書はそれぞれに正しい地名を記載しているのだが、新旧翻訳の相違が反映されている（「セイラン」の方が古名）。セラム島については、過去の書物にも、『五事略　上』[21] 所収『異國土産』に「さいろん〔島也、日本を去る事三千里程〕」・「せいろん〔島也、日本を去る事三千八百七十里程〕」とあり、『采覧異言』[22] に「セイラン、サイロン、齊狼島、錫狼島」・「セイロン、セイラス、（馬路古）」とあって、

現スリランカとは明確に区別されている。『宛字外来語辞典』に、「錫蘭、セイロン　セーロン　セイラン（中略）スリランカの旧称。」とあるのは、「セイラン」も、現スリランカを指す語として『マルコポロ紀行』[23] に見られるので正しいのであるが、同書には「セラム島」の項目がない。因みに、『宛字外来語辞典』には、「西蘭、シエラン　ジーランド　バルト海と北海の間に突出する半島」とあるが、「シェラン」は「Sjeiland or Zealand」現デンマークの島（ジーランド）である。

1.3.2　『改正増補蛮語箋』が削除した地名…61例

　これらのうちのいくつかは、箕作阮甫が参照した地理書にも記載が無く、オランダ語を与えられなかったので省いたものと考えられる。例えば「加西蠟　カステリヤ」は、古い系統の地理書には記載があるが、新しく漢訳された地理書には収載されていない場合がある。

　また、読者にとって必要性が薄いと彼が判断したために削除されたと考えられるものに、「亞登　アッテン」「木加　モカ」等がある。しかし、その確定には、なお詳細な確認が必要である。彼が参照した地理書（中国書『地球説畧』『坤輿圖説』等）と較べる必要があろう。

1.3.3　『改正増補蛮語箋』が増補した地名…226例

　このうち45地名はオーストラリアの部の増補で、箕作阮甫が新しい地理書を参照したことが分かる。『蛮語箋』に所載の「ヲースト、ヲケアン」（「c」は「e」の前では〈s〉の発音になり、「地理部：洋（ナダ）」では「ヲセアン」と「セ」とある。「大西洋」には「ウェステル　ヲセアン」とあるので、「ケ」は「セ」の誤刻であろう）について、杉本つとむ編『蛮語箋』は、オーストラリアとしている[24]。しかし、これはオランダ語「oost oceaan」に当たるもので、現「太平洋」を指す。これを日本寄りの海を「小東洋」、アメリカ寄りの海を「大東洋」と表記している地図もある[25]。

　単純計算では、『蛮語箋』にはオセアニアの地名を収載していないので、『改正増補蛮語箋』は『蛮語箋』の236項の地名をそれ以外の所で351項（396

152　第2部　外国地名資料についての研究

−45＝351）に増し、オセアニア（45）を加えたように見えるが、『蛮語箋』
の地名で、『改正増補蛮語箋』で削除された地名を差し引きすると、175項
（236−61＝175）を、351項に増補したともとれ、実質的には、オセアニア以
外で、ほぼ2倍に増補したことになる。それに加えて、それまで不確かとさ
れていたオセアニアの地名は、新井白石も記述しなかったところであり、彼
の増補の重要な部分となっている。

1.4　地名語尾の「亞」に関連する特徴

　両書における地名語尾の「亞」の読み方にはどのような特徴が見られるの
であろうか。同一地名とその他の地名での「亞」をすべて調査すると、以下
に示す表4〜16のようになっている。

a)　同一地名の語尾「亞」の読み方の比較（地名表は文末）

表4　『蛮語箋』と『改正増補蛮語箋』の同一地名での語尾「亞」の読み方の比較

読み方	ア	ヤ	ン	長音	有亞ランド	無亞ランド	合計
『蛮語箋』	5(3)	26(23)	2	1	1	0	35(30)
『改正増補蛮語箋』	15	1	5(4)	7	3	4(0)	35(30)

＊（　）は異称のため比較しない地名を差し引いた数。

b)　同一地名以外の語尾「亞」の読み方

　『蛮語箋』には、「亞」を「ア、ヤ、撥音、イ列長音、無読」としている例
と、「亞」字一文字に対して地名のオランダ語発音である「ランド」「ベル
グ」を与えている例とがある。漢字表記では、あたかも「亞」を「ランド、
ベルグ」と読んでいるように見えるが、本来は「蘭土、蘭、堡」等のあるべ
き所で、その交替的な表記ともいうべきものである。また、オランダ語で語
尾が「-ja」の場合に「ヤ」と表すのは当然であるが、語尾が「-ia、-ie」
である場合も「ヤ」と表したのは、そう聴取したためであろう。『蛮語箋』

1. 『蛮語箋』と『改正増補蛮語箋』の外国地名について　153

表5　同一地名以外の語尾「亞」の読み方（『蛮語箋』）

地名	「亞」の読み方
巴剌孤亞　パラグア（Paraguay）	ア
甘波亞　カンバヤ（Camboia[26]） 黒地兀皮亞　ヱチヲピヤ○亞毘心域ノ一名（Ethiopië） 新譜入里亞　ノーハ、アンゲリヤ（Nova Anglia）	ヤ
波亦米亞　ボーヘメン（Bohemen） 沙瑣泥亞　サキセン（Sachsen）	ン
肥良的亞　ブランデ、ベルグ（Brandenburg）	ベルグ
鄂底亞　ゴットランド（Götaland）	ランド

＊（　）内はCamboiaのみラテン語、他はオランダ語。

表6　同一地名以外での語尾「亞」の読み方（『改正増補蛮語箋』）

地名	「亞」の読み方
亜細亜諸島　アジアチセ　エイランデン　asiatische eilanden	
穆勒亞　モレア　moreah	
勿搦祭亞海　アドリアチセ　ゼー　adriatisch zee	
米里堅魯西亞　アメリカ　ルシア　america rusia	
閣龍皮亞　コリュムビア　columbia	
業阿爾日亞　ゼオルジア　geordia	ア
非耳及泥亞　フィルギニア　virginie	
閣龍比亞　コリュムビア　columbia	
門的肥挓亞　モンテフィデア　montevidea	
勃里費亞　ボリフィア　bolivia	
新為匿亞　ニイーウ　ゴイ子ア　nieuw guinea	

では聴取による「ヤ」が極めて多く、次いで「ア」「ン」「その他」となっている。

　一方、『改正増補蛮語箋』には「ア、撥音、イ列長音、無読」の例が見られる。「ヤ」は「那多里亞　natolia」の1例があるのみで、「ア」が極めて多

154 第2部 外国地名資料についての研究

い。原語地名の語尾が「-a」の場合は概ね「ア」とし、「-ie、-je、-ij」の
場合は長音に読み、「-n」の場合は撥音に読んでいる。また、漢字表記に関
わりなく、オランダ語で「-land」であれば普通は語尾の〈d〉は〈t〉の発
音であるが、「ランド」と読んでいる。この著者はオランダ語の表記を片仮
名で写すことを主眼としている。但し、「非耳及泥亞　フィルギニアvirgi-
nie」は長音に読まず、「ア」としている。このような例外については理由が
はっきりしないが、時にこのように古い読み方も採用している。

　両書において同一地名で語尾「亞」のある30例のうち、語尾の読み方が同
じであったのは、〈ゴア、ゼノア、バルバリア、リスボン、スウェーデン、
ナトリヤ、ラプランド〉の7例に過ぎない。両者は読みが極めて対照的であ
るといえる。

c) 「亞」のある同一地名での比較
①両書とも「ア」（3例）

表7　両書とも「ア」の読み方をする地名

『蛮語箋』	『改正増補蛮語箋』
臥亞　ゴア	臥亞　ゴア goa
熱拏亞　ゼヌア	熱弩亞　ゼニュア genua
巴尓巴利亞　バルバリア	巴爾巴里亞　バルバリア barbaria

　ここに含めていないが、〈ベネチア〉は、「勿搦茶：チア」と「勿搦祭亞：
チア」のように表記は違うが語尾の読み方は同じである。「-ia」はラテン語
地名接尾辞である。
②「ヤ」と「ア」の対応（11例）
　〈ユダヤ〉については、漢字表記は同一で、「亞：（ジューデ）ヤ」と
「亞：（ヂュデ）ア」である。オランダ語では「judea」（ユデア）であるが、
両書は「ju」の音写（「ジュー」及び「ヂュ」）も異なっている。ペルシャ、
イスパニア、ギネアについては、『改正増補蛮語箋』で漢字表記に「亞」を
含まない新漢訳を採用している。

表8 「ヤ」と「ア」の対応の読み方をする地名

『蛮語箋』	『改正増補蛮語箋』
亞細亞之部　アジヤ	○亞細亞　アジア Asia
巴爾西亞　ハルシヤ	包社　ペルシア persia
如徳亞　ジューデヤ	如徳亞　ヂュデア judea
亞尓黙尼亞　アルメニヤ	亞爾黙尼亞　アルメニア armenia
跋太亞胗亞　バターヒヤ○爪哇ノ都	抜答胗亞　バターフィア batavia
甘的亞　カンデヤ	甘的亞　カンディア candia
齊西里亞　シヽリヤ	齊西里亞　シシリア sicilie
伊斯把泥亞　イスパニヤ	是班呀　イスパニア hispania
意太里亜　イタリヤ	意太里亜　イタリア itaria
波羅泥亞　ホロニヤ	波羅泥亞　ポロニア polonia
入匿亞　ギ子ヤ	闇口年　ギュイ子ア guinea

③「ヤ」と「長音」の対応（7例）

　〈ハンガリー〉については、漢字表記が異なっている。「ヲンガリヤ」はラテン語に基づく表記をポルトガル語風の読み方にしたものを引き継いでいる。オランダ語では語頭の「h」音が発音され、両書ともにそれを語頭「ヲ」としている。『蛮語箋』の場合は実際に聞き取りをした際に聞き取り難かったため、『改正増補蛮語箋』の場合は綴りにはあっても発音しないと判断した

表9 「ヤ」と「長音」の対応の読み方をする地名

『蛮語箋』	『改正増補蛮語箋』
亞剌比亞　アラビヤ	亞臘比亞　アラビー arabie
西里亞　セーリヤ	西里牙　シイリー sijrie
翁加里亞　ヲンガリヤ	挽雅　ヲンガリー hongarij
大貌利太泥亞　ゴロート、ポルタニヤ　　　　　○以下海嶋	大蒲里丹尼亞　ゴロートブリタニー　　　　　　　groot britanje
奴皮亞　ヌービヤ	奴皮亞　ニュビー nubie
角利勿尓尼亞　カリホルニヤ	角里伏儞儞亞　カリフヲルニー　　　　　　　californie
新伊西把泥亞　ノーハ、イスパニヤ	新寔班呀　ニイーウ　スパニー　　　　　　　nieuwe spanie

156　第2部　外国地名資料についての研究

ためであるとも考えられるが、両書ともに伝統的呼称に影響された可能性も
ある。

④「ヤ」と「ン」の対応（2例）

表10　「ヤ」と「ン」の対応の読み方をする地名

『蛮語箋』	『改正増補蛮語箋』
厄力西亞　ゲレシヤ○今ハ亜細亜ノ　都児格ヨリ都城ヲ築ク	厄勒祭亞　ギリーケン　ランド　griekenland
諾尓勿入亞　ノールウェギヤ	諾爾勿惹亞　ノールウェーゲン　noorwegen

　〈ノルウエー〉については、『蛮語箋』には「（諾尓勿）入亞；ギヤ」と記
載され、ラテン語Noruegiaに基づいている。当時、地図でのラテン語によ
る地名表記はよく見られた。この表記をオランダ人に読ませたものであろう。
『改正増補蛮語箋』では「（諾爾勿）惹亞；ゲン」とし、オランダ語綴りに基
づき音訳しているが、漢字表記は古い漢訳のままである。

⑤両書とも「ン」（2例）

表11　両書とも「ン」の読み方をする地名

『蛮語箋』	『改正増補蛮語箋』
里斯波亞　リスボン○ポルトガル之都	里斯波亞　リスサボン　lissabon
雪際亞　スウェイデン	口瑞國　スウェーデン　zweeden即蘇亦齊、又雪際亞

⑥両書とも「ヤ」（1例）

表12　両書とも「ヤ」の読み方をする地名

『蛮語箋』	『改正増補蛮語箋』
那多里亞　ナトリヤ○アジヤ、トルコ	那多里亞　ナトリヤ　natolia

『改正増補蛮語箋』の音訳の原則では「ナトリア」となるはずであるが、こ
こは「ナトリヤ」と訳しており、誤刻の可能性も考えられる。

⑦「ヤ」と「無音＋ランド」の対応（2例）

表13 「ヤ」と「無音＋ランド」の対応の読み方をする地名

『蛮語箋』	『改正増補蛮語箋』
蘇亦徴亞　スウェチヤ 思可思亞　スコシヤ	赫爾勿菱亞　スウィッツェル、ランド zwitserland 思可齊亞　スコット、ランド schotland

⑧両書とも「亞無訳＋ランド」（1例）

表14 両書とも「亞無訳＋ランド」の読み方をする地名

『蛮語箋』	『改正増補蛮語箋』
蠟皮亞　ラプランド	蝋皮亞　ラップランド lapland

⑨「長音」と「ア」の対応（1例）

表15 「長音」と「ア」の対応の読み方をする地名

『蛮語箋』	『改正増補蛮語箋』
撒而地泥亞　サルチニー	撒而地泥亞　サルディニア sardinia

⑩『蛮語箋』では語尾「亞」であるが、『改正増補蛮語箋』では異称のため比較しないもの（5例）

表16 異称のため比較できない読み方をする地名

『蛮語箋』	『改正増補蛮語箋』
入爾馬泥亞　ゼルマニヤ○又ホーゴドイツ	黄旗　ドイツランド duitsland即熱爾瑪尼亞又獨逸
没斯箇未亞　ムスコビヤ○又魯西亞rロシヤ	俄羅斯　リユスランド rusland
譜入利亞　アンゲリヤ	英吉利　エンゲランド engeland
（喜百尓尼亞　ヒペルニア）	（意而蘭土　イ丶ルランド）
巴剌孤亞　パラグア	把辣晩　バラウアン palawan

　このように両書の対応関係には「ヤ」と「ア」の対応だけではない様々なケースが見られる。両書の地名翻訳は、まず音訳を与え、次いで漢字を与え

158　第2部　外国地名資料についての研究

たもの、若しくはその二つの作業が別々に行われたものと考えるべきである。決して漢字表記に基づいて読みをあてていったものではない。また、音訳にあたっては、『蛮語箋』は主としてオランダ人の発音の聴取に、一方『改正増補蛮語箋』は主としてオランダ語綴りに依拠している。そうした原則に加えて、伝統的な読み方の影響なども残っていた。

おわりに

　『改正増補蛮語箋』は、『蛮語箋』に対してより新しい又はより詳しい「オランダ渡りの地理書」と「中国渡りの漢訳地理書」を参照して、改訂、削減、増補を行ったようである。この場合に、彼独自の音訳の方針として、語尾の「亞、-a」等に関して「ヤ」と読むべきではなく「ア」とすべきという意識が見られた。『蛮語箋』の5部門を『改正増補蛮語箋』では10部門に分け、読者の便をはかっているかのようであるが、それもおそらく、そのような部門を有した地理書を参照した結果ではなかろうか。それ故、『蛮語箋』と較べると、漢訳表記については異なるものが多く、オランダ語の音写については、「ヤ」を「ア、イア」としたり、「ラウ」を「ラヲ」としたり、「ペグウ」を「ペギュ」としたり、多くの違いが生じている。

　『蛮語箋』の「亞瑪作搦」をアジア州より削除したのも、『改正増補蛮語箋』の改正のように見えるが、森島中良の見た本には、そう記載されていた蓋然性が高い[27]。

　また、両書がすべての地名にオランダ語の音訳を与えたのは、時代的にそうすることが許される状況になっていたためであろう。森島中良については、初めて日蘭辞典を作るに当たっての工夫、即ち、日本人学習者にとって必要な日常単語を選別・類聚し、そのオランダ語発音をネイティヴ・スピーカーの発音に基づいて示したことが窺える。箕作阮甫については、『蛮語箋』を土台としてその編纂法を援用しつつ、新訳の地名（オーストラリア洲）とオランダ語表記とその発音を加えることができたのである。当時の江戸の蘭学界では阮甫の属する大槻玄沢の学統と桂川甫周の学統が競い合っていたとい

う[28]。『改正増補蛮語箋』もそうした学問環境の下で作られた書である。

　『改正増補蛮語箋』は、『蛮語箋』をもととし、英学重視に移行前の最後尾のオランダ語辞書のひとつであった。地理の部に関しては、『蛮語箋』に手を入れたというよりも、全く別の地理書を参照して、置き換えたものとみなすのが妥当であろう。地名の音写法には訳者のこだわりがあり、従前の漢訳書を見ていても、オランダ語表記に添って読み方をあえて変え、記したのである。なぜならこの書が「オランダ語」を示す辞書であるからである。

追記

　「蛮語」とは、ここでは「オランダ語」を指しているのであるが、一般的には、中国、韓国等のアジア以外の「外国語」の意味で使用されている。当時、幕府公認の貿易国は、中国とオランダであったが、中国も外国を蛮夷（四夷）等と呼んでいた。日本では、中国語は「唐語・唐話」と呼び、外国語といえばオランダ語を指していた。天保の頃には、蘭学学徒を「蛮社の徒」と呼んだ。高野長英・渡辺崋山が犠牲となった「蛮社の獄」（1839年）という蘭学者弾圧事件もあった。「蛮舶」を「外國の船」と説明する（『國史略字類大全』1881〈明治14〉）書物もある。文化8年（1811）江戸におかれた「蛮書和解御用」は「外交文書の調査・翻訳、蘭書の翻訳等をした機関」である。後には、英語、ロシア語、フランス語、ドイツ語、イタリア語をも翻訳することになる。通訳は、「唐通事、阿蘭陀通詞」という町年寄管下の地役人であった。幕府に関わる人々は「オランダ」と呼び、社会一般には「蛮」という漠然とした呼び方が通用していた。「箋」とは、「ときあかし、注解」（諸橋轍次『大漢和辞典』による）の意味であろう。

160　第2部　外国地名資料についての研究

表17　同一地名の比較（全178－9語）

『蛮語箋』	『改正増補蛮語箋』	分類
亞蠟罕　アラカン	亞蠟罕　アラカン arrakan	
滿刺加　マラッカ○又麻六甲	滿刺加　マラッカ malakka	
麻刺抜尓　マラバル	麻刺抜爾　マラバル malabar	
臥亞　ゴア	臥亞　ゴア goa	
那多里亞　ナトリヤ○アジヤ、トルコ	那多里亞　ナトリヤ natolia	
及禄勒　ギロ、	及禄勒　ギロ、 gilolo	
番達　バンダ	番達　バンダ banda	
錫蘭　セイロン○又齊狼	錫蘭　セイロン cijlon	
福楞察　フロレンセ	福楞察　フロレンセ florence	
彌郎　ミラーン	彌郎　ミラーン milaan	
則蘭土　ゼーランド	則蘭土　ゼーランド zeeland	
尖山島　スピッツベルゲン	尖山　スピッツベルゲン spitsbergen	a
巴尓巴利亞　バルバリア	巴爾巴里亞　バルバリア barbaria	
沙拉　サーラ	沙拉　サーラ sahara	
喜望峰　グーデ、ホープ	喜望峰　カープ デ グーデ ホープ caap de goede hoop	
亞毘心域　アビシニー	亞毘心域　アビシニー abissinie	
馬拿莫太巴　モノモ、タッパ	馬拿莫太巴　モノモタッパ monomotapa	
濟歴湖　サイレ、ラクス	濟歴河　サイレ リフィール zaire river	
南亞墨利加之部　rソイドアメリカ	○南北米里堅　zuid en noord america	
北亞墨利加之部　rノールドアメリカ　d南北ニ分ツ	○南北米里堅　ソイド エン ノールド アメリカ	

1.『蛮語箋』と『改正増補蛮語箋』の外国地名について　161

聖老楞佐河　シント、ラウレンス	聖老楞佐河　シント ラゥレンス リフィールst. laurens rivier	
勿羅洛多　フロリダ○花地ナリ	花地　フロリダ florida	a、c
亞細亞之部　rアジヤ	○亞細亞　アジア Asia	
日本　ヤッパン○ヤポ子ーセン（日本　ヤッパン）	日本　ニッポン nippon	
彌亞可　Lケウー　ミヤコ（京都ミヤコ）	彌亞可　ミアコ miaco	
長城　ミューレン、ハン、シーナ	長城　コロスサーレン ミュール kolossalen muur	
意貌山　イマース、ベルゲ	意貌山　ヒムマライヤ himmalaja イマウス jimaus	
蒙古　モンガリヤ	蒙古　モンゴレン mongolen	
止白里　シビリ	止白里　シベリー siberie	
老檛　ラウ	老檛　ラヲス　ラヲ laos lao	
琶牛　ペグウ	琶牛　ペギュ pegu	
東埔塞　カムボーシヤ	東埔塞　カムボヂヤ chanbodia	b
暹羅　シヤム	暹羅　シアム siam	
北高海　カスピス、ゼー	北高海　カスピセゼー kaspische zee	
黙德那　メテナ	黙德那　メジナ medina	
如德亞　ジューデヤ	如德亞　ヂュデア judea	
呂宋　ルコーニヤ	呂宋　リュコン lucon	
馬路古　マロコ	馬路古諸島　モリュクセ エイランデン moluksche eilanden	
食力百私　セレペス	食力百私　セレベス celebes	
文郎馬神　バンジヤラマシン○渤泥ノ地	文郎馬神　バンヤルマスシング banjermassing	
爪哇　ジヤワ	爪哇　イアフア java	

162　第2部　外国地名資料についての研究

樂德　ロツテス	樂德　ロデュス rhodus
甘的亞　カンデヤ	甘的亞　カンディア candia
馬児太　マルタ	馬兒太　マルター malta
齊西里亞　シ、リヤ	齊西里亞　シシリア sicilie
撒而地泥亞　サルチニー	撒而地泥亞　サルディニア sardinia
野非加　ヱピカ	野非加　イーフィカ ijvica
里斯波亞　リスボン○ポルトガル之都	里斯波亞　リスサボン lissabon
得苦河　テーク、ルヒール	得苦河　ターグ taag
意太里亜　イタリヤ	意太里亜　イタリア itaria
牙而百山　ヤルペス　ベルゲ	牙而百山脈　アルペン ゲベルグテ alpengebergte
納波里　ナペルス	納波里　ナーペルス napels
熱拏亞　ゼヌア	熱弩亞　ゼニュア genua
波羅泥亞　ホロニヤ	波羅泥亞　ポロニア polonia
蠟皮亞　ラプランド	蝋皮亞　ラップランド lapland
都尼素　ツニス	都尼素　テュニス tnis
亞尔日尓　アルゲル	亞爾日爾　アルギール algir
皮力土尓熱利土　ペレトルゲリット	皮力土爾熱利土　ビレデュルゲリッド biledulgerid
工鄂　コンゴ	工鄂　コンゴー congo
喝呎布刺　カハフラ	喝呎布刺　カッフル caffer
門沙皮刻　モサンビキ	門沙皮刻　モサムビックェ mosambisque
賛西抜尓　サンギバル	賛西抜爾　サングュエバル zanguebar
訝德児　アテル	訝德兒　アデル adel

b

陁入多　エゲプテ	陁入多　エゲイプテ egijpte	
奴皮亞　ヌービヤ	奴皮亞　ニュビー nubie	
月山　マーンベルゲ	月山　マーンベルグ maanberg	
祖法臘　サハラ	祖法臘　サファラ safara	
大西洋　ウェステル、ヲセアン	大西洋　ウェステル ヲセアーン westeroceaan	b
臥児狼德　グルウンランド○夜国ナリ	臥兒狼德　グルーン ランド groenland	
伯西兒　ブラシリイ	伯西兒　ブラシリー brazilie	
巴太温　パタゴニヤ○大人国ナリ	巴太温（旁は、慍の旁）　パタゴニー patagonie	
古巴　クーパ○以下海嶋	古巴　キュバ cuba	
印度 Lテンヂク　インデヤ○又應帝亞（天竺インデヤ）	印度　インデア jndea	b、a
支那　シーナ（唐　シーナ）	震旦　シーナ china	
（阿瑪港　マカヲ）	澳門　マカヲ macao	
加尓加斯　カルカス	喀而喀　カルカス chalkas	
阿比河　ヲビ、ルヒール	鄂布河　ヲビリフィール obirivier	
榜葛刺　ベンガラ	孟加刺　ベンガラ bengala	
印度厮當　インドスタン	印度斯當　インドスタン indstan	
亞私太蠟罕　アスタラカン	亞斯太臘干　アスタラカン astrakan	c
墨加　メッカ	黙加　メッカ meca	
亞尓黙尼亞　アルメニヤ	亞爾黙尼亞　アルメニア armenia	
泯太脳　ミンダノ	泯大脳　ミンダノ mindano	
地木児　チモル	池問　チモル timor	
渤泥　ボル子ヲ	浡泥　ボル子ヲ borneo	
克尓西革　コルシカ	哥爾西加　コルシカ corusica	

164 第2部 外国地名資料についての研究

邏瑪　ローマ	哪瑪　ローマ roma	
松度　ソンド	松土峽　ソンド　ストラート sond straat	
亞弗利加之部　rアフリカ　d利未亞　rリビヤ	○亞弗里加　アフリカ Africa	
亞太蠟山　アタラス	亞太臙山脈　アタラスゲベルグテ athlas gebergte	
麻打葛矢葛尓　マダガスカル○聖労冷祖ノ一名	嗎里牙氏藺　マダガスカル madagaskar	c
聖多黙嶋　シント、トーマス	聖多黙斯島　シントトーマス sinthomas	
亭露　ペーリュー	白露　ペーリュー peru	
利瑪　リマ	里麻　リマ lima	
牙賣加　ヤマイカ	牙埋加　ヤマイカ jamaica	
度茗臥　ドミンゴ	獨眠悟　ドミンゴ domingo	
崎礐　ナンガサキ（長崎　ナンガサキ）	長崎　ナンガサキ nangasaki	c（a）
歐羅巴之部	○歐邏巴　エウローパ Europa	c、d
沙瓦里印　サハリン	薩哈連　サガリーン sagalien	
（朝鮮　コレヤ）	高麗　コレア korea	
韃而靼　タルタリヤ	韃靼　タルタリア tariarta	
葛謨矢葛突葛　カモシヤツカ	加謨沙斯科　カムシヤヅカ kamtschatka	
各正　コシン、シーナ○又交趾	交趾　コシンシナ cochinchina	d
得白得　チペト	圖白得　テベット thebbet　唐吐蕃今康衛藏地	
安日河　ガンケス、ルヒール	安義江　ガンゲス リフィール ganges rivier	
巴爾西亞　ハルシヤ	包社　ペルシア	

1.『蛮語箋』と『改正増補蛮語箋』の外国地名について　165

亞剌比亞　アラビヤ	亞臘比亞　アラビー arabie
西里亞　セーリヤ	西里牙　シイリー sijrie
都児格　トルコ	東多爾其　テュルキイ turkije
大灣　ホルモーサ○以下ハ海島ノ名ナリ	臺湾　フォルモザ formosa
非利皮那　ヒリピンス	非里非那諸島　ヒリッペインセ エイランデン philippijnsch eilanden
諳僕意那　アンボイナ	安貝那　アムボイナ amboina
設蘭　セイラン	西蘭　セラム ceram
跋太亞盼亞　バターヒヤ○爪哇ノ都	抜荅盼亞　バターフィア batavia
沙哥多剌　ワコトラ	沙格多剌島　エイラント　ソコトリア eil. Socotria
止波里　シペリ○地中海ノ内ニアリ	際波里　セイプリュス cijprus
萬島　マルヂベス	馬兒地襪諸島　マルディフィセエ イランデン maldivische eilansen
馬與里革　マヨリカ	馬玉爾革　マヨルカ majorca
米諾里革　ミノリカ	米諾爾革　ミノルカ minorca
伊斯把泥亞　イスパニヤ	是班呀　イスパニア hispania
波尓杜瓦尓　ポルトガル	葡萄牙　ポルテュガル portugal
拂郎察　フランス	佛蘭西　フランクレイキ frankurijk
把理斯　パリス○同上ノ都	巴里斯　パレイス paris
勿搦茶　ヘ子チア	勿搦祭亞　フェ子チア venetia
入爾馬泥亞　ゼルマニヤ○又ホーゴドイツ	黄旗　ドイツランド duitsland　即熱爾瑪尼亞又獨逸
翁加里亞　ヲンガリヤ	挽雅　ヲンガリー hongarij
厄力西亞　ゲレシヤ○今ハ亞細亞ノ都児格ヨリ都城ヲ築ク	厄勒祭亞　ギリーケン　ランド griekenland

166 第2部 外国地名資料についての研究

公斯當丁那波里　コンスタンチンナポリ○同上ノ都	公斯瑙丁諾波兒　コンスタンチノポル konsrantinopel
没斯箇未亞　ムスコビヤ○又魯西亞rロシヤ	俄羅斯　リユスランド rusland
没斯箇烏　ムスクワ○同上ノ都	莫斯科窪　モスコウ moskou
諾尓勿入亞　ノールウェギヤ	諾爾勿惹亞　ノールウェーゲン noorwegen
蘇亦徴亞　スウェチヤ	赫爾勿萋亞　スウィッツェルランド zwitserland
窩々所的海　ヲーステ、ゼー	東海　ヲ、ストゼー oostzee即窩窩所德海
渤太尼色湾　ボタニセ○以下湾	波甸海　ボトニセ ゴルフ botthnische golf
第那瑪尓加　デイヌマルカ	弟那瑪爾加　デ子マルカ denemarka
則蘭土　ゼーランド	熱蘭土　セーランド seeland
加的瓦土　カッテカット	喝的合杜　カッテガット kattegat
業謁垤尓蘭杜　子ーデルランド	涅垤耳蘭田　子ーデルランデン nederlanden
大貌利太泥亞　ゴロート、ポルタニヤ○以下海嶋	大蒲里丹尼亞　ゴロートブリタニー groot britanje
思可思亞　スコシヤ	思可齊亞　スコット、ランド schotland
意尓蘭太　イールランド	意而蘭土　イ、ルランド jerland
依蘭地　ヱイスランド	依蘭土　イ、スランド ijsland
非土蘭地　ヒトランド	皮多蘭土諸島　ヒットランドアルシペル hitland archipel
新増白 |蠟か|　ノーハ、センブラ	新増白臘　ノーファ セムブラ nova zembla

1. 『蛮語箋』と『改正増補蛮語箋』の外国地名について　167

孛刺牟色　フラムセ	佛刺莫諸島　フラームセ エイランデン vlaamsche eilanden
馬路古　マロク	馬邏可　マロッコ marokko
佛沙　ヘッツ	弗沙　フェスサ fessa
泥利德　ニグリチヤ○黒人国ナリ	泥叉利西亞　ニギリチア nigritia 黒人國
入匿亞　ギ子ヤ	闇 ロ年　ギュイ子ア guinea
泥羅河　ニーロ	泥禄河　ニール リフィール nijl rivier
謨納厄牟機　モノエムキ	模奴模叉　モノモギ monomogi
沙哥多刺　ソコトラ	沙格多刺島　エイラント ソコトリア eil. Socotria
葛不歇尔埑　カポヘルデ	緑峰島　カープ フェルディス エイランド caap verdish eilsnd
洛勿洛多　ラフラドル	農地　ラブラドル labrader
加拿太　カナタ	客納太　カナダ canada
阿非河　ヲビヲ	阿比窩河　ヲイヲ リフィール ohio rivier
米止止筆河　ミシ丶ピ	米止斯止筆河　ミスシスシッピ リフィール mississippi river
新墨是可　ノーハ、メキシュ○同上ノ一名	新黙時科　ニイーウ メキシコ nieuw mexico
角利勿尔尼亞　カリホルニヤ	角里伏儞儞亞　カリフォルニー californie
新伊西把泥亞　ノーハ、イスパニヤ	新寔班呀　ニイーウ スパニー nieuwe spanie
阿力諾既河　ヲレノクエ	阿里那格河　ヲリノコ リフィール orinoco rivier
亞馬作搦　アマサン○女国ナリ	阿瑪作搦川　アマソ子ン リフィール amazonen rivier

d

168 第2部 外国地名資料についての研究

祈多故私可　キツトクス	吉多　キュイト quito	
智里　チーリ	智利　シリー chilie	
得尓諾発　テラノーハ	的而列匿烏歇　テルレ 子ユフェ tterre neuve	d
安知里　アンチリ	安窒耳列島　アンチルレス　エイランド antilles eiland	
雪際亞　スウェイデン	口瑞國　スウェーデン zweeden即蘇亦齊、又雪際亞	d、b
和蘭地　ホルランド○喝蘭、荷蘭、法蘭得斯トモ云紅毛ノ事ナリ	荷蘭土　ヲルランド holland	d、b
銀河　シルヘル、ルヒール○又ラプラタ	大東銀河　リオ デ ラプラタ rio de laplata	d、c

＊（　）は『蛮語箋』の「地理」部門の表記。

注

1）　杉本つとむ編『蛮語箋』（皓星社2000）も参照した。

2）　京都女子大学蔵本『類聚紅毛語譯』（写本）で確認したところ、内容において、誤写と思われる箇所があるが、大きな違いはない。この本では、序文（漢文）と「月池桂國瑞書」、題言に文と「桂川甫齋中良撰」、最後の丁に跋文として、漢文と「蒲蘆居士葛質題」とがある。『蛮語箋』には、序文の位置に漢文と「蒲蘆居士葛質題」があり、序文（漢文）と「月池桂國瑞書」が無く、題言に署名が無い。岡田袈裟男『江戸の翻訳空間　蘭語・唐語語彙の表出機構』（笠間書院1991）には、「『類聚紅毛語譯』と『蛮語箋』の間に、本文上の差違はまったくみられなかった。」（p.80）とあり、前掲杉本つとむ編『蛮語箋』にも言及がある。

3）　櫻井豪人『類聚紅毛語訳・改正増補蛮語箋・英語箋』（港の人2005）。

4）　石上敏「『蛮語箋』追考」（『岡大国文論稿』2002.3）。

5）　岡田袈裟男「唐話・オランダ語・日本語対照辞典としての『改正増補蛮語箋』」（『立正大学人文科学研究所年報』（39）2001、後に岡田袈裟男『江戸の翻訳空間　蘭語・唐語語彙の表出機構』所収）によれば「この、〈序文〉により、本書の成立については、中良の平生収集していた蘭語に端を発し、〈平常在口頭〉にあるものを収録し、一本と成したことがひとまずわかった」とされる。

1.『蛮語箋』と『改正増補蛮語箋』の外国地名について　169

6）　櫻井豪人「『改正増補蛮語箋』の書誌と出版事情」（『人文科学論集』（40）2003）、木下哲男「『改正増補蛮語箋』の成立と各種版本の比較」（『防衛大学紀要』83、2001）。

7）　地理の部以外の比較については、櫻井豪人「『改正増補蛮語箋』の編纂方法について」（『名古屋大学国語国文学』1988）がある。

8）　注5の岡田袈裟男『江戸の翻訳空間　蘭語・唐語語彙の表出機構』による。

9）　西洋人臣蔣友仁奉旨譜譯、錢大昕等修改、1767年訳『四庫全書総目提要』（中華書局出版1985による）によれば、蔣友仁はフランス人、1744年入中国、耶蘇会士とのことである。

10）　外題、内題は「坤輿全圖説」であるが、序文には「坤輿圖説序」とある。調査は序文1801年橘春暉撰、抜文1802年一長山人撰、版元不明、神戸大学図書館蔵の版本によった。序文の中で「余力及地理頃獲地球全圖　蓋為明人精通西洋學者所作也」とある。在華西洋人の著であろうが、撰者の判断では、明人著「地球全圖」とされる本をみているのである。これは『坤輿萬國全圖』等を指す可能性が高い。白石が利瑪竇を明人と誤解したことと同じ発想である。

11）　羽田亨編、鮎澤信太郎等著『日本人の海外知識』（原書房1978〈原1953〉）、鮎澤信太郎著『地理學史の研究』（原書房1980、原本は1948）による。鮎澤信太郎によれば、「桂川国瑞著『新製地球萬國圖説』はヨアン・フラウの世界圖をもととしている。翻訳にいう「圖説」は利瑪竇の世界圖説であろう。」と述べられる（『地理學史の研究』p.218）。

12）　中国科学院図書館『続修四庫全書総目提要』の説明による。

13）　鮎澤信太郎は、國瑞の「明人ノ坤輿圖説」について「利瑪竇『坤輿萬國全圖』や艾儒略『職方外紀』を指すものであろう。」と述べる（『地理學史の研究』p.218、p.288）。

14）　櫻井豪人「『類聚紅毛語譯』附録『万国地名箋』について」（『語彙研究の課題』和泉書院2004、p.298）。

15）　両者での比較ができない9地名は以下のとおりである。

『蛮語箋』	『改正増補蛮語箋』	
福嶋　テン子リフ○以下海嶋	福島諸島　カナリセ　エイランデン kanarische eilanden	b＜異名
聖多黙　シントメ	穀羅滿埡兒　コロマンデル coromander	d＜異名
強盗嶋　ラトロニス○ヂーヘン、エイランド	悪黨　マグダレ　エイランデン magdale eilanden	d＜異名

170 第2部　外国地名資料についての研究

諳入利亞　アンゲリヤ	英吉利　エンゲランド engeland	d＜異原語
喜百尔尼亞　ヒペルニア	（意而蘭土　イルランド）	d＜異原語
大西洋　ウェステル　ヲセアン	亞太臘海　アタランチセ atlantische zee	d＜異名
聖劳冷祖嶌　シント、ラ・ウレンス	（嗎里牙氏藺　マダガスカル mada-gaskar）	d＜異名
得尔歇鳥臥　テラヘフゴ	火地　ヒュールランド vuurland	d＜異名
巴刺孤亞　パラグア	把辣晩　バラウアン palawan	d＜旧称

＊（　）は同一地名と重複している地名。

16) 長久保赤水『改正地球萬國全圖』（1785頃）には「ヒアルニア」とあり、マテオ・リッチ『坤輿萬國全圖』では「喜白泥亞」とあり、「職方外紀」では「意而蘭土」とある。

17) 本書の「ロシア、スペイン」についての図を参照いただきたい（p.81〈図12〉・P.88〈図13〉・P.100〈図15〉、P.113〈図17〉・P.116〈図18〉・P.126〈図20〉）。

18) 注10の版本に同じ。

19) モンゴメリー・マーティン編、井上健監訳（同朋舎出版1992、p.110 ）による。

20) 杉本つとむ編『蛮語箋』（皓星社2000）「〈錫蘭　セイロン○又斉狼〉・〈設蘭　セイラン〉と同じものが別々のところに示されている。〈セイロン〉と〈セイラン〉とを別のものと誤解していたのだろうか（ともに〈セイロン〉のはずである）。」（p.195）とする。

21) 今泉定介編輯『新井白石全集　第三』（國書刊行會1906の翻刻、p.654、p.655）。但しこの書は「外国通信事略」の附録としてあり、解説によると、後人増補であろうとのことであるから、時代は、白石の時より下ろう。

22) 『新井白石全集　第四』（國書刊行會1906の翻刻、p.836、p.846）による。

23) 瓜生寅訳補『マルコポロ紀行』（博文館1912）による。

24) 『蛮語箋』（注20に同じ）に「〈墨瓦蠟尼加　メガラニキヤ〉を加えている。中良のいう〈大東洋〉である。」（p.197）とある。

25) 「大東洋」「小東洋」のある地図は、山田聯『地球輿地全圖』（1810）、橋本宗吉『喎蘭新訳地球全圖』（1796）。ともに、織田武雄等編『日本古地図大成　世界図編』講談社1975による。合衆國禕理哲著述　箕作阮甫訓点『地球説畧』（1860、もと寧波華花書房1856、老皀館蔵梓、架蔵本）でも、「大東洋」を現「太平洋」と同じ海を指す語として使用している。

26)　オルテリウス「世界図」(1587) 及びベルチウス「アジア図」(1610) の複製による。現在ではオランダ語でCambodja、英語でCambodiaである。

27)　森島中良『萬國新話』(巻其一、須原屋市兵衛1789) に次のように書いている。「女國亞媽撒搦」(前略) 家兄の訳説に曰く、古「インデヤ」の西北に「アマサ子」國あり。すなはち女國なり。今は亡びたり。又南亞墨利加洲中に「アマサン」亞媽鑽といふ國あり。此地に大山あり。其山中には婦人のみ居住す。春毎に他所の男子を掠め行て合歓をなす。もし平日此山中に迷ひ入る男子ある時は、矢庭に是を射殺すとぞ。其婦人の行跡 (ふるまひ) 亜細亜洲中の女國に似たる故、「アマサン」と名づけたるよしなり。「アマサン」は「アマサ子」なり。「アマサン」は今猶存す。家兄訳する所の「コウランドトルコ」書名中の説なり。また、艾儒略撰　清祚錫之校刊『職方外紀』(神戸市立博物館蔵書)「亞細亞」の部に「韃而靼東北諸種也、迤西旧女國、曰亞瑪作搦」とある。マテオ・リッチ系の地図では、「女人國」とある。

28)　呉秀三『箕作阮甫』(原本は1914、思文閣出版1971復刻) 所収「富士川游氏演説の文」p.1、p.2、p.3参照。

2. 二種の『改正増補英語箋』の外国地名について

　『改正増補英語箋』と題する書には二種あり、そのいずれにも附録に世界地名が記されている。これらの本は以下の書物から発展し出版された[1]。『蛮語箋』[2] → 『改正増補蛮語箋』[3] → 『英語箋』[4] → 『改正増補英語箋』。さらに『改正増補英語箋』の附録本として便静居主人校訂『英語會話編』と卜部氏訳『通辨獨學』の二種類である。

　前章で調査した『蛮語箋』と『改正増補蛮語箋』はオランダ語辞典である。これらの巻末にも世界地名が記載されている。一方、『英語箋』には世界地名の掲載はなく、『改正増補英語箋』で世界地名が附録として記載されるようになった。櫻井豪人は便静居主人校訂本を「東京版」、卜部氏訳本を「大阪版」と呼んでいるが、筆者もこれに倣うこととする。この両書の世界地名の典拠については、『日本英学資料解題』[5]では触れられておらず、先行論文等も存在しない。

2.1　東京版『改正増補英語箋』附録の世界地名の典拠本について

2.1.1　「東京版」と『六大洲國盡』の比較

　「東京版」に記載された地名と類似した地名が記載されている書物がある。それは同じ版元が1871年に出版した『六大洲國盡』[6]である。「東京版」の出版は1872年であり、この『六大洲國盡』を参照することができた。「東京版」各項は二段で「漢字地名（傍書仮名付き）・英語地名（傍書仮名付き）」（縦書きで、英語地名のみ本を横にして筆記体）のように記載されている。また、『六大洲國盡』各項は四段で「漢字地名・英語大文字書（傍書仮名付き）・英語小文字書・英語筆記体書」（横書き、左から右へ書き、日本語「序文」も左行から右行へ書く。左開き本である。本章では省略して引用する）のように記載されている。

174　第2部　外国地名資料についての研究

　筆者は『六大洲國盡』と比較することで、「東京版」の世界地名の典拠本が窺えると考える。以下に、典拠本に関する考察について5点をあげ、各々解説する。

　2.1.2 両書の部立てとその順序の一致

　2.1.3 「東京版」の地名と両書の地名の一致

　2.1.4 「東京版」の誤写の検討

　2.1.5 両書の各洲地名の記載順について

　2.1.6 両書の典拠本（参照文献および地図）の出版年

2.1.2　両書の部立てとその順序の一致

表1　「東京版」と『六大洲國盡』の比較

部立て	「東京版」（五洲國号）	項数	『六大洲國盡』	項数
亜洲	亞西亞洲之部	57	亜細亜	47
歐洲	歐羅巴洲之部	49	歐羅巴	41
弗洲	亜弗利加洲之部	12	亜非利加	12
	東アフリカ	4	東部亜非利加	4
	西アフリカ	5	西部亜非利加	5
	南アフリカ	5	南部亜非利加	5
	中アフリカ	9	中部亜非利加	9
大洋洲	海國	20	海國	20
南米洲	南亞墨利加洲之部	23	南米利堅	23
北米洲	北亞米理加洲之部	16	北米利堅	14
海洋	海名	10	（部名無し）	10
合計		210		190

＊内題・尾題・海名項は含まない。

　表1に示すように、「東京版」と『六大洲國盡』は、その部立てと記載順序が全く同一である。特徴は、アフリカを4つに下位分類していること、「南アメリカ、北アメリカ」の順（外国書では先に「北アメリカ」が一般的であるが、日本語の言い回しに「東西南北」があり、その順にしたことが考

えられる）となっていることである。「東京版」記載地名は『六大洲國盡』
と英語地名に関して同じ外国書を参照したか、『六大洲國盡』を参照したか
のいずれかであると考えられる。『六大洲國盡』ではすべての項に英語地名
と読みの片仮名がほぼ正確に明記されている。「東京版」では、アフリカの
下位分類４項と海國１項については、本文で国名等と同列に記載されている
ため英語書きがあるが、部立てには漢字（傍書仮名付き）のみをあて、英語
地名の記載が無い（即ち、「洲之部」がつく５項と「海名」の１項には英語
地名が無い）。但し、国名に「中亜米利加」があるので、これには英語地名
が記載されている（アジアとヨーロッパの英語表記は書かれていない）。

　項目数については、「東京版」では『六大洲國盡』に比べてアジアで10項、
ヨーロッパで８項、北アメリカで２項の増加がある。増加項数がすべて偶数
個であるのは、一行に地名が２項記載される形式であり、空白を作らないた
めであろう。アフリカ、オセアニア、南アメリカ、海名では、項数が等しい。
このことから「東京版」五洲國号は、『六大洲國盡』の増補版としての体裁
を持つと言える。

2.1.3　「東京版」の地名と両書の地名の一致

部立て地名の漢字表記

　「東京版」の部立ての漢字地名の右傍書については、「海國・Oceania」に
のみ片仮名傍書が無い。他は漢字のすべてに（「付録、東、西、南、中」に
も）片仮名傍書がある。傍書片仮名の余白が存在しないため書き忘れは考
え難く、オセアニアの意訳である「海國」を自ら訳していないかであろう。

　『六大洲國盡』の部立て地名では「亜細亜、欧羅巴、亜非利加、南米利堅、
北米利堅」とあり、これ以外に題箋に「米利賢、亜弗利加」、説明文中に
「亜布利加、亜米利加、亜墨利加」（巻二８オ、15オ）の表記も見られる。ア
メリカに４種、アフリカに３種の異表記が記載されている。

　「東京版」のアメリカの漢字表記は、部立ての２種「南亞墨利加、北亞米
理加」以外に「中亜米利加」があり、計３種が記載されている。

　五大洲については、「東京版」記載の「亞西亞、亞米理加」が『六大洲國

176　第2部　外国地名資料についての研究

盡』の「亜細亜、亜米利加」と異なっている。このように細部に違いがある
のは、「東京版」には別の参照書物があったか、自ら漢字を当てたかのいず
れかである。それに関して「東京版」に関係があると思われる他の書物と、
当時広く流布した関連書を見ておく。

「アジア」については、『蛮語箋』『改正増補蛮語箋』『世界國盡』[7]（1869）、
『輿地誌略』[8]（1870）では「亜細亜」と記載されている。『海國圖志』[9]
（1852）では「阿細亜、亜細亜、亜齊亜、阿悉亞」等と記載されている。「東
京版」の「亞西亞」と同じ記載があるのは以下の書物である。『洋學便覧』
[10]（1866）では「亜細亜、亜西亜、阿細亜」、『地理全志』[11]（1858）では
「亜西亜」、『中外新聞』[12]（第25号1868）では「亜細亜、亜西亜略圖（書名）」
と記載されている。

また、「アメリカ」については、『蛮語箋』では「亜墨利加」、『地理全志』
では「亜墨利加、米利堅、花旗」、『改正増補蛮語箋』では「米里堅」、『世界
國盡』では「亜米利加」、『洋學便覧』では「米利堅、美理格、亜墨利加、亞
美理格」と記載されている。『輿地誌略』（1870）では本文で主に「亜米利
加」を使用し、地図・本文で「米利堅合衆國、亜米理加」も使用されている。
このように、「東京版」の「亜西亜、亜墨利加、亜米理加」の全てが一冊で
見られる先行書は見当たらない。『輿地誌略』『地理全志』『洋學便覧』等複
数の書物を参照した可能性があるといえる。

但し、アメリカの「リ」に関しては、「理、里、利」は通用して記載され
る。『海國圖志』ではアメリカを「彌利堅、美利哥、美理哥、美里哥、墨利
加、黙利加、亜黙利加、亜美利駕、亜美里加」と記載している。これらは日
本漢字音でも「リ」と読む漢字である。『六大洲國盡』の類字表記「亜米利
加」の「利」を「理」と変えて記載しただけかもしれない。

「アフリカ」については、『六大洲國盡』の本文では「亜非利加」に統一さ
れているが、「東京版」では「亜弗利加」とし、部立て下位項では「アフリ
カ」と片仮名表記がある。参照した別本（『六大洲國盡』も含めて）に「亜
弗利加」以外の他の表記があり、誤読のないように「片仮名書き」としたこ
とも考えられる。

「東京版」の片仮名地名と両書の地名の一致

表2 「東京版」の漢字および仮名地名数

	亜洲	欧洲	弗洲	南米	北米	海名	題等	合計
漢字表記	44	37	11	7	11	10	3	127
片仮名表記	1	11	44	16	5	0	0	73
無し（同上都）	12	1	0	0	0	0	0	13

　「東京版」の総項目数213のうち、「内題・尾題・海名」の３項を差し引くと、実質地名項目数は210ある。内訳として、漢字地名は127で、片仮名地名が73である。首都地名にはその漢字地名も傍書片仮名も無く「同上都・（オナジクミヤコ）bakhara（バクヘーヤ）」等とする項が13あるが、「同上都（オナジクミヤコ）」と記載する方法はアフリカ洲から後はとられていない。このように、「東京版」ではすべての地名を漢字表記しているわけではない。上にも引用したように地名を漢字表記する先行書は多くあったにもかかわらず、86項（73＋13、約41パーセント）に漢字の記載が無い。誤読のおそれがある場合に、典拠本の漢字表記を片仮名表記に置き換えた、或は英語の発音を写したと考えられる。両書には英語綴りに関して誤写も見られるが、以後の引用はそのままとする。

　片仮名地名は増補した地名にも含まれる。「東京版」の地名「サガレン・sagalien（サガレン）」は、他の書物では「樺太、カラフト、北蝦夷、サハリン」等とも記載される。例えば、古くは「世界図」[13]（1765）に「Sahalien」、1807年に松前若狭守御届「真鍮版◎圖省略其譯文云」[14]に「一千八百六年（中略）自らサハリン島及其土俗等をして（後略）」、『北夷考證』[15]（1809）に「サガリン」、『改正増補蛮語箋』に「薩哈連・sagalien（サガリーン）」と記載されている。東京版には『改正増補蛮語箋』と同じ綴りで「sagalien」と記載され、英語「Saghalien」[16]の綴りとは異なっている。但し、「東京版」では他の地名は全て英語によるものであり、このように「h」が無いのは英語からの誤写と考えるのが妥当である。「東京版」では漢字で記載していないことから、自ら漢字訳をしなかったのは明らかであるが、漢訳書をも見なかったか、参照しても敢えて片仮名書きとしたかである。両書で一致する地名での、片仮名

178　第2部　外国地名資料についての研究

表3　一致する地名数

	亜洲	歐洲	弗洲	南米	北米	海名	合計
同漢字	12	25	5	6	4	9	61
無漢字	7	5	44	16	3	0	75
異漢字	10	11	6	1	6	1	35

＊この表には、ベトナムとビルマの首府である2地名は、遷都により首都名
が異なるため省略した。

表記等の数を表3に示す。

「東京版」の片仮名書き地名と『六大洲國盡』の地名との対応関係は次の
ようになっている。無漢字の内訳は以下の通り。

・両書で一致する地名で、「東京版」では片仮名書きとする…67項

・両書で一致する地名で、「東京版」では「同上都」とする… 8 項

・『六大洲國盡』に記載が無く、「東京版」では片仮名書きとする…追加10
項

・『六大洲國盡』に記載が無く、「東京版」では「同上都」とする…追加3
項

片仮名書きの例として、『六大洲國盡』に見られる「佛郎克佛爾・
FRANKFORT・frankfort・（筆記体）」（フランキホルト）と対応する地名を、「東京版」では
「フランキホルキ・frankfork（筆記体）」（フランキホルキ）のように漢字ではなく「フランキ
ホルキ」と片仮名で記載している。この英語綴りは誤写であり、読みもその
誤写の影響を受けている。活字体文字（外国書又は外国地図）を見て記載し
たとすると、末尾文字「t」を「k」とする誤写は不自然であるので、筆記体
の文字を誤写したか、参照地図の地名記載が小さかったため文字を正確に読
み取れなかったものと考えられる。この例から初めに英語を記し、その読み
を後で付したことが分かる。また地名を漢字で記載しない例として、『六大
洲國盡』の「曾馬利」を「東京版」では「ソマリ」と記載したものがある。
このような地名が全部で67項ある。

次に「同上都」とする例として、『六大洲國盡』でバンコクを「萬國」、ラ
サを「拉薩」とするのに対し、「東京版」では「同上都・bankghon」（ベンクヲン）、「同上

都・lasse」等としている。このような地名が8項ある。

　表3の同漢字地名61項は全体の36パーセント、無漢字75項は全体の44パーセントである。その両者を合わせて80パーセントの地名が一致している。残りの異漢字35地名は次のように分類できる。その内訳について述べる。

　（a）漢字が異なる（20項）

　（b）漢字が類似（13項）

　（c）略称（2項）

　ここで、（a）漢字が異なる（20項）とは、例えば、現チベットを『六大洲國盡』では「西藏」と記載するのに対して、「東京版」では「圖白得」と記載しているような例である。明らかに異なる漢字地名で表す場合を指す。また、（b）漢字が類似（13項）は以下の表4に示すような地名である。

　分類Aは、「東京版」には漢字の順序や文字に誤写があるものである。縦

表4　漢字が類似する地名（13項）

現呼称	分類	『六大洲国盡』	「東京版」
ペテルブルグ	A	彼得	得彼
メキシコ		墨西哥	墨哥西
フレンドリー諸島		明友諸島	明友諸島
ポルトガル	B	葡萄呀	葡萄
ウィーン		維也納	維納
プロシヤ		普魯士	普魯
イタリー	C	以太里	以太利
メリダ		美里達	美利達
アフリカ		亜非利加	亜弗利加
オーストラリア	D	南澳大利亜	南澳太利
オーストラリア		北澳大利亜	北澳太利
オーストラリア		西澳大利亜	西澳太利
タイヘイヨウ		大平洋	太平洋

180 第2部 外国地名資料についての研究

書きに慣れた日本人は右から左へと読みがちである。「得彼」を「彼得」、と「墨哥西」を「墨西哥」と逆順に誤写したと考えられる。「明友諸島」は、本来「フレンドリー」の意訳である「朋友」から「明友」へ、更に「明友」へと誤写したものと推定される。

　分類Bは脱字の例である。「維納」の表記は『西洋紀聞』にも見られるもので、「東京版」で参照した書物の通りに記載した可能性も全く無いとは言えないが、『西洋紀聞』は民間の目には入りにくい写本であったので、誤写の可能性が高いと考えられる。「葡萄」と「普魯」については、「ガル」と「シャ」にあたる漢字が無く不自然であるので省略とは考え難く、これも写す際に一文字脱落したと考えるのが妥当である。

　分類Cは同音字との交替の例である。「里」と「利」、「非」と「弗」の一文字のみ相違し、誤写か別本の参照であるかは確定できない。

　分類Dは「大」と「太」交替の例である。「澳太利」「太平洋」の2地名については漢字一文字の相違はよく見られる。「大」を、日本人が「タ」と読みやすい「太」に変えることは例が多い[17]。さらに、「東京版」はオーストラリア等で語末の「亜」が欠けている。これについては『六大洲國盡』でも説明文（巻二9オ）に「澳太利」の記載があり、これを参照することができたので、大きな相違とは言えない。

　次に、(c) 表5に示す地名の略称（2項）もある。「東京版」の著者は別項で、現カナダを「英吉利アメリカ」と記載しているので、典拠本で既に略称が記載されていたというよりも、著者が参照の際に略記したものと推定される。「蘭」については、他書に「蘭学、蘭人、蘭書」等の記載がある。イギリスについては『中外新聞』でも「英国、英人、英船、英文」等と記載されており、そうした先行例から援用したと考えられる。「国号表」には正式

表5　地名略称（2項）

現呼称	『六大洲國盡』	「東京版」
オランダ	荷蘭	蘭
イギリス	英吉利	英

な名称を記載するのが一般的であり、「東京版」の表記は著者自身による略記であろう。

（b）（c）については、「東京版」は『六大洲國盡』を参照した可能性も考えられ、これらも含めると、80パーセントと合わせ最高で88パーセントが両書の地名として一致することになる。

2.1.4 「東京版」の誤写の検討

本項では、英語の誤写について述べる。同一地を表す地名171項の内、英語地名の誤訳・誤写がある地名は63項存在した（表6、表8（末尾掲載））。以下△は誤写がある地名を示す。

表6　錯誤のある英語地名

誤訳	誤写		
「東京版」のみ	『六大洲』のみ	両書	「東京版」のみ
3	4	11	43

上掲の表6から明らかであるが、「東京版」は『六大洲國盡』に比べ誤写が多い。「東京版」では、誤訳が3例ある。漢字表記は同じ「日本海」であるが、『六大洲國盡』では「sea of japan」と記載、「東京版」では「japan sea」と記載している。同様に、ロシア・アメリカ（現アラスカ）を『六大洲國盡』では「russihn america」（△）、「東京版」では「russia amarica」（△）、イギリス領北アメリカ（現カナダ）を『六大洲國盡』では「British america」、「東京版」では「england amarica」（△）と記載している。同時期の"Grammar of General Geography"によると、「Sea of Japan, Russian America, British North America」と記載されており、『六大洲國盡』はこれとほぼ同様である。一方、「東京版」は接頭語が形容詞になっていない。またアメリカ（America）の三文字目「e」を「a」に誤写しており、活字体ではなく、筆記体を写す際の誤写か発音を聞いて記した誤写と考えられる。偶然オランダ語訳と一致する地名が『六大洲國盡』に1項（ビルマ「birman」）あるが、これも英語「Birmah」の誤写であろう。「東京版」に日本

182　第2部　外国地名資料についての研究

語地名1項（喜望峰「kibouhou」）が見られるが、正しい英語表記ではなく
誤りである（漢字訳に合わせてローマ字表記しただけで英語ではない）。

　「東京版」の誤写の例として、「中アフリカ・cantrel africa」で「central」
の「e、a」を「a、e」としたものがある。先にも挙げた「frankfork」とい
う末尾の「t」を「k」とする誤写は、活字体からの誤写とすると不自然で、
筆記体からの誤写であろう。「明友諸島・frindegisles」（「ly」を「eg」に誤
写）という例もある。これらは読みもその誤写に基づいたものとなってし
まっている。これらアルファベットの誤写については、地図に小さく印刷さ
れていたため見誤った可能性も無いとは言えないが、筆記体の文字から誤写
した可能性が高い。『六大洲國盡』は筆記体を記載するので、「東京版」では
それを参照した可能性もある。

2.1.5　両書の各洲地名の記載順について

表7　一致する地名の項数及び両書の通し番号

	亜洲	欧洲	弗洲	南米	北米	海名
項数	29	41	55	23	13	10
『國盡』	1〜47	48〜88	89〜143	144〜166	167〜180	183〜190
「東京版」	2〜56	59〜107	108〜162	163〜185	186〜201	205〜212

　表7に示すとおり、実際に比較すると、アジア洲では共通項数も通し番号
も違いが大きいが、ヨーロッパ州とアフリカ州では、それぞれ41項と55項の
すべてが全く同じ順序で並べられている。「東京版」のヨーロッパ州では間
に8項を増補しているが、アフリカ州では項数も同じである。また、南アメ
リカ州では1項に順序の乱れがあるのみである。北アメリカ州では、「東京
版」の著者の訂正（ワシントンとメリダ）による順序の乱れがあるが、『六
大洲國盡』の丁付け順に並べられている。「海名」では、漢字表記10項のう
ち「太平洋」の「太」一文字の相違のみで、他は表記も順序も同じである。
このことからも、「東京版」は『六大洲國盡』を基本として作成されたもの
と考えられる。書き始めのアジアの部は他書を参照した可能性があるが、全

体の構成は『六大洲國盡』を参照したことが窺える。

2.1.6 両書の典拠本（参照文献および地図）の出版年

　両書には現在のカナダの旧称地名「イギリスアメリカ」と現在のアラスカ
の旧称地名「ロシアアメリカ」が記載されているので、両書の典拠本は1867
年以前の書物であることが分かる。『六大洲國盡』では、ビルマ（現ミャン
マー）の首都を「阿瓦・ava（アワ）」とし、安南（現ベトナム）の首都を「東京・
tonquin（トンキン）」としている。前地「ava」は1831年に滅亡し、1857年に「Man-
dalay」に新首都が建設された。後地「Tonquin」は1788年までの首都で、
1837年に滅亡した。1802年に「Hue」に遷都している。この両首都について
「東京版」は「madelay」、「hae」と遷都後の新首都に改めている（但し、英
語地名の誤写を含む）。よって、『六大洲國盡』では1831年以前の書（書物又
は地図）が参照され、「東京版」では『六大洲國盡』だけでなく、1857～
1867年の書も参照されたことが分かる。

　以上のことより、便静居主人校訂『改正増補英語箋』の附録に掲載された
世界地名の典拠本は、その漢字地名に関しては、アジア州については別本も
参考としたようであるが、全体の基本構成は『六大洲國盡』に従ったものと
考えられる。英語地名については、一部について『六大洲國盡』より新しい
資料を参照し訂正もしているが、全体的に誤写が多い。このように「東京
版」世界地名は、『六大洲國盡』を手本としつつ、他の書物も参照し、その
地名を増減したり、部分的に抜粋したり、訂正したりして完成させたもので
あることが明らかになった。

表8　両書の誤写

『六大洲國盡』	「東京版」	備考
sea of japan	japan sea□	
russihn america△ britsh /British america	russia amarica△□ england amarica△□	
afganistan△	afghanistan	

184　第 2 部　外国地名資料についての研究

『六大洲國盡』	「東京版」	備考
manilla△	manila	
gondar△	gomdar	
newgranda△	new granada	
anan△	annan△	Anam、Annam
birman（□）	birmar△	Birmah
constantinoble△	constuntinopol△	Constantinople
icland△	ieland△	Iceland
monteVdeo△	montehideo△	Monte Video
santago△	sintyago△	Santiag
quit△	guit△	Quito
mediterranansea/	maditerranan sea△	Mediterranean Sea
Medterranansea△		
spani△	spania△	Spain
pekin	peken△	i → e
bankok	bankghon△	追加
luzon	lazo△	u → a、n→ 脱
formoso	formasa△	o → a
greece	creece△（Gの誤り）	g → c
madrid	madlid△	r → l
switzerland	swetrerland△	i → e
germany	garman△	e → a、y省略
frankfort	frankfork△	t → k
austaria/Austria	austoria△	o → 追加
vienna	vine△	e n→ 脱、a→ e
prussia	prussa△	i → 脱
berlin	berlen△	i → e
hague	hage△	u → 脱
stockholm	stockhorm△	l → r
norway	norvay△	w → v
denmark	danmark△	e → a
copenhagen	cpenhgen△	o、a → 脱
ireland	erland△	i → e、e → 脱
edinburge	edinbury△	g → y、e → 脱
egypt	eggpt△	y → g

2.二種の『改正増補英語箋』の外国地名について　185

『六大洲国盡』	「東京版」	備考
cairo	cuiro△	a → u
mozanbique	mosanbku△	z → s、ique→ ku
lower guina	lwerguina△	o → 脱
capeof goodhope	kibouhou（日本語）	改変
caffraria	capfraria△	f → p
hottentots	hottintats△	e、o → i、a
centralafrica	cantrel africa△	e、a → a、e
sahara	sahora△	a → o
madagascar	mathagascar△	d → th
polynesia	polanesia△	y → a
australasia	oustralasea△	a、i → o、e
south australsia△	south oustralasea△	Australia
north australsia△	north oustralasea△	Australia
west australsia△	west oustralasea△	Australia
sidney	sidny△	e → 脱
newzealand	newzialand△	e → i
vandiemens isles	hangiemanland△	v、d → h、g　改変
newguinea	new younea△	gui → you
friendly isles	frindeg isles△	e → 脱、ly → eg
riojaneiro	rioyaneiro△	j → y
uruguay	uruquhy△	g、a → q、h
chuquisaca	chuquiasaca△	a追加
central america	cuntral amarica△	e、e → u、a
jamaica/Jamaca	jamaca△	i → 脱
caribbean sea	carebbean sea△	i → e
blak sea/black sea	blach sea△	k → h

注：□は英語地名呼称の誤訳がある。△は誤写のある地名。/は『六大洲國盡』で正しい
　　方を採用。
備考：□の "Japan sea" については、偶然に正しいといえるのであって、この「東京版」
　　の誤訳であるとした。誤訳とした理由は次の２つである。
　1　英語の綴りは1870年の "Grammar of General Geography" を基準としたが、これに
　　は "Sea of Japan"（すべての地図）と書かれている。支那海も "Chinese Sea" と書く
　　所と、"China Sea" と書く所があり、後者は狭い場所に書かれている。1850年頃の地
　　図所載の『ジョン・タリスの世界地図』によると "Sea of Japan"（世界図、日本・朝
　　鮮図）と "Japan Sea"（東半球図）となっている。

186　第2部　外国地名資料についての研究

2　しかし、ロシアアメリカを "russia amarica"（「東京版」のまま）、イギリスアメリ
　カを "England amarica"（「東京版」のまま）と記載している。これらは上記『ジョ
　ン・タリスの世界地図』資料によると、"Russian America" "British America" とのみ
　書かれている。「東京版」 "Russia America" の書き方は単に、名詞を並べたのみであ
　り、日本海の訳も同様にしている。稿者は、形容詞が正しいとし、「東京版」の作者
　が日本語に牽強した誤訳とした。

2.2　「大阪版」の典拠本『英版「ゴルドスミッス」氏ノ地理書』の確認

はじめに

　本節では「大阪版」の典拠書物について確認する。「大阪版」巻上の目録
に「附録」として「會話　世界國名」が記載されている。この世界地名につ
いては、凡例に「此篇原書ハ英版『ゴルドスミッス』氏ノ地理書中ヨリ詳ニ
抄出シ以テ初學ノ為ニ國名如何ヲ知ラシメントス」と記載されている。しか
し、この「英版『ゴルドスミッス』氏ノ地理書」[18] がどのような書物である
かについて国語学研究の分野で言及したものはこれまでに存在しない。そこ
で、「大阪版」の外国地名について、この『ゴルドスミッス』氏ノ地理書を
典拠本として実際に参照したのか、したのであれば如何に参照したのかを確
認し、同名二種の『改正増補英語箋』所載地名の相互関連についても述べる
こととする。

2.2.1　卜部氏訳『通辨獨學』について

　『改正増補英語箋　附録』については、櫻井豪人によって3分類されてい
る。

　A.（甲類本）　題箋「改正増補英語箋　附録」。見返しに著者、題名、出
　　版社、出版年。出版年は明治六（1873）年三月と記載されている。刊記
　　はCと同じ。

　B.（乙類本）　題箋「通辨獨學　全」。見返し原装白紙、板心丁数に誤刻
　　があり、Cより早い刷り。

　C.（丙類本）　題箋「通辨獨學　全」見返しAと同じ。板心丁数に誤刻が

ある。

　板心丁数に誤刻のないのは、題簽名がこれのみ他本と異なる国立国会図書館蔵本（A）のみである。内題としてすべてに「通辨獨學」が存在する。内容はどの分類本もすべて同様である。著者については荒木伊兵衛『日本英語學書志』等に「卜部精二」とされていたが、櫻井豪人[19]により大坂開成所の学生であった「卜部精一」[20]と正された。本節では架蔵C類本所載「五大州地名箋」を調査対象とする。

2.2.2　著者記載「英版『ゴルドスミッス』氏ノ地理書」について

　ここでは卜部のいう「英版『ゴルドスミッス』氏ノ地理書」とは何を指しているのかを取り上げる。

英版「ゴルドスミッス」氏ノ地理書について

　卜部が記載する「英版『ゴルドスミッス』氏ノ地理書」とは、"Goldsmith's Grammar of geography"[21]のことであり、日本には、幕末明治初期に輸入された。以下「G」本と呼ぶ。この書籍は諸本で参照され、その一部が翻訳されており、次のような例が挙げられる。

　・内田正雄『輿地誌略』[22]（1870〜1877）の凡例に「此書原本ハ『マッケー』氏及『ゴールド、スミス』氏ノ書共ニ英版及『カラームルス』氏ノ地理書蘭版等ニ拠テ抄譯

188 第2部 外国地名資料についての研究

スト雖モ」と記載されている。「G」本の引用箇所は具体的には不明である。

・望月誠『萬國地理啓蒙』23)（1873）では、凡例に「此原書ハ哥特斯米氏ノ著述ニシテ、グランマ、ヲフ、ジヲグラフィー、ト題シ地學初歩トイフヘキ書ナリ蓋シ此書ハ當今廣ク世ニ行ハルヽカ故…（後略）」と記載され、書名も挙げられている。"Goldsmith's Grammar of Geography"の翻訳本である。ただし、前部分pp.1〜75のみの訳である。

・山室董太郎訳『球儀自在』24)（1879）では、凡例に「この書原本ハ英國板ゴールドスミス氏ノ地理書中〔ゼユース、オヴ、ゼ、グローブス〕ト題セル篇ヲ訳スルモノニシテ」と記載されている。書名はないが、"Goldsmith's Grammar of Geography"の"The use of the globes"（pp.286〜291）を指すことが分かる。

・山田行元『地學初歩』25)（1875）では、「此書ハ『ミッチェル』氏『ゴールドスミス』氏ノ地理書ヨリ譯述セルモノニテ其體載ハ、ミッチェル氏ニ基ケリ」と記載されている。「G」本の引用箇所は具体的には不明である。

　管見の限りでは、内田正雄が最も早くゴールドスミス本を利用している。しかし、大阪版と地名の比較をしたところ、内田正雄『輿地誌略』は参照しておらず、内田正雄より前に開成所の教授であった柳河春三の著作を参照している（オーストラリアの漢字表記26)より明らかである）。また、大阪版は東京版を参照せず、卜部氏が自ら参考書を参照しつつ漢字表記の翻訳をしたと考えられる。

　日本では、京都大学、神戸大学、東京大学、東京理科大学、同志社大学、福島大学、北海道大学、筑波大学、長崎大学の図書館がこのゴールドスミス著の書物を所蔵している27)。当時"Goldsmith's Grammar of Geography"が輸入され、その一部は翻訳もされていたことは上述の引用書物例により窺われる。本章では神戸大学蔵本を対象として考察し、同志社大学蔵本も一部参照した。

"Goldsmith's Grammar of Geography" の出版年について

　上記の諸本には出版年の記載が見られないが、宣伝文のあるものについては1870年、1871年の出版と確定される。また、以下のことより出版年が推定できる。

（１）現カナダのことを「British North America」（イギリス領北アメリカ、p.140）としている。1867年にNew Brunswick（ニューブランズウィック）等４州をカナダに併合したことが記載されている（p.141）[28]。

（２）1867年にアメリカがアラスカを併合したことが記載されている（p.143、p.144）[29]。

　以上、（１）、（２）より、無刊記の現存本は「1867年10月」以後の本である。また、「G」本のp.24に'Its political divisions are at present（1869）forty-five independent states'と記載されているので、1869年又は1869年以後出版の書物と判断できる。よって、確認し得た「G」本は1869、1870、1871年出版のものと推定する。

「大阪版」が参照した "Goldsmith's Grammar of Geography" の出版年について

　「大阪版」の「歐洲海岸通商會府」部門（10丁表）は英語の記載はないが、「G」本での「Commercial maritime cities and towns」（p.74）に該当する。「G」本は地名項を箇条書きし、その所在地を「海岸・川・岬」等の名称を用いて示している。これに対し「大阪版」は所在地を「国名」で示している。卜部氏の参照した本には国名が記載されていたか、或は卜部氏による改訂かである。「大阪版」の地名の所在国名の大部分は現在と一致しているが、異なるものとして現在ドイツの地名である「キール」が確認された。『輿地誌略　巻六』（二篇三）でもキールはゼルマン（ドイツ）の黒斯敦（1丁の次に挿入地図）の都市として示され、本文でも「近来嗹　國ト戦争ニ因テ斯勒瑞、黒斯敦ノ地ヲ得稍之ヲ開クニ至レリ」（9丁裏）と記載されている。

　「G」本での「Kiel、on the Baltic Sea.」（p.75）を、大阪版では「啓爾／Kiel　嗹」（12丁表）と記載している。「嗹」とはデンマーク国である。このキール地域は1773年から1866年までがデンマーク領であり、1866年以後はプ

190　第2部　外国地名資料についての研究

ロシヤ領[30] となっている。「G」本は現在確認される限り、「G」本のどの書物も同様である。

　よって、卜部氏の誤解がないとすれば、参照した「英版『ゴルドスミス』氏ノ地理書」は、現存本より古い1866年以前の出版（江戸時代輸入本）ということになる。

2.2.3 "Goldsmith's Grammar of Geography" の内容について

　この書物には、内題「A Grammar /of General Geography /for the use of /Schools and Young Persons / with Maps & Engravings」に続き、同頁に、作者「by the /Rev.'J. Goldsmith.」、改訂者「Revised corrected & greatly enlarged /by Edward Hughes.F.R.G.S.& c./ Head master of the royal naval lower school. /Greenwich Hospital.」、出版社「London/ Longmans Green Reader and Dyer.」及び価格「Price 3 / 6 . Bound.」が見られる。見返し、遊び紙1枚（裏に円盤式世界時刻表）、内題（p.1）、内題の裏白紙（p.2）、序文（p.3）、目次（pp.4～8）があり、ついで、まず地理の概括・世界各地の地理（pp.1～160）について述べられている（「大阪版」はここまで参照している）。

　次いで、世界の物理地理（pp.161～183）・気候現象（pp.184～219）・試験問題（pp.220～250）・天文学（pp.251～290）・地球の問題点（pp.291～308）・語彙集（pp.309～336）が記載されている。更に、巻末に他の書物の宣伝文（pp.1～28）とその索引（pp.29～32）を附す「G」本がある。

　挿画については、銅版画入りの「内題」1頁（挿入では無い）がある。本文中にも図版がある。頁数が記載されていないページは、表面のみ印刷で裏面は白紙である。挿図として、「世界の時刻表（円盤式）」が1枚、銅版画「都市と人物図」が9枚27図あり、「世界2円図」「イギリス」等の地図が9枚、「世界気候図」「四季図」「地球投影図」「天球図」が各1枚挿入されている。合計23枚の挿入銅版画図がある。

2.2.4 「大阪版」の地名と「G」本記載地名の関係

「大阪版」が実際に「G」本（現存本で推測する）を参照していることを以下に記す。

記載地名の順序について

「大阪版」の地名項数と対応する「G」本の頁数を示すと次のようになる。

「大阪版」　　　　　地名項数…「G」本の頁数

（大阪版の地名項に頁数順序も対応）

内題「五大洲地名箋」　　1……p.12 "The World"

　　五大洲　　　　　　　5……p.6、p.12 "Europe、Asia、Africa、America、Oceania"

　　亜細亜洲　　　　　　71……p.76、p.111、p.85（以下英語略）

　　亜細亜洲諸島　　　　17……p.85

　　欧羅巴洲　　　　　　126……p.28、p.29、p.33、p.36、p.37、p.38、p.41、p.43、p.47、p.50、p.49、p.55、p.56、p.48、p.55、p.53、p.55、p.57、p.58、p.59、p.60、p.62、p.63、p.65、p.66、p.67、p.68、p.69、p.71、p.72、p.73

　　欧洲海岸通商會府　57……p.74、p.75

　　亜非利加洲　　　　　44……p.114、p.120

　　亜非利加群島　　　　18……p.129、p.115

　　北亜米利加洲　　　　49……p.140、p.145、p.147、p.149、p.150、p.149、p.150

　　南亜墨利洲　　　　　42……p.151、p.152、p.153、p.154

　　浩斯特里洲　　　　　27……p.155、p.156、p.157、p.156、p.157、p.158、p.159

　　諸大洋　　　　　　　16……p.7、p.8

「五大洲地名箋終」　　1（末尾題）

　合計では、内題（1）＋「大阪版」「五大洲」から「諸大洋」までの 11 部門＋各地名（472項）＋末尾題（1） に対して「G」本の p. 6 から

192　第2部　外国地名資料についての研究

p.159まで｝が対応する。

「大阪版」の凡例で「此篇原書ハ英版「ゴルドスミッス」氏ノ地理書中ヨリ詳ニ抄出シ以テ」とあるのは、「G」本での主に160頁までの世界地理を指している。「大阪版」の各部門内では、地名の順序は基本的に「G」本のページに従うように記載されている。従って、「G」本を参照し、編集したことは明らかである。同部門では部分的にページの順序が異なるが、かけ離れてはいない。このことについては、卜部氏の参照した「G」本は現存本とは順序が異なっていたか、又は、採用するか否かを決定する時、始め不採用とした地名を後で追加した、等の理由が考えられる。

構成上、順序が異なる部門

「G」本はイギリスの著作であるため「Europe」から記載が始まり、中でも自国の「the United Kingdom of Great Britain and Ireland」（イギリス）がまず記載されている。「大阪版」は「亜細亜州」の「大日本・Japan」から記載が始まるので、「G」本とは頁数の順序が異なっている。また、「G」本に海名が記載されるp.7、p.8は、「大阪版」では「諸大洋」として末部に記載されている。これは構成の違いである。この2つの部門内の地名の記載順序は一致しており、これ以外の部門においても地名の記載順序が大部分一致し、主に「G」本の表から地名を選び出している。

「G」本に無く「大阪版」のみに記載される外国地名（1項）

「アフリカ群島」の部に記載されている「聖特尼 Saint-deny」（14丁オ）の地名は、現存「G」本に記載されていない。「G」本の本文だけでなく挿入地図にも記載されていない。しかし、このような小さな島の都市名を他書又は別の情報から引用したことは一般的に考え難い。現存「G」本には無いが、卜部氏が参照した「G」本には記載されていたとも考えられるが、そうだとすると、なぜ以後の現存「G」本で省かれたのかが不審である。「Sait-deny」は英語表記であるが、本来フランス語に基づく地名であるものを英語風地名に改めたものである。在日英人からの情報に基づく追加の可能性も考えられる。或は、地名こそ無いが、島名は本文の115頁と地図に記載されているので、別の百科事典、地図等により都市名を調べたことも考えられる。

2. 二種の『改正増補英語箋』の外国地名について　193

表9　語頭「セント」又は「セイント」の地名

漢字（筆者注）	漢字の傍書	英語	英語の傍書 [ ]はゴールドスミス本
聖以珍奴	セントエチインヌ	St. etienne.	セントエチインス [St. Etienne, p.38]
彼得羅堡 （聖脱落）	セントペーテルスビュルグ	St. petersburg.	漢字傍書と同じ [St. Petersburg, p.43]
聖。西布秩安	セントヒバスチアン	St. sebastian.	漢字傍書と同じ [St. Sebastian, p.75]
聖特尼	セイントデニー	Saint-deny.	漢字傍書と同じ [無し]
聖.赫里斯	セントヘレナ	St. helena.	セイントヘレナ [St. Helena, p.115]
聖.索甸斯	セイントソマス	St. thomas.	漢字傍書と同じ [St. Thomas, p.115]
彼.戎（誤訳）	セイントジョン	St. john.	漢字傍書と同じ [St. John, p.140]
聖.戎	セイントジョン	St. john.	漢字傍書と同じ [St. John, p.140]
聖.婁義斯	セイントルーイス	St. louis.	漢字傍書と同じ [St. Louis, p.140]
聖.徳泯峩	セイントドミンゴ	St. domingo.	漢字傍書と同じ [St. Domingo, p.140]

　また、「大阪版」には「聖」が付く地名が他に9例ある。5地名は「セイント」と訳し、4地名は「セント」と訳されている。9例の英語地名はすべて、「聖以珍奴 St. etienne」（6丁オ）、「聖.戎 St.john」（15丁オ）のように、「St.」と記載されている。「セイントデニー」のみ「Saint-deny」と記載され語頭の英語表記が異なっている。このことからも、この地名は「G」本に無かったもので、他書から引用した可能性が考えられる。

　マダガスカル島の東にある現フランス領「レユニオン島（Reunion）」の

194　第2部　外国地名資料についての研究

都市名は「サン・ドニSaint-Denis」［20° 52′ S、55° 28′ E］[31] であり、「大阪版」の「聖特尼 Saint-deny」はこれを英語に書き換えた地名である。現「レユニオン島Reunion」は、「G」本では「Bourbon」（ブルボン島）と古称で記載され、「大阪版」には「袍爾盆 Bourbon」（15丁オ）と記載されている。この島名を「亜非利加群島」の部に掲載したが、「G」本には都市名が記されていなかったので、追加したのであろう。英国植民地時代は1810年7月から1968年までである[32] ので、イギリスで出版された1810年以後（2.2.2より1866年以前）の書籍又は地図等を参照したことになる。なお「聖特尼 Saint-deny」以後の地名項に見られる「St.」の訳については、漢字表記「聖.赫里斯」のみ傍書「セント」で、英語表記の傍書は「セイント」であり、以下の地名項（5地名）は漢字表記も英語表記も傍書を「セイント」としている。「聖特尼」の地名を堺として著者の訳語変更がみられる。

「G」本に無く「大阪版」で追加された日本地名（3項）

「大阪版」で追加された地名は3項目である。「神戸、横濱、新潟」の3地名は「G」本に記載されておらず、「大阪版」で著者が追加したものである。「神戸 Kobe」、「横濱 Yokohama」、「新潟 Niigata」とし、英訳（ローマ字）も示している。これらはペリー来航で開港することとなった海港地であり、貿易等に関わる日本人が利用することを考慮して、読者の利便性のために追加したものと考えられる。容易に知り得る地名であり、著者の判断により追加されたと考えられる。

「大阪版」で改訂された地名（3項）

「大日本、東京、京都」の3地名は、「G」本の英語表記と異なる訳語である。「G」本では「Japan、Niphon」（p.111-425、p.76地図）、「Jeddo」（pp.111-425、427、428、p.85 表、p.76 地図）、「Meaco」（p.111-425、427、428、p.76地図）、「Meako」（p.85表）と記載されている（-の後は節数）。江戸時代の地図を参考とした古い呼称である「ジャパン、日本、江戸、京（又は都）」を「大阪版」では直訳せず、「大日本 Japan、東京 Tokei、京都 Kioto」と改めたものである。

「大阪版」では「G」本の「Japan、Niphon」に対して、「大」を附してい

る。「大英國」の影響を受けたことも考えられるが、「大日本」については日本で伝統的に使用されてきた表記[33]でもあった。また、「G」本記載の「Jeddo、Meako、Meaco」（p.85表、p.111、p.76地図）については、「大阪版」では「東京 Tokei」「京都 Kioto」と記載されている。京都については「西京」と記載する新聞『廣益　問答新聞』（347号、1879〈明治12〉年6月20日）もあるが、『中外新聞外編』巻六及び巻十二（1868〈慶応4〉年4月及び5月）に「京都」が見られる。このことから、当時の日本での呼称に従い、これらの3地名を変更したと考えられる。以上「大阪版」の改訂は日本地名に関する所のみである。

　　「大阪版」漢字地名と「G」本の地名が一致するもの（481項漢訳、473項一致）

　「大阪版」は地名項が485あり、これらのすべてに漢字表記がある。このうち表題地名等を除く472項と五大洲名5項との計477項に英語地名が記載されている。「大阪版」で部題名に英語のない項は13項（「内題」と「末尾題」の2例と「部門題」の11例）あり、このうち「五大洲」については、初めの部題名に地名項数5項が英語でも記載され、その傍書仮名がある。英語表記総数477例（472＋5＝477）の地名のすべてに、発音（読み方）を片仮名で傍書している。但し、「G」本に無い地名1項（上記p.192）と追加地名3項（上記p.194）の合計4項があるので、473（477－4＝473）地名が「G」本の地名と一致する。

　「大阪版」では、11部題名から五大洲を示す5項数を引いた6例（11－5＝6）の部題名に英語が示されていない。この項は「G」本には英語名が記載されている。卜部は英語綴りを必要でないと判断したためか、或は日本で出版する際、紙面の記載場所に充分な余地がなかったためか、その6例についてのみ、漢字訳はしているが英語綴りは省略している。

　すべての地名から上記の追加地名4項を引いた（485－4＝481）項が漢訳されている。「G」本の文章に無く、挿入地図には存する地名8項目（表11末尾に記載）については、卜部が参照した典拠本では本文に記載されていた可能性がある。「大阪版」の約99パーセントが「G」本に記載される地名となっている。

196　第２部　外国地名資料についての研究

おわりに

『改正増補英語箋』は『蛮語箋』『改正増補蛮語箋』『英語箋』を経て発展した書物であり、これら四書は記載形式が同様である。

「東京版」は『六大洲國盡』を、「大阪版」は「G」本を典拠としており[34]、所載外国地名についても互いに直接の参照はないことになる。表10に示すように、これら二書は漢字地名の総項数及び部立てが全く異なる。同地名は154項見られたが、このうち同表記は16項（約１割）のみである。それに対して独自表記地はそれぞれ327項及び56項であり、二書には明らかな相違がみられる。

「大阪版」には、構成や地名に関して典拠本からの改訂増補が見られた。具体的には、日本人を読者とするためにアジア洲から記載を始めることや、当時の呼称を用いて「江戸」を「東京」とする等の改訂や、日本海港地の３項増補である。地名の記載順は基本的に「G」本の表等の掲出順に添っている。傍書付き漢字及び傍書付き英語を含めた各項目は、初めに「G」本の英

表10　「東京版」と「大阪版」の地名数の比較

総地名項数	「東京版」	「大阪版」
	485	213
部立て数 下位分類	10 ヨーロッパに1	7 アフリカに4
同地名数	154	154（157）＊
同漢字同傍書	16	16
同漢字異傍書	21	22
異漢字同傍書	20	21
異漢字異傍書	97	98
異地名数（各独自）	327	56

＊同地名が２回表記されていた場合があり、（　）内には、のべ表記数を記した。

2.二種の『改正増補英語箋』の外国地名について　197

表11　「G」本文に無く地図に有る項目

漢字表記	英語表記	英語上傍書	「G」本の頁　[異表記]
大阪 <small>ヲーサカ</small>	Osaka	ヲーサカ	地図p.76［Osaca］
給戻哥 <small>クレーカウ</small>	Cracow	クレーカウ	地図p.151
孟抜斯 <small>モンバス</small>	Monbas	モンバス	地図p.114［Mombas.］
馬刺茇玻 <small>マラケイボ</small>	Maracaybo	マラケイボ	地図p.151
淑尓細多渾 <small>セヲルジトウン</small>	Georgetown	セヲルジトウン	地図p.151
巴拉麻理玻 <small>パラマリポ</small>	Paramaribo	パラマリポ	地図p.151
拉秘的 <small>ラペーズ</small>	La paz	ラペーズ	地図p.151
巴拉那 <small>パラナ</small>	Parana	パラナ	地図p.151

＊地図に頁数は無いので、その前の頁数で示した。モンバスは現Mombasaである。
＊「G」本の地図における英語綴りは「大阪本」英語綴りと同じものは省略した。

語地名を抜き出し、そこに読みと漢訳地名を与えるという順序で編集したことが明らかであった。

注

1）　その書誌については、櫻井豪人『類聚紅毛語訳・改正増補蛮語箋・英語箋』（港の人2005）、櫻井豪人「『英語箋』から二つの『改正増補英語箋』へ―書誌が語る出版事情―」（『日本語論究 6』和泉書院1999所載）によると、どちらが先行出版か微妙であるという。

2）　森島中良『蛮語箋』（1798序刊）「附録　萬國地名箋」。

3）　箕作阮甫『改正増補蛮語箋』（1848）「附録　萬國地名箋」。

4）　石橋政方篇『英語箋』（1861）。

5）　大阪女子大学図書館『日本英学資料解題』（大阪女子大学1931）。

6）　橋爪貫一輯『六大洲國盡』（誠之堂梓、椀屋喜兵衛、1871、2冊）。「亞細亞歐羅巴之部」〈4.5丁（内題、序、凡例、地図、索引）、本文13丁（4〜16丁）〉、「南北米利賢部　亞弗利加部」〈2.5丁（内題、地図、索引）、本文14.5丁（3ウ〜18丁）〉、各部の始めに地図が添附されている。雄松堂マイクロフィルム、国

198　第2部　外国地名資料についての研究

立国会図書館蔵による。

7）　福澤諭吉『世界國盡』（1869）。「亜細亜、阿非利加、歐羅巴、亜米利加」と書く。

8）　内田正雄『輿地誌略』（大學南校1870）本文で「亜細亜、歐羅巴、亜非理加、亜非利加、亜弗利加、亜米利加、米利堅合衆國、亜米理加洲」が使用されている。

9）　魏源『海國圖志』（微堂重1852、神戸大学蔵住田文庫）

10）　柳河春三『洋學便覧』（開成所1866、神戸大学蔵住田文庫）

11）　慕維廉『地理全志』（爽快樓蔵梓1858、和刻本）「亜西亜、歐羅巴、亜非利加、亜墨利加」と書く。

12）　『中外新聞』（第25号1868、『明治文化全集　新聞篇』日本評論社1928、p.269）。

13）　ボーン作「世界図」（1765、複製地図による、フランス語）。

14）　『通航一覧　第七』（國書刊行會1913）p.23。

15）　高橋影保『北夷考證』（1809、『日本人の海外知識』原書房1978、p.53による）。

16）　英語地名はReo. J. Goldsmith "Grammar of General Geography"（1870 London）の改訂版（注21参照）によった。現在、ブリタニカ国際地図（1971）によると "Sachalin" である。

17）　第1部第3章参照。「イタリア」について、「意大里亜・意大利・以大利」（利瑪竇『坤輿萬國全圖』1602、『明史』1739、徐継畬『瀛環志略』1848、『英和対訳袖珍辞書』1866再版等）といった「大」で書く表記は中国から入ってきたもので、「意太里亜・意太利・伊太里・以太利」等（森島中良『蛮語箋』1798、『訂正増譯采覧異言』1804、『日本百科大辞典』1908、『新案日用辞典』1916等）と「太」を書く例は、西川如見『四十二國人物圖説』の1720～1916年に使用されるようになった日本独自の新しい表記である。

18）　同書についての先行研究としては、菅野陽「『米欧回覧実記』と『輿地誌略』の挿画銅板画―明治初期の外国風景風俗の模刻―」（『日本洋学史の研究Ⅸ』創元社1989、p.177）において、ゴールドスミス本について約7行述べるのみである。しかも「G」本（p.185参照）の一冊を見て18枚の彫刻銅板画が存すると記載するが、同志社大学蔵本は27枚ある。挿画銅板画は1頁に3枚印刷され、ページ数の記載がなく裏面は白紙で失われ易いので注意する必要がある。

19）　櫻井豪人「『英語箋』から二つの『改正増補英語箋』へ―書誌が語る出版事情―」（『日本語論究6』和泉書院1999、pp.89～125）。

20）　櫻井豪人（注1）によると卜部精一の著作は、『改正増補英語箋』（附録『通辨獨學』）（1872〈明治5〉年、6年3月）以外に、『訓蒙地学問答』（1873〈明

治6〉年6月）、『大日本史・日本外史実名画引』（1876〈明治9〉年）があると
いう。これらには「卜部精一」の名がある。これ以外に、筆者蔵『洋算近道』
（明治7年3月官許　同季7月發兌）の奥付には「著述　備後深津郡　卜部精一
/校正　備中賀陽郡　山崎好謙/發兌書林　大坂府下東□□第十七區備後町四丁
目心斎橋筋/龍曦堂　梅原□□版」と記載（□は虫蝕）がある。これらの卜部精
一の著作は明治5年、6年、7年、9年の刊行である。6年6月以後の著は姓
名を記している。出版当時の6月は当時の学期末7月15日に近いが、卜部精一
はまだ学生であったのかどうかは今のところ分からない。1年間で最終等まで
進んでいたことは考え難く、上級の人数が少ないので、退学していた可能性も
あろう。

21）　確認した書名は "GOLDSMITH'S GRAMMAR OF GEOGRAPHY NEW EDI-
TION" とすべて大文字である。

22）　内田正雄纂輯『輿地誌略』（1870〜1877）の出版元は　第一編（巻1〜3）
が大學南校、第二編（巻4〜7）が文部省、第三編（巻8〜9）、第四編（巻10
〜12）が修静館となっている。

23）　望月誠『萬國地理啓蒙』（和泉屋市兵衛1873）。国会図書館蔵本は巻一から巻
四までの合冊である。別に、架蔵本に『萬國地理啓蒙　初篇上』、『萬國地理啓
蒙　初篇下』とするものがある。「後篇」も上下がある4冊本であったと考えら
れる。ただし、内題と尾題には「萬國地理啓蒙巻之一」等の記載がある。

24）　山室董太郎訳『球儀自在』（小寺好房1879）。

25）　山田行元『地學初歩』（富城屋1875）。

26）　『通辨獨學』の漢字地名は、柳河春三『洋學便覧』の独自表記であるオース
トラリアの漢字表記「（何遮儞洲）浩斯特里」を初め75例の表記と一致する。内
田正雄『輿地誌略』「阿西亜尼亜洲、墺地利亜、澳太利亜」とは異なる。

27）　これらはイギリスで出版された小型（縦16.3cm横11cm厚さ約2.3cm）の書
物である。表紙は赤茶色の布貼りボール紙で、中央に枠押しされた長方形の中
に金字で題「Goldsmith's Grammar of Geography　—New Edition—」が記載さ
れている。筑波大学は図書館整理中、長崎大学は傷みが激しいとの理由で蔵本
は参照できなかった。「G」本末尾にある書籍宣伝文によると、「G」本の出版年
月は次のようになる。

　　　年、月　　　：　　蔵本大学名
　　　1869（推定）：京都、神戸、東京理科
　　　1870.7　　　：同志社
　　　1871.1　　　：東京

200　第 2 部　外国地名資料についての研究

　　　1871.9　　　　：同志社、福島、北海道

神戸大学蔵本等はEdward Hughes.F.R.G.S.&c.による改正増補版である。初版はこれ以前の出版になるが、稿者は現在確認していない。神戸大学蔵本は替表紙で、挿画の頁の多くが無く、失丁（又は落丁の可能性）がある。東京理科大学蔵本では、落丁はないが傷みがある。京都大学蔵本は、挿画の銅板画はすべてあるが地図の多くが失われている。稿者が確認した 8 冊は内容と頁数はすべて同じであり、刷が異なる本はあるとしても版は同じである。1827年版が紹介されている論文 "A Curriculum Palimpsest : Continuity and Change in UK Geography Textbooks, 1820-1870"（David Wright 1996）では1827年出版とする。イギリスの地理の教科書として取り上げられている。オーストラリア原動力博物館所蔵本は、1838～1851年出版とする。上記に記した通り、本章では年代不明本（筆者推定1869年）と1870年本と1871年本を確認した。但し、『通辨獨學』が参照した本は1810年以後1866年以前出版のものと考えられる。

28)　1867年 3 月29日にイギリス領北アメリカ法が成立し、 7 月 1 日に自治領カナダが成立した。

29)　1867年 3 月30日に購入条約調印がなされ、10月18日に所有権が移転された。

30)　"Webster's New geographical dictionary"（1977）によると 'part of kingdom of Denmark 1773 ; Peace of Kiel signed here1814 ; passed to Prussia 1866'（p.608）。

31)　吉田稔『ブリタニカ国際地図』（帝国書院1971、1978三版）p.147。また、Bourbon（p.115）と記載されているブルボン島について、"the Concise Universal Encyclopedia"（London, Printed in Great Britain by The Amalgamated Press Ltd.1930頃の版）によると「首都はSt.Denisであり、フランスの探検家によって1638年に接収され、1649年からブルボンとして知られた」（稿者訳）とある。

32)　このモーリシャスは、1638～1710年がオランダ植民地、1715～1810年がフランス植民地、1810～1968年が英国植民地であった（池谷和信『アフリカⅡ』朝倉書店2008、p.824）。

33)　古くは『南瞻部洲大日本國正統圖』（16世紀中頃書写、唐招提寺蔵）に「大日本國」が見られ、『拾芥抄』所載行基図（1548書写本及び1607本）にも「大日本國圖」と記載されている。出版された地図等の題名としては『南瞻部洲大日本國正統圖』（寛永年間）、『大日本國正統圖』（17世紀）、『大日本國地震之圖』（1624及び17世紀）・『大日本接壤三國之全圖』（1712）、伊能忠敬『大日本沿海輿地全圖』（1821）等に見える。また、「大阪版」に近い出版物では、勝沼和多留編『小學　地球儀用法大意』（文求堂1875）及び柳河春三『西洋雑誌　巻四』

（刊年不記であるが、1867〜1869の間）に「大日本」と記載され、『廣益　問答新聞』（346号、1879〈明治12〉年6月16日）には「大日本帝国」と記載されている。「日本」の用例数よりは少ないが当時にも見られた表記である。

34）　稿者「『改正増補英語箋―便静居校訂本―附録世界地名の典拠本について』（『国文学研究ノート』第45号、2009.9）。

3. 幕末期における外国地名受容法の揺れについて
―柳河春三を例として―

3.1　はじめに

　幕末から明治極初期に活躍した洋学者柳河春三は、ヨーロッパの新文化を紹介することで当時の人々に多大な影響を与えた人物である。尾佐竹猛[1]によると、「新聞雑誌の創始者」であり、「天保三（1832）年名古屋に生まれ、10歳に伊藤圭介『洋字篇』を校し」、「12歳から蘭書の翻訳に関わり、26歳にして著譯一百巻があり、以後蘭英語の著述、辞書の校訂を為し、33歳で開成所教授、明治政府では37歳で開成所頭取、翻訳校正掛を歴任して、39歳で（明治3年2月）歿した」（省略あり）という。柳河春三の著作は主として海外の書物を翻訳したものである。日本では、歴史上、鎖国後長く蘭語が使用された。彼も初め蘭語を学び、次いで英語・フランス語等を学んでいる。このような状況の下、幕末期の外国地名受容においては、例えば、原書が英語の地名表記であっても英語読みだけではなく蘭語読みも残っている等の可能性が考えられる。彼の著作における外国地名受容においても同様の傾向があると考えられる。

　本章は、当時の代表的知識人である柳河春三がどのように外国地名表記を採用したのか、彼の翻訳書における外国地名の特徴を考察することで、幕末期における外国地名の受容の実態を確認しようとするものである。具体的には、彼の著作及び関与した新聞等のうち、地名が比較的多く記載される次の書物を対象とし、記載されている外国地名を仮名表記と漢字表記に分類した後、仮名表記に関しては南蛮語の残存や写音法について確認した。漢字表記に関しては、統一した典拠があるわけではなく、中国からの借用や国旗の柄を基にした表記等複雑であるが、その特徴を考察した。（括弧内は、原書の

204　第2部　外国地名資料についての研究

言語と出版年を示す）

　　　著書6書：『洋筭用法』[2]（蘭、1857）・『洋學便覧』[3]（英、1866）・『洋
　　　　　　學指針』（英學部）[4]（英、1867）・『寫眞鏡圖説』[5]（佛、蘭、
　　　　　　英、普魯士文、1867、1868）・『西洋将棊指南』[6]（英、1869）・
　　　　　　『西洋時計便覧』[7]（英、1869）
　　　訓点本1書：『智環啓蒙塾課』[8]（英漢対訳本1864）
　　　監修した新聞雑誌類3種：『萬國新話』[9]（1869）・『中外新聞』[10]（1868）・
　　　　　　『西洋雑誌』[11]（1867年10月～1869年9月）

　その結果、幕末期には日本の伝統的地名呼称に加え、中国を始めとする海
外由来の地名呼称、及び新たに創作された著者独自の地名表記等が存在し、
多様であることが確認できた。

3.2　外国地名呼称の受容法について

　歴史上、日本では南蛮（ポルトガル、スペイン）語・蘭（オランダ）語・
英語・洋（欧米）語の順に接触があった。彼の生きた時代は、社会的な情勢
として、外交上の言語が蘭語から英語へ変わる過渡期であった。彼は1866年
出版の『改正増補英和對譯袖珍辭書』の編纂[12]にも関わり、自身の学習状況
も蘭語から英語・仏語等へと変化した。それに伴い、彼の外国地名受容が、
蘭語由来主体から英語由来主体に変化していった。例えば、『洋筭用法』で
は「老鎗」「エゲレス」の語頭音はエ（オランダ語の読み）であったが、『洋
學便覧』では「峩羅斯」「イギリス」の語頭音はイ（英語の読み）となって
いる。しかしながら、彼の外国地名受容の実態には、それだけではない種々
雑多な要因が関与している。本節では先ず、その諸要素について具体例を挙
げ、外国地名受容史の複雑性について記述したい。

3.2.1　仮名表記について

南蛮語の残存・回帰

　鎖国時代以前に日本にポルトガル語（以下葡語）による地名呼称が存在し

ていたが、交渉相手国がオランダ及び中国から、更に英米に変わった後にも、葡語による呼称が残存していた。それらは例えば「オランダ、イギリス、イスパニヤ、イタリヤ」の四地名に関するものであり、蘭語から英語に移行しつつあった幕末期の趨勢に反して、古層の葡語風読みを継承している。

・「オランダ」について

　オランダ[13]を示す呼称は、『洋筭用法』での「和蘭、洋　字、洋　時、洋　筭、西人字」から、『洋學便覧』での「和蘭、荷蘭、尼達蘭」、『寫眞鏡圖説』の「和蘭、荷蘭」及び『西洋時計便覧』の「和蘭」へと変化している。「オランダ」（葡語Olanda由来[14]）以外に『洋學便覧』では「尼達蘭」（蘭語Nederland、英語Netherland）の呼称も記されているのが特徴的である。（『中外新聞』には「和蘭」（第3号）、「荷蘭」（第45号）、「和蘭陀」（第36号）と記されている。）

　この「オランダ」は、葡語Olanda由来であり、『増訂異國日記抄』[15]（1609、1610、1612年の例）、西川如見『増補華夷通商考』[16]（1709）にも記されている。新井白石『西洋紀聞』（1715頃）[17]には「ヲ、ランド、和蘭」、森島中良『蛮語箋』（1798）には「和蘭地・ホルランド、喎蘭、荷蘭、法蘭得斯、紅毛・ホルランド、則蘭地・ゼーランド[18]、業謁垤尓蘭杜・子ーデルランド」、『訂正増譯釆覧異言』（1804）[19]には「ヲランド、喎蘭地、和蘭、紅夷、法蘭得斯、則蘭地、涅垤児蘭土、子デルランド」、箕作阮甫『改正増補蛮語箋』（1848）には「荷蘭土・ヲルランド、則蘭地・ゼーランド、涅垤耳蘭田、子ーデルランデン」、青地林宗『輿地誌略』[20]（1826）には「阿蘭陀」と記されている。また、福澤諭吉『世界國盡』（1869）[21]では「和蘭・和蘭」及び「おらんだ」を記し、内田正雄『海外國勢便覧』（1870）では「和　蘭」、『輿地誌略』（1870～1877）[22]では「和蘭・尼達蘭（左傍書は子ーデルランド）」のように、これら幕末の書では英語の発音（Holland、Netherlands）を基本として記している。このように春三の著作には「オランダ」（葡語Olanda）、「ネーデルランド」（蘭語Nederland）がみられ、他書には更に、「ホルランド」（蘭英語共にHolland）、「ゼーランド」（蘭英語共にZeeland）等の各種呼称が見られる。

206　第2部　外国地名資料についての研究

同時期の中国の書物では、林則徐漢訳重輯魏源修『海國圖志』（原1852)[23]に「荷蘭、彌爾尼壬國、總名曰尼達蘭」、慕維廉『地理全志』（原1853の1858刊本)[24]及び褘理哲『地球説畧』（原1856の1860刊本)[25]に「荷蘭」が見られる。古い『職方外紀』（1623)[26]ではオランダという国名はなく、「法蘭得斯」（Flanders）が記載されている。春三の漢字表記は、『海國圖志』等の中国書及び日本の書物『蛮語箋』と一致している。読み方については、英語の翻訳に移行してからも、葡語由来の「オランダ」が用い続けられた。

　・「イギリス」について

　『洋筭用法』の「英吉利（エゲレス）」から、『洋學便覧』『洋學指針』『寫真鏡圖説』『西洋時計便覧』の「英吉利（イギリス）」及び『西洋将棊指南』の「イギリス」へと変遷が見られる。また、『洋學便覧』では「不列顛（ブリッテン）」も記載されている。『洋筭用法』を除き、英語Englandの訳語として、「イギリス」を基本として採用している。但し、例外として、『洋學指針』でEnglandを「イングランド（上傍書)、英國」とし、『寫真鏡圖説』で地名に関わる色名（イギリス赤）を、「インギリス、レッド」（蘭語Engels rood、英語English red）としている。『洋筭用法』の翻訳の際、オランダ語での国名「エンゲラント」Enge-land[27]とはせず、形容詞Engelsのように「エゲレス」としているのは、日本ではこのように形容詞が以前より誤解されて国名として使用されてきたためであると考えられる。

　彼が翻訳を始めた当初は、イギリスの語頭音について、オランダ語（英国：Engeland、Groot-Britanje、英国の：Engels）読みで「エ」としており、次いでイギリスの書物により翻訳した際に語頭「イ」に変更している。この理由については、英語的発音を採用したものとも考えられるが、寧ろ回帰的に葡語の影響があった可能性を考慮する必要がある。

　イギリス国名の変遷は西浦英之[28]の述べるところであり、1612・13年の資料以降ポルトガル語の「Inglês（イギリスの)・Inglaterra（イギリス)・Grã-Bretanha（大英国)」に起因する呼称の例が見られる[29]。その後、『増補華夷通商考』（1709)では「エゲレス・インキリヤ・イギリス」、『西洋紀聞』では「アンゲルア・イギリス」と記されている。彼以外の当時の書物で

も、蘭語読みとポルトガル語・英語読みのそれぞれが散見される。『地球説畧』及び箕作阮甫『聯邦志略』(1864)[30]では「英」「英蘭・英吉利」とし、訓点で語頭を蘭語読みの「エ」としている。『世界國盡』では「英吉利」とし、内田正雄『輿地誌略』では総称「英吉利」とし、本部「英倫」と区別している。ヘボン『和英語林集成』(初版1867・再版1872・三版1886)[31]では「England」の項目を「igirisz Yekoku／igirisu Ekoku」(イギリス・英国)とし、語頭「イ」で記している。つまり、葡語、蘭語、英語、「葡語へ回帰」という変化が見られるのである。このように、ポルトガル語形容詞由来の国名呼称「イギリス」は日本で長く受け継がれる呼称となっていった。

・「イスパニヤ」について

『洋學便覧』では「是斑牙」、その割注で「以西把你亞、大呂宋」と記し、彼の関与した新聞雑誌類では「西班牙・是班牙・是斑牙・イスパニヤ」と記している。新聞雑誌類の傍書「スパニイ」については、蘭語Spanjeは「スパニャ」又は「スパンヤ」であり、英語Spainは「スペイン」であるから、翻訳者の誤訳[32]が考えられる。ちなみに漢字表記については、「以西把你亞」は『坤輿萬國全圖』[33]と、「大呂宋」は『海國圖志』及び『地球説畧』と同様の表記である。「是斑牙」は、『海國圖志』に記される「是班牙」の変形となっている。『改正増補蛮語箋』では「是班呀hispania」[34]としている。「イスパニヤ」は語頭のh音を発音しておらず、ラテン語地名Hispaniaを葡語風に発音した音訳となっている。

柳河春三によるスペイン国名呼称は、その漢字表記については、中国から新渡来した文献を参照しているにもかかわらず、傍書は「イスパニヤ」としており、蘭語Spanjeでも英語Spainでもなく、古くから使用されてきたポルトガル語由来の呼称を使用している。

・「イタリヤ」について

『洋學便覧』では、「以太利」及びその割注に「意太利亞、以大利」、『洋學指針』及び『寫真鏡圖説』では「以大利」と記している。また彼の関与した新聞雑誌類では、『西洋雑誌』で「以大利」(巻六1869)、「イタリヤ國」(巻一)、『中外新聞』で「以太利」(第42号)、「イタリヤ」(第29号)、「伊太里」

208　第2部　外国地名資料についての研究

（第36号）、「以大利」（第36号）のように別表記も併せて記載している。最後の「亞」が無い「以太利」[35) 等は、英語Italyの訳語であり、「亞」があるのは『坤輿萬國全圖』の「意大里亞」以来見られる古い漢訳地名である。

　中国書では、『瀛環志略』に「意大里亞」『海國圖志』に「意大里、意大利、以他里、伊達里」等、『地球説畧』に「以大利」と記され、彼の記載と類似及び同様の表記が見られる。柳河春三の記載地名「意太利亞」と同様又は類似の日本での記載例については、『訂正増譯采覽異言』に「意太利亞」が見られ、『増補華夷通商考』、箕作省吾『坤輿圖識』（1847）、箕作阮甫『改正増補蛮語箋』及び朽木昌綱『泰西輿地圖説』（1789）[36) 等に「意太里亞」が見られる。「以太利」と同様の表記は『バタヒヤ新聞』（巻1、1861）及び『英和対訳袖珍辞書』（1866再版）に見られ、柳河春三は中国書も含めこれらを参照した可能性がある。

　また、『中外新聞』（第36号）の「伊太里」は東久世中将の文中で記載されており、橋爪貫一『世界商売往来』（1871）、『世界國盡』等に記載される表記と同様である。「以太利」の傍書は、英語読みの「イタリー」とせず「イタリヤ」としている。これはイタリア語又はラテン語Italiaの葡語風発音である。

写音法について

　幕末明治当時、外国語を仮名書きで示す場合の写音法は個々人に任せられており、同一名称でも著者によって様々な記載が存在した。柳河春三もその時代の影響[37) を受けつつ、自らの考えによる写音法をも用いた一人であった。

　・「—ia」音の写音法「ヤ」
　「亞細亞（アジヤ）」「亞（アジヤ）」「卓爾治亞（ジオルジヤ）」「科倫布亞（コロンビヤ）」「奴比阿（ニュビヤ）」「費爾治尼亞（ヒルジニヤ）」については、漢字語尾は「亞」又は「阿」であり、傍書は「ヤ」と記している。「以大利（イタリヤ）」「西伯里（シベリヤ）」「西伯利（シベリヤ）」[38) 「峩羅思（オロシヤ）、峩（オロシヤ）」「額力西、希臘（ギリシヤ ギリシヤ）」「哥倫比（コロンビヤ）」「日爾日（ジオルジヤ）」「巴華里（バハリヤ）」「費拉地費（ヒラデルヒヤ）」「玻里非、里比利（ホリヒヤ リベリヤ）」については、漢字語尾の「亞」を省いて記載しているが、傍書はその漢字に対応する「ヤ」が見られる。「普魯士（1.プロシヤ）」も漢字語尾の「亞」は無く、その左傍書（1.）

で英語 Prussiaの写音を示している。上記の「亞」を省いた漢字表記の傍書は、ラテン語Italia、英語Siberia、Russia等の写音であり、漢字表記に即応したものではなく、伝統的乃至正式な国名呼称として示している。このように、中国からの新漢字表記で地名を示すが、彼自らの知識と工夫による傍書仮名は旧地名呼称や英語音に即した写音法を用いて示したものといえる。

　新聞雑誌類でも同様に語尾を「ヤ」としている。例えば『西洋雑誌』（全巻）では、英語語尾-iaの地名を「―ア」ではなく「―ヤ」とする25 地名が見られる（アジヤ、アラビヤ、アルメニヤ、イスパニヤ、イタリヤ、オヽストリヤ、オロシヤ、カフリヤ、カリホルニヤ、カンボチヤ、ギリシヤ、グ井子ヤ、ケニヤ、コロンビヤ、ジオルジヤ、シベリヤ、ニュビヤ、バハリヤ、ヒラデルヒヤ、ヒルジニヤ、1.プロシヤ、ペルシヤ、1.ハルシヤ、ボリヒヤ、リベリヤ）。『洋學便覧　二集』では「波斯、魯西亞、莪羅斯」の３例が見られた。

　・「-ti」音の写音法「テイ」
　Latinについて、『洋筭用法』での「羅甸」から、『洋學指針』及び『寫真鏡圖説』では「羅甸」へと変更している。西欧語の「ti」音は日本語にない発音のため、古くから写音法の工夫がなされてきた。例えば、キリシタン資料『羅甸文平仮名書彌撒唱文及連禱断簡』等では、「ち」に半濁音符をつけ、「ti」音[39]を表している。英語学習の書物である『洋學指針』では、英語の発音を正確に示す必要から、英語Latinのti音を明確に表すため、傍書を「テイ」としたと考えられる。一方、彼の編纂した『西洋雑誌』（巻二）で「ラティン國」と記載されているが、巻五では自著でないためか漢字表記も異なり、「臈丁」（1.ラテン）と記している。

　柳河春三著作以外の書物と比較すると、『西洋紀聞』「ラテン」及び『訂正増譯釆覧異言』「羅甸」とし、古くは「ラテン」が標準的であった。また、彼と同時代の書『輿地誌略』では「羅甸」と記載しており、「ti」の写音法として「チ」が適当であるとした学者もいたことが分かる。朽木昌綱『泰西輿地圖説』（1789）[40]では「ラテイン」としており、柳河春三がこれを参照した可能性もあるが、『洋學指針』では「England」の傍書で「イギリス」

210　第2部　外国地名資料についての研究

を使用せず英語に添った読みで「イングランド」と記載しているので、「ラテイン」についても英語発音を示す彼自身の工夫である可能性が高いと考えられる。

・「—ng」音の写音法「ング（ギ）」

『洋學指針』では「England」を「イングランド（傍書）、英國（訳）」とし、英語発音を写音法で示している。『寫眞鏡圖説』では「インギリス、レッド」と記載し、彼の他の著作に見られる「イギリス」とは異なる表記を用いている。後者については、「English red」を「イギリス赤、又は英国の赤」とせず、写音的表記によって固有名詞のように扱ったと考えられる。その際正確な英語音声を示すために、両者に「ン」を加えたのであろう。

・「r—」音の写音法「オロ」

Russiaについて、『洋筭用法』は「老鎗（ロシヤ）」と記しているが、『洋學便覧』では「峩羅斯（1. リュス）・峩（オロシヤ）・魯西亞」、『寫眞鏡圖説』では「峩羅思（オロシヤ）」と記しており、漢字表記も傍書仮名も異なっている。傍書仮名の中で「リュス」と同様の表記は『外国事情書』（1839）に見られる。『洋學便覧』以下の傍書「オロシヤ」は俣野通尚編『倭節用集悉改大全』（1826）[41] の「おろしや」と同様である。蘭語Ruslandもとにした「リユスランド」という表記が以前からあり、それによる呼称であると考えられる。『訂正増譯釆覧異言』でも「和蘭呼テ『リュスランド』ト云」と記している。「峩羅斯」の傍書「オロス」は『坤輿圖識補』「俄羅斯」の傍書[42]「ヲロス」と同様で、漢字表記「峩」と「俄」の相違のみである。『改正増補蛮語箋』は「俄羅斯rusland（リユスランド）」と記し、これも柳河春三の表記と類似している。傍書「オロシヤ」は『環海異聞』の「おろしや、オロシヤ」と同様である。従って、柳河春三がこれらを参照した可能性はある。語頭の「オ」は、巻き舌の「r」の発音が「オロ」と聞き取られたために付されたものと考えられる。

3.2.2　漢字表記について

近世から近代前期まで、外国地名についても、中国文献に基づく漢字で表記されることが多かった。彼も『洋學便覧』の「例言」で「譯字ハ務メテ漢

人洋人ノ所用ニ遵ヒ」と述べている。

複数表記併存の実態

彼は多くの別称・別表記も示している。例えば、「亞細亞洲」（アジャ）の割注には
「亞西亞、又阿細亞」、彼の関与した新聞雑誌類では「亞細亞（アジャ）、亞細亞、亞西
亞」（他に仮名書き「アジア」）と記している。幕末には外国地名の漢字表記
は固定されておらず、著者の教養と見識により日本人に読み易い漢字を使用
したり、中国の記載を基に同音字の範囲内で組み合わせを変えたりしていた。
その自由さは一面では混乱を招くので、明治5年には地名人名を漢訳で示す
字典（村田文夫編纂『洋語音譯筌』）が出版されている。その後、明治35年
（1902）11月15日「官報」5811号「外國地名及人名取調」（文部省）が行われ
たり、昭和に入って、各省（文部省、外務省、建設省）別に統一表記を決め
たり、放送協会や新聞協会で、各々国名表記を統一することが行われたりし
た。

柳河春三著作における複数表記地名の実態を示すと次のようになる。（略
称は含まない。）

2例の地名：アイヨワ（愛約娃　以阿華）、アダム（亞當山　楞伽山）、アト
　　　　　ランチク（壓瀾的洋　大西洋）、アフリカ（亞弗利加　阿非利
　　　　　加）、アラビヤ（亞辣伯　阿刺皮亞）、アリソナ（爾理瑣那　又
　　　　　作哥羅拉度）、アルカンセス（耳剛色斯　阿甘色）、アルギール
　　　　　（阿爾及　亞尔日尔）、イルリノイ（伊利那倚　英倫諾）、イン
　　　　　ジアナ（音地亞那　英地安納）、インド（印度　温特斯坦）、ウ
　　　　　タ（武達　烏達）、ウユルテムベルグ（威丁山　瓦敦堡）、オヽ
　　　　　ストリヤ（澳地利　雙鷹）、ドイツ（日耳曼　岱枝列國）

3例の地名：アジヤ（亞細亞　亞西亞　阿細亞）、安南（安南　交趾　越南）、
　　　　　イスパニヤ（是斑牙　以西把你亞　大呂宋）、イタリヤ（以太
　　　　　利　意太利亞　以大利）、エギプト（埃及　衣接　阨入多）、オ
　　　　　ランダ（荷蘭　和蘭　尼達蘭）、プロシャ（普魯士　普魯社
　　　　　單鷹）

4例の地名：ローマ（羅馬（ローマ）　哪嗎　殿堂領　羅瑪）、エウロパ（歐羅巴（エウロパ）　友

212 第2部 外国地名資料についての研究

羅巴 歐 歐邏巴）、オウスタラリー（浩斯特里 澳大利大洋群島 何遮你）、ロシア（老鎗 峩羅斯（l.リュス） 魯西亞峩羅思）

5例以上の地名：中国「支那 清 漢 唐 中國 唐土」（『中外新聞』（第9、12、15、17号等））

フランス「佛朗西 佛蘭西 法郎西 法蘭西」（『洋學便覧』）、「法蘭西 法朗西」（『寫真鏡圖説』）、「佛蘭西」（『洋筭用法』）、「法蘭西」（『洋學便覧』二集）、「佛蘭西」（『西洋雑誌』巻六）、「法蘭西 佛蘭西」（『中外新聞』第3・34号等）、「佛蘭西」（『萬國新話』）

アメリカ「亞墨利加 美理格 米利堅聯邦（l.アメリカ） 美理格聯邦」（『洋學便覧』）、「米利堅」（『洋筭用法』）、「米利堅」（『洋學指針』）、「米利堅 アメリカ合衆國 合衆國 南亞墨利加聯邦 北亞墨利加 亜墨人」（『西洋雑誌』巻一、二、四、五、六）、「亞墨利加 亞墨利加合衆國 米利堅 亜米利加 米 合衆國 花旗國」（『中外新聞』第1、5、6、44号等）、「亞米利加 米理堅 亜墨利加 米利堅合衆國 北彌利堅英領 亜米利加合衆國 合衆國」（『萬國新話』）

・フランスについて

　『洋學便覧』には「佛朗西、佛蘭西、法郎西、法蘭西」、『寫真鏡圖説』には「法蘭西 法朗西」が見られる。『海國圖志』及び『洋語音譯筌』に同様或いは類似の「法蘭西、佛朗西、佛郎機」が見られ、『瀛環志略』には類似する「佛郎西、法蘭西、佛朗機、佛郎機」が見られる。しかし、『洋學便覧』や『寫真鏡圖説』にある「法郎西」・「法朗西」は他書に見られない独特の表記である。柳河春三は、フランスの「フ」にあたる漢字として「法」又は「佛」、フランスの「ラン」にあたる漢字は「蘭」「朗」「郎」のいずれか、フランスの「ス」にあたる漢字は「西」を用いて、これらを様々に組み合わせて表記している。

　・アメリカについて

初期には「米利堅」のみであったが、後に「米利堅」の傍書の変更や、別表記「米利堅聯邦、美理格、亞（亜）墨利加」が見られ、柳河春三の関わった新聞雑誌類では更に「亜墨、花旗國、亞米利加、米理堅、彌利堅」が加わっている。これらの地名は多くが中国書の記載と一致しているが、『西洋雑誌』（巻五）に記載される「亜墨人」は中国書に見られず、独自表記であると考えられる。略記「亜」では「亜細亜」「亜弗利加」の略記「亜」と同様となるので、「亜墨」を用いたものと考えられる。

・ロシアについて

『洋筭用法』で「老鎗（ロシヤ）」、『洋學便覧』で「峩羅斯（1.リュス）・峩（オロス）・魯西亞（オロシヤ）」、『寫真鏡圖説』で「峩羅思（オロシヤ）」と記している。これらの漢字表記は日本書や中国書からの借用やその変形となっている。「老槍」については、渡辺崋山『外国事情書』[43]（1839）に「老鎗（ロウサウ）」と記載されており、これを参照した可能性が考えられる。

「峩羅思」は、当時および前後の文献において、同じ表記が見られない。但し、漢字の一部が一致する例として、中国書『海國圖志』『地球圖説』及び日本書『坤輿圖識』に「俄羅斯」、『瀛環志略』『地球説畧』『地理全志』に「峨羅斯」が見られる。最後の「思」については、青地林宗『輿地誌略』に「倭羅思」が、『瀛環志略』に「兀魯思、阿羅思、幹魯思」が見られる。従って、このような新来の中国資料等により中国語表記を借用し、合成した可能性がある。特に、「シヤ」にあたる最後の文字である「斯」と「思」については、二通りの可能性が考えられる。第一には、中国書に記されている漢訳地名でも使用されているので、柳河春三が同等の発音を示す字として使用した可能性、第二に、「斯」については日本文献では「ス」の音で使用されている（例えば、『洋學便覧』での「斯瓜斯堡（スワルスビュルグ）」、『訂正増譯釆覧異言』での「伊斯把你亞（イスバニア）、莫斯哥未亞（モスコヒア）」、外来語「瓦斯（ガス）」等）ので、両字とも「シ」と音読するが、「ス」とは読まない「思」が「斯」よりも「シヤ」と読み易く、傍書に応じて「斯」及び「思」を意図的に選択した可能性である。「魯西亞」については、『瀛環志略』に「魯西亞」、桂川甫周『北槎聞略』[44]（1794）に「魯西亞（ロシイヤ）」が見られる。

214　第2部　外国地名資料についての研究

特異な要因による国名呼称

・旗名による国名呼称—黄旂、黄旗、花旗—

ドイツ国名を『洋箏用法』で「黄旂」[45]とし、スウェーデン国名を『洋學便覧』で「瑞丁」の割注に「黄旗」とし、アメリカ合衆国名を『中外新聞』（第42号）で「花旗國」としている。

箕作省吾『坤輿圖識補』（1846序、巻四27ウ、36オ）には、「黄祁」[46]の左傍書に「ドイツ」、「帝弗朗氏」の割注で「黄祁帝」と示されており、ドイツの弗朗氏帝を示す旗で黄色のものがあったと理解できる。『改正増補蛮語箋』は国名表記を「黄旗」と記している。松園主人『萬國旗鑒』（原1846の再雕1853）及び鱸奉卿編『萬國旗章圖譜』（1852）によると、「ドイツ國常用之旗」は「黄色地に黒色の双頭の鷲」であり、「ドイツ國皇帝之旗」は「黄色地に紺色の双頭の鷲」である。これらは「黄旗」といえる。柳河春三は『改正増補蛮語箋』（典拠はオランダ書）を参照し、『洋箏用法』では「黄旂」と表記したと考えられる。しかし、その後の著作では使用しなかったのはスウェーデンを示す「黄旗」と紛らわしいことが一因と考えられる。

スウェーデン国名「黄旗」については、『海國圖志』及び『瀛環志略』に記載される「藍旗」とは異なる。この中国の二書では「黄旗」はデンマークを指している。また、『海國圖志』所載『海録』には「盈黎馬禄加国、（中略）即來粤黄旗船是也（割注、即那威國）」と記載され、デンマークとノルウェーが同国で「黄旗」であると示している。歴史上、ノルウェーはデンマークに1442〜1814年まで支配され、スウェーデンに1814〜1905年まで支配されていた[47]。この二書のうち、柳河春三は『海國圖志』の「總目」の文章を誤写した可能性が考えられる[48]。『坤輿圖識補三』『萬國旗章圖譜』（商舶旗）及び『萬國旗鑒』では、スウェーデン旗は、青（藍）地に太い黄色十字がある。『萬國旗章圖譜』（国旗）には青地に白十字がある。これらの旗は「藍旗」といえる。『萬國旗鑒』ではさらに、「同国リイカア之旗」として、青地に「国王及び常用之旗」よりも太い黄色十字とその真中に紋章が染められており、「黄旗」ともみなせる旗がある。従って柳河春三が参照した書物に「黄旗」とみなせる旗があった可能性は否定できず、「黄旗」という表記

が柳河春三の誤写か独自表記かは確定できないが、ともかく彼はスウェーデンを指して用いている。

『中外新聞』（第42号1868〈慶應４〉年５月晦日）には、アメリカ合衆国を「花旗國」と記す箇所がある。『海國圖志』（巻60）では「彌利堅國即育奈士迭國総記」（America、the United States）として「案奥人稱曰花旗國、其實彌利堅、即墨利加、又作美理哥、乃州名、非國名也（以下略）」、『海國圖志』所載『萬國地理全圖集』に「花旗國、一曰兼攝邦國、因船挿星旗、廣東人謂之花旗、亦稱之曰米利堅、皆一國也」（以下、下線稿者）（船に挿している「星旗」を広東人が「花旗」と云った）、『瀛環志略』に「亞墨利加大國也、因其船掛花旗、故奥東呼花旗國」及びその割注には「其旗方幅紅白相間、右角另一小方黒色、上以白點繪北斗形」（奥東でアメリカの星条旗を「花旗」と呼称し、その星が北斗七星の形に見えた）、『地理全志』に「米利堅、又名花旗」、『地球説畧』に「合衆國圖説」の割注で「又名花旂」と記され、また、同書所載地図上にも「合衆國、即、米利堅又名、花旗」と記され、『中外新聞』（第42号）での記載はこれらと一致する。日本では『萬國旗章圖譜』の「北アメリカ共和政治州旗」に、左上部の小長方形の紺地に白星が大きい星形に並べて描かれている。また、『萬國旗鑒』には、７星が円形に並べられ中心に１星がある旗もある。「船首桅」「船尾桅」「船尾帆桁端横植」等の旗には、星が横に平行に５行又は３行に並べて描かれている。このように、星条旗の星は様々な形に並べられており、赤白の縞模様と星配置の変化した旗が船に掲げられたのを見て、中国南方地方の人々が「花旗」と云ったものと理解できる。『中外新聞』（第42号）使用の「花旗國」も含め、日本でアメリカを指す「花旗」は、直接旗を見て呼称したのではなく、中国書が先行使用しており、中国文献を参照し借用したものと考えられる。

・紋章による国名呼称―單鷹、雙鷹―

『洋學便覧』に「普魯社、又單鷹」、「澳地利」の割注に「雙鷹」と記されている。プロイセンは一王国名であり、この王国の紋章が〈単鷹〉[49]で、それによって国名を示している。『坤輿圖識補』所載「新訂外番絵譜」の船手組の旗、『萬國旗章圖譜』所載「孛漏生」（プロイセン）の商舶の旗及び『萬國旗鑒』所載

216 第2部 外国地名資料についての研究

「フランデンヒルグ之旗」（プロイセン王国）に、〈単頭の鷲〉が描かれている。この旗を見る限りでは、鷹か鷲か見分けられない。〈単鷹〉は中国書が先行使用しており、日本では中国文献での誤解した表記をそのまま参照したと考えられる。

オーストリアの別称として柳河春三が示した「雙鷹」の表記は、中国書『海國圖志』の「奥人呼曰雙鷹」と一致する。日本書『坤輿圖識補三』本文に「窩々所旬礼畿＝即独逸帝本領」とあるので、オーストリアはドイツ領であり、旗についてもドイツの旗と同一であると解釈できる。『萬國旗章圖譜』及び『萬國旗鑒』では、「ドイツ國常用之旗」は「双頭の鷲」の絵柄で示されている。ドイツ国旗は15世紀以後1871年まで「双頭の鷲」であった。『海國圖志』では、「双頭の鷲」を「雙鷹」（「雙鷹」は二羽の鷹の意味となり、二重の誤解）と表記し、これを国名としている。『洋學便覧』もこの誤解を継承したものである。

・民族名、王国名、州名による国名呼称—ゼルマン、プロイス（プロイセン）、オランダ—

『洋學便覧』に「日耳曼、日耳曼」「普魯士（1. プロシヤ）」「荷蘭」、『寫真鏡圖説』に「普魯士」が記されている。同様の表記として、『海國圖志』に「日耳曼、普魯社」等、徐継畬『瀛環志略』（1861）[50]に「日耳曼列國、普魯士、普魯社、部魯西亞」等、『地球説畧』及び『地理全志』に「日耳曼、徳國」等がみられる。傍書のゼルマン及びプロイスはオランダ語（Germaan, Pruis）に、プロシヤは英語（Prussia）に、プロイセンはオランダ語（Pruisen）又はドイツ語（Preussen）による表記である。柳河春三の「ゼルマン」は、英語形容詞（German）、またはドイツ語（Germaneゲルマン人）の変形である可能性も考えられるが、鎖国期に使用されたオランダ語（Germaan）に由来すると考えるのが最も妥当であろう。『寫真鏡圖説』に見られる「ゼルメン、ドイツ、プロイス、プロイセン」等は原本[51]のオランダ語を発音に添ってそのまま翻訳したものと考えられる。それぞれ、「ゼルマン」はGermaan（ゲルマン人の、英語Germany）[52]に、「ドイツ」はDuitsland（ドイツ人の、ドイツ語Duitschland）[53]に、「プロイス」はPruis（ドイツ列

国の一王国名、ドイツ語Preuzzen、英語Prussia)[54] に由来する国名呼称である。また、前述のポルトガル語由来の「オランダ」は一州名を国名呼称としたものであり、『蛮語箋』・『改正増補蛮語箋』の「ゼーランド」もオランダの一州名を国名呼称としたものである。

意訳された地名

地名のすべてを意訳したものと、地名の一部を意訳したものが見られる。

・すべて意訳の例―喜望峰、銀河、青山、大洋群島、花地、殿堂領―

『洋學便覧』の「岌哥洛尼（カープコロニー）」の割注「喜望峰地方」は、英語Cape of Good Hopeを意訳したものである。彼の訓点本『智環啓蒙塾課』には「好望角、the Cape of Good Hope」と記載されている。「喜望峰」は『海國圖志』の「大浪山」、『地理全志』の「好望角」とは異なる訳である。日本書『西洋紀聞』では「カアプトボネスペイ」（原ポルトガル語Cabo boa Esperancaのラテン語訳Caput Bonae Spei）として「漢に大浪山角」と記され、『訂正増譯釆覧異言』でも「大浪山」と記され「喜望峰」は見られない。しかし、『蛮語箋』及び『改正増補蛮語箋』では「喜望峰」と記している。柳河春三の「喜望峰」はこれらの日本独自の意訳を参照したものであろう。

『洋學便覧』「拉巴拉他（ラプラタ）」の割注「銀河地方」はLa Plataを意訳したものである。ポルトガル語la Plataは「銀」の意味であるから、ラプラタのみでは、直訳「銀」であり地名か物名か紛らわしい。「銀河」と示しても、ラプラタ川（Rio de la Plata、英語 la Plata River）と誤解する。『蛮語箋』では「銀河シルヘル、ルヒール又ラプラタ」、『改正増補蛮語箋』では「大東銀河　rio（リオ）de laplata」、「伯辣多蘭土（デ　ラプラタ）　plata landen（プラタ　ランデン）」と記されるが、『洋學便覧』は「銀河」に、この流域を表す「地方」を加える彼独自の工夫が見られる。

その他に、高山名「青山（ブリュー）」は英語Blue mountainの意訳、オセアニアを「大洋群島」と表記するのはOceania[55] の意訳、フロリダを「花地」と表記するのは、英語Floridaが「元来、スペイン語の形容詞で『花のような、花咲く』を意味[56]」するものであることからの意訳、ローマを「殿堂領」と表記するのは、ローマ法王の領土を意味する意訳である。

218　第2部　外国地名資料についての研究

・部分的意訳(接頭語、接尾語)と音訳の組み合わせ―南、北、新、古、島、堡―

『洋學便覧』「叟格阿利納」の割注「南客羅利那」(傍書は英語音)は、オランダ語zuidでなく、英語southを「南」とする部分的に意訳した地名である。「諾格阿利納」の割注「北客羅利那」(傍書は蘭語音)は、オランダ語Noord Carolina のnoordのみを意訳し「北」で示したものである。

「新加拉那大」のように、New Granadaのnewのみを意訳した地名も見られる。同様の例として、「新折尔西」「新疳連」「新西蘭島」(New Zealand)「牛含布什爾」の割注「新罕什」、「栁墨是科」の割注「新墨西哥」、「紐約」の割注「新約克」等が見られる。「留士、給拉」(スレーツはドイツ語frisch「新たな」であり、フレーツの誤刻であろう)の割注「新留士」や、「留士、略勒斯」(ドイツ語greis「老いた、古くなった」)の割注「古留士」も同様に部分意訳である。「洛哀倫」の割注「洛底島」はIslandのみの意訳である。「早堡、翰堡」「彼得堡」「霊堡」「盧森堡」等の地名では、「ビュルグ」はドイツ語burg(「築城都市、城郭」の意)であり、この接尾語を「堡」で表す意訳である。

漢字表記の典拠

『洋學便覧』の外国地名漢字表記は、中国書の記載と同様又は類似するものが多く、「萬國通表」部におけるすべての国名表記、及び「五大洲」においては、2例(ポリ子シヤ、マレイシヤ)を除く、すべての地名を漢字表記で記載している。各部で漢字を主体としながら、片仮名も交用している。但し、「世界高山表」の山名及び「世界大河表」の川名の別称に限り、漢訳のない片仮名のみで記載する地名がある。これらについては、漢訳地理書を参照しなかったか、又は該当する漢字表記を記載する書物が無かったため、英語の原書から音訳したのであろうと考えられる。合計すると、表記の異なり数で、『洋學便覧』(初集・二集)では片仮名地名37例、漢字地名420例である(略称でも傍書が正式名を示す地名は含めた)。

一方、『洋筭用法』(エゲレス等5/22)(仮名表記数/全地名数、以下同)、『寫真鏡図説』(インギリス・レッド等2/28)、『西洋時計便覧』(フランス1/4)、『西洋将棊指南』(イギリス、いきりす、ふらんす3/4)では、漢字

表記、片仮名表記、平仮名表記を併用している。『洋學指針』では、「漢字」又は「漢字と傍書仮名」及び「英語表記（England等）と仮名と漢字」の併用が見られた。これらの書物は一般大衆を読者としており、読みにくい漢字表記に統一せず、仮名も併用したものと考えられる。ただし、本章で対象とした著作を総体的に見る限りでは、表記別の用例数は上記のように仮名表記よりも漢字表記が多く、原則漢字表記となっている。

　・漢訳地理書の影響

　柳河春三の著作において、外国地名を漢字で記す場合は、『地理全志』・『地球説畧』・『聯邦志略』（アメリカ各州地名について）・『瀛環志略』等と一致するものが多く見られ、自らの訓点本『智環啓蒙塾課』及び『海國圖志』と一致するものは少数である。これらの書物は新しい系統の漢訳地理書である。『洋筭用法』「歐邏巴」から『洋學便覧』『西洋雑誌』及び『萬國新話』等での「歐羅巴」への変更は、『坤輿萬國全圖』を始めとする古い系統の漢訳地理書等の「歐邏巴」の使用から、後には新しい漢訳地理書の「歐羅巴」を使用するようになったことが示唆される。

　また、既述の「法朗西」のように、漢訳地名の漢字を部分的に変更した表記も見られた。幕末には更に、古い漢訳地名と新しい漢訳地名とが同一書物に共存する場合もあった。例えば、『洋學便覧』では「印度（即東印度）・印度斯坦」、『洋學指針』では「印度」（傍書仮名無）と記載していたが、『西洋将棊指南』では「印度」とし、傍書「てんじく」を追加している[57]。インドについては、幕末に蘭語では「Indea（India）、Indstan」、英語では「India、Hindustan」であることが知られていた。しかし、『西洋将棊指南』は大衆向けの本であることから、上代以来日本人になじみのある中国書による呼称「てんじく」を傍書としたと考えられる。但し、漢字表記は「天竺」とせず、新しい漢訳書による英語Indiaの訳「印度」を使用している。このように『洋學便覧』では漢字表記と傍書を異なる方針によって設定する独自の形式が見られた。

　アメリカ各州名[58]についての漢字表記は『聯邦志略』と34/35の割合で一致しており、割注の別称地名は『地理全志』と14/28の地名表記が一致する。

柳河春三は基本的には『聯邦志略』を参照し、更に『地理全志』及び別書により、別称及びネバダ州を追加したと考えられる。

日本の先行書の影響

彼は『洋學便覽』の例言で「缺ル者ハ先輩ノ所充ニ就テ其穩當ナルヲ撰用ス」と述べ、漢訳書に無い地名は日本人の先行書を参照したと記述している。具体的には前示した「喜望峰」及び「銀河地方」がある。

独自表記及び後世への影響

彼の著作の中には、外国地名について他人の著作及び漢訳地名と一致しない漢字表記が見られる。それらは彼が独自に翻訳した可能性が高い。

・「峏枝列國」について

柳河春三記載の「峏枝列國」（ドイツ）は他の書物に見られない。ドイツについては、地図[59)]では、橋本宗吉『喎蘭新訳地球全圖』（1796）に「度逸都蘭土」、箕作省吾『新製輿地全圖』（1847）、箕作阮甫『八紘通誌』（1851）、山崎美成『地球萬國山海輿地全圖』（1850）及び近藤峴山『萬國地球分圖』（1856）に「獨逸」が見られるが、「峏枝國」の用例は他に見あたらない。王敏東[60)]によると、「『徳意志者日耳列國総部名也旧名邪馬尼』等の『徳意志』は日本に例がなく、『都逸、獨逸、獨乙』は日本独自で作ったと思われる」ということである。「峏枝國」も柳河春三の独自の表記である可能性が考えられる。

・「浩斯特里」「何遮你」について

『洋學便覽』の「五大洲」の説明文中で「浩斯特里（オウスタラリー）」とし、割注では「又作澳大利又日何遮你（オセアニー）譯シテ大洋群島ト云フ」（下線稿者）と記載がある。中国書では、『地理全志』に「澳大利　大洋群島」、『地球説畧』に「澳大利」と記載され、『瀛環志略』では「澳大利亞、一名新荷蘭（ニューホルラント）」、「大洋海群島」と記載されている。柳河春三の「澳大利　大洋群島」は『地理全志』と一致し、これら中国書の利用が示唆される。「浩斯特里」については、類似の表記として『改正増補蛮語箋』の「豪斯多刺里」、『坤輿圖識』の「豪斯多刺利（オウスタラリー）」が見られる。『海國圖志』に類似表記は見られない。「浩斯特里」という表記については、管見によると、他の書物には見られず、『改正増補蛮語箋』

の「豪斯多刺里」を参考にした可能性は否定できないが、柳河春三独自の漢訳であると考えるのが妥当である。

『標準漢譯外國人名地名表』[61] (1924) では「声母h、韻母ou」として「豪・浩・號」が示されている。「豪」と「浩」は声調の違い以外は同音であるので、「浩斯特里」は「豪斯多刺里」の「豪」を「浩」に、「多刺」を「特」に変形させた綴りである。また、『標準漢譯外國人名地名表』では「Austral Islands、奥斯特刺爾群島（澳大利群島）、Australasia、澳大拉西亞（澳斯大拉西亞）、Australia、澳大利亞、Oceania、大洋洲；俄西尼亞」と記されている。ここでは「t」に当たる漢字は柳河春三の使用表記と同じ「特」であるが、「ra」に当たる漢字は柳河春三の表記と異なる「刺」が使用されている。『標準漢譯外國人名地名表』によると、「大」は中国では「ta、 tar、da、 dar、 dal、 de」の音訳として使用されている。一方、「澳大利」には、日本人には「ス、ラ、ア」相当の漢字が無いように見える。

　英語Oceaniaの音訳である地名「何遮你」（オセアニー）については、中国書『海國圖志』に「阿塞亞尼洲」、『智環啓蒙塾課』に「阿西亞尼亞」、『外国人名地名表』に「俄西尼亞」が見られる。しかし、「何遮你」（オセアニー）はこれらとは異なる表記であり、柳河春三が独自に翻訳した可能性が高い。

　・後世への影響

　官板『洋學便覧』の独自表記であるオーストラリア「浩斯特里」を使用する書物として、眞佐樹繁『童蒙學そめ』(1872)、卜部精一『改正増補英語箋附録』（又は『通辨獨學』）(1873)[62]、黒田行元『萬國地名往来』(1873)[63]、石黒厚『輿地新篇』(1874)、橋爪貫一『西洋地學問答』が挙げられる。これらの書物は1872～74年の出版である。後の一書は刊年不明であるが、晩年の著述として『洋算術訓蒙図会』(1871～72)・『物名字彙』(1878)がある作者橋爪貫一(1820～84)による同じころの出版であろうと考えられる。また『萬國地名往来』(47丁ウ)には「何遮儞洲」（をせあにーしう）も記載されている。

　柳河春三は1870年に死去した。同年に官板『輿地誌略』が刊行され、この書物が教科書に採用されたので、その地名「浩斯特里」も略称「浩洲」もこの時期[64]（明治10年前後）までの使用に限られているのであろう。現在の新

222　第2部　外国地名資料についての研究

聞でも見られる「豪（濠）洲」系に較べ、「浩洲」系は長くは使用されな
かったが、少なくとも上述五書及び自著『洋學便覧』を通して一部に影響を
与えたのである。

おわりに

　柳河春三の外国地名表記は読者が理解し易いように配慮されており、著書
の特徴に応じて、漢字表記を絶対視せず片仮名表記でもよいという姿勢が見
られる。そのような表記の方針には、彼が地理学者でも文学者でもなく、翻
訳を専門とした教育者であることが影響したと考えられる。福澤諭吉も翻訳
について、「勉て日本人に分り易き文字を用るやふにせり實はいろは計り用
ても濟むべき筈なれとも本字を記して脇へ假名を附れは記憶するに便利なり
（中略）假名の方を記憶すべし」[65]と述べ、実際、地図上では平仮名で地名
表記しているが、文章中では漢字に傍書平仮名附きで記載している。このよ
うな形式は柳河春三と同様であり、幕末知識人の共通認識であることが分か
る。

　柳河春三は翻訳の際に外国地名の参考書として、漢訳書『地理全志』『地
球説畧』『聯邦志略』等の新しい地理書を利用すると共に、その他の古い書
も参照し、古くから大衆に知られている読みに従った地名も多く採用してい
る。また、外国地名表記には、漢訳の変更や、新たな漢訳の創出と考えられ
る彼独自のもの（「岱枝列國（ドイツ）」「浩斯特里（オウスタラリー）」「何遮你（オセアニー）」）も見られた。漢字表記
については、一地名に別呼称や異表記を用いて複数で示す形式が多く見られ
た。音訳には、ポルトガル語、オランダ語及び英語等種々の言語からの訳が
錯綜し、他に意訳もあり、外国地名が複雑な受容経路を有して設定されたこ
とが確認できた。

注

1）　尾佐竹猛著『新聞雑誌の創始者柳河春三』（原本は高山書院1940、近代日本
　学芸資料叢書第九輯『柳河春三資料』近代湖北社復刻本1985）による。

2）　『江戸科学古典叢書 20』（恒和出版1979）影印による。

3）　神戸大学住田文庫蔵本による。

4）　雄松堂出版マイクロフィルムによる。

5）　『江戸科学古典叢書 38』（恒和出版1979）影印による。

6）　『明治文化全集　風俗篇』（日本評論社1968）影印による。

7）　注6に同じ、同書翻刻による。

8）　神戸大学住田文庫蔵本による。小澤三郎「『智環啓蒙』と耶蘇教」『幕末明治耶蘇教史研究』（亜細亜書房1944）によると、著者は英国人のJames Legge（中国名、理雅各）で、「『智環啓蒙』は日本へ幕末に輸入せられ、その後数種の日本版が現れ、遂には教科書として使用された物だ。」（p.135、136）。

9）　『明治文化全集　外国文化篇』（日本評論社1928）による。

10）　『明治文化全集　新聞篇』（日本評論社1928）による。

11）　近代日本学芸資料叢書第九輯『柳河春三資料』（注1）による。また『明治文化全集 雑誌篇』（日本評論社1928）に翻刻されている。巻二〜五までは発行年月の記載がない。柳河春三の早世（1870年2月）のため巻六で中断された。

12）　『改正増補英和對譯袖珍辞書』（1866）の "preface" に "I have done so with the kind assistance of my learned friends YANAGAWA SUNSAM，TANAKA YOSIO & others," と書かれている。

13）　大西英文・長谷川孝治『オルテリウス　世界の舞台』（神戸市外国語大学外国学研究所1992）の解説によると、「『ホラント』の名称自体は12世紀になってから使われ始めた。」また「ホラント州そのものは1840年に南北に分割され、現在に至っている。」（pp.106〜119）。ラテン語でホッランディア（ホラント）、ゼーランディア（ゼーラント）、ユトレヒト、フリシア（フリースラント）等の呼称は本来州名である。

14）　牧英夫編著『世界地名の語源』（自由国民社1980、p.83）による。また、オランダ語のh音が喉音であるため聞き取れなかった（山村才助『訂正増譯釆覧異言』）という説もあるが、h音はオランダ語では発音されるのであり、聞き取れないのは不審である。ポルトガル語では語頭のh音は発音されない。ポルトガル語及びスペイン語で「オランダ」は「Olanda」又は「Holanda」であり、『世界図屏風』（香雪美術館蔵）等でも「オランタ」と書かれている。ポルトガル語由来と考えるのが妥当であろう。

15）　村上直次郎『増訂異國日記抄』（駿南社1929、pp.126〜156）による。

16）　『日本水土考・水土解弁　増補華夷通商考』（第2刷岩波文庫1988、p.139）による。

224 第2部 外国地名資料についての研究

17) 宮崎道生校注『新訂 西洋紀聞』（平凡社1968、東洋文庫113）による。

18) 則蘭地はZeelandで、オランダ南西部の州名であるが、国名をも指した。

19) 山村才助著、蘭学資料叢書『訂正増譯釆覧異言』（青史社1979、内閣文庫所蔵本の影印）による。

20) 青地林宗『輿地誌略』（原本は1826、『文明源流叢書 第一』國書刊行會1913初版の1992再版、p.263、p.399）による。

21) 福澤諭吉『世界國盡 巻三』（1869）24丁裏、25丁表。

22) 内田正雄『輿地誌略 巻五』（1871）42丁表。

23) 100巻本、神戸大学住田文庫蔵本による。

24) 漢本は慕維廉（William Muirhead）著。鹽谷世弘撰翻刻本10冊（爽快樓蔵梓1858）。

25) 漢本は禕理哲（Richard Quarterman Way）著。箕作阮甫訓点翻刻本3冊（老皂館蔵梓1860）。

26) 艾儒略（Giulio Alenio）『職方外紀』（原本は1623、『中外交通史籍叢刊12』中華書局2000による）。

27) 『改正増補蛮語箋』でも「英吉利Engeland」と記す（附録8丁裏）。
（エングランド）

28) 西浦英之「近世に於ける外国地名称呼について」（『皇学館大学紀要』第八輯1970.3、p.246）。

29) 西浦英之は「近世に於ける外国地名称呼について」で、「英圭黎はイングレスInglez（ポルトガル原語）で、この音を我国人が、イギリスに訛ったのを、後世の地理書が、『我俗にイギリスと云』と説明する事になる。」（p.246）とし、竹村覚も『日本英學發達史』（研究社1933）で、「葡萄牙語か西班牙語のInglesか、英語のEnglishの訛ったものであろう。（中略）恐らく葡萄牙語系統と見るべきものであろう。」（p.252）とする。

30) 箕作阮甫訓点『聯邦志略』（老皂館蔵梓1864）。原本は禕治文（E.C.Bridgman）撰述漢訳本（1861）である。

31) ヘボン著 飛田良文・李漢燮編集『和英語林集成 初版・再版・三版対照総索引』（港の人2001）による。

32) この記事の右隣りは「伊太里」で傍書がない。その訓は英語Italyによる「イタリイ」であり、これからの誤った類推で「スパニイ」としたか、又は、オランダ語Spanjeを「スパニイ」と発音したかであろう。

33) 利瑪竇『坤輿萬國全圖』（1602、宮城県図書館蔵、臨川書店1996複製による）。

34) Hispaniaはローマ人による呼称である。"oudtijds Iberie, Hesperie, en bij de Romeinen Hispania"（古代イベリアでヘスペリア、ローマ人はヒスパニアと

3. 幕末期における外国地名受容法の揺れについて　225

呼称）（Woordenboek Te Dordrecht、Bij J. de Vos & Comp.1825、p.1542）。

35）　『輿地誌略』巻七の「以太利、伊太利」（33丁オ・ウ）。西村恆方訳『萬國暦
　　史』（桃林堂蔵板1872）巻一の「伊太利、以太利」（4ウ、15オ）等に見られる
　　が、福澤諭吉『世界國盡』の「伊太里」、前田正毅『大正増補和訳英辞林』（1871）
　　の「伊太利」等のように、「亞」が無いが語尾「ヤ」を附す書物もある。

36）　朽木昌綱『泰西輿地圖説』（1789、『蘭学資料叢書7』青史社1982復刻）によ
　　る。

37）　『洋學便覧』の「例言」において「譯字ハ務メテ漢人洋人ノ所用ニ遵ヒ欽ル
　　者ハ先輩ノ所充ニ就テ其穏當ナルヲ撰用ス」と述べ、他者訳を採用する方針を
　　持っていたことが分かる。

38）　シベリアを示す表記は5例あり、4例が3文字であり、これ以外に1例が4
　　文字「止百里也」である。この例外の1例は語尾の「ヤ」発音に合わせて、
　　「也」と書いたと考えられる。

39）　福島邦道「半濁音符考」（『キリシタン資料と国語研究』笠間書院1973）に同
　　書の「れぢひかつlaetificat、おんいぽ（て）んぢomnipotenti、ぢびtibi」等の
　　例や、『耶蘇教写経』の「みぢすmitis」等の例が挙げられている。

40）　注36に同じ。

41）　俣野通尚纂補『倭節用集悉改大全』（1826、須原屋茂兵衛等）。

42）　巻二・三では「ヲロシヤ」を使用しており、巻四で「ヲロス」となっている。

43）　『日本思想大系』（岩波書店1971）p.36に「ロシヤ又リュスト申シ」とある。

44）　亀井高孝編纂翻刻『北槎聞略』（三秀舎1937、p.14、p.60等）による。

45）　「旐」は「はた、（中略）諸侯のたてた旗という。」（藤堂明保監修『楚辞』学
　　習研究社1982、p.303）、また「キ、ゲ」、「はた、はたの泛称」「のぼり龍とくだ
　　り龍とを画いた赤色の旗で、端に鈴を附けたもの。諸侯の建てるもの。」（諸橋
　　轍次『大漢和辞典』大修館書店1958）という。『地球説畧』割注の「花旐」を参
　　照し採用したとも考えられる。

46）　「黄祁」の「祁」は音「キ、シ、チ」、訓「おほいに、さかんに、これ」（『大
　　漢和辞典』注45）。『訂正増譯采覽異言』（巻二1ウ）に「海國聞見録ニハ黄祁ニ
　　作ル其義未タ詳ナラズ」と記されており、中国の文献からの引用と考えられる。
　　「祁、旐、旗」は音「キ」が共通している。

47）　John Everett-Heath "World Place Names"（Oxford university press 2000、
　　p.382）による。

48）　『海國圖志』の總目巻五十八の割注には「璉國大尼國粤人呼黄旗國瑞丁國那
　　威國粤人呼藍旗國」と記載され、「黄旗國瑞丁國」のように見え、紛らわしい。

226　第2部　外国地名資料についての研究

49)　苅安望『世界の国旗と国章大図鑑』（平凡社2006）は、ドイツ連邦共和国の紋章は「単頭の黒鷲」としている。「単頭の黒鷲が神聖ローマ皇帝のシンボルとなったのは12世紀のフレデリック1世の頃で、その後15世紀に双頭の鷲に変わり、1871年に単頭の鷲が復活した。」と記載があり、「鷹」ではない。

50)　井上春洋等訓点翻刻本、阿陽對嶋閣蔵梓1861（中華全国図書館文献縮微複制中心2000）による。

51)　『寫眞鏡圖説』凡例に「吾嘗て荷蘭人ホルマンの著書を得て之を繙き…未だ志を果さざりしに、復た幸ひに此略説を得たり是は法蘭西の写真術士ダグロン。法 文と英 文を以て。手づから書きて傳へたる者にて。酔月堂主人の蔵本なり」とある。『江戸科学古典叢書38』青木國夫解説には「一八六四年刊行されたダグロンの写真術に関する著書を訳したもの」と言う。

52)　注14『世界地名の語源』による。

53)　『小百科事典』（平凡社1983）による。

54)　『世界地名事典』（平凡社1951）による。

55)　注14と同じ『世界地名の語源』に「オセアニアは、ラテン語オケアヌスoceanus『大洋』と、地名接尾辞-iaを合成したもので、『大洋の土地、大洋の中の国、大洋州』を意味する。発音は、一部分英語化されて、オケアニアでなく、オセアニアとなっている。一八一〇年、M.Brownが用い始めた地名とされている」とある。

56)　注14『世界地名の語源』に同じ。

57)　『蛮語箋』では「天竺・インデヤ」「印度・インデヤ」（「印度」の左傍書「テンヂク」）「印度厮當・インドスタン」、『改正増補蛮語箋』では「印度・jndeaインデア」「印度斯當・indstanインドスタン」と記されている。

58)　『洋學便覧』「美理格聯邦諸部略表」（31丁オ〜34丁オ）に掲載する州名。

59)　織田武雄等編『日本古地図大成　世界図編』（講談社1975）による。箕作省吾『新製輿地全圖』（1847）は架蔵本、箕作阮甫『八絋通誌』（1851）は関西学院大学蔵本を参照した。

60)　王敏東「外国地名の漢字表記についての通時的研究」（大阪大学博士論文、1994）。

61)　何崧齢等編纂『標準漢譯外國人名地名表』（原本は1924商務印書館、汲古書院1975影印）

62)　著者は大坂開成所出身であり、教科書として『洋學便覧』を見た可能性がある。著者「卜部精一」の確定は、櫻井豪人「『英語箋』から二つの『改正増補英語箋』へ―書誌が語る出版事情―」（『日本語論究6』和泉書院1999所載）の述

べるところである。

63) 作者の黒田行元は「1862年開成所に出仕し教授手伝を命ぜられ、1865年に辞め藩校の教授となっている。」（竹内博『日本洋學人名事典』柏書房1994による）。

64) 1877年2月に西村茂樹編纂『輿地誌略』の巻十二（阿西亜尼亜洲・南極州）が出版されたので、この頃までは使用されていたと考えられる。ただし、中島満州夫「内田正雄著『輿地誌略』の研究」（『地理』第13巻第11号、1968.11）には、「前述のごとく版を重ねた官版が、すべて七巻までであったため、藤井維勉が銅版として八巻より一四巻までを一冊として、『輿地誌略乙ノ部』として出版しています。」とのことである。よって、柳河春三の「浩斯特里」はもう少し長く使用されたとも考えられる。

65) 福澤諭吉『頭書大全世界國盡』（慶応義塾蔵板1869）。

第3部　資料編

（DVD-ROMには当「資料編」全文pp.229-283と共に、底本『新製
輿地全圖』『坤輿圖識』『坤輿圖識補』の影印に栞を施して収録した）

1.『新製輿地全圖』『坤輿圖識』『坤輿圖識補』影印

・『新製輿地全圖』（軸装、34.7cm×121.7cm）について

　地図書幅の裏面に貼付された紙に「美作　箕作省吾著　弘化四年丁未十一月(1847)　江都書賈　和泉屋善兵衛　須原屋伊八發行」、序文は「皇天保十五年(1844)甲辰南至日　仙臺大槻崇撰幷書」と記載、凡例は「弘化元年甲辰(1844)季冬　美作　夢霞山人箕作省吾謹識」と記載、東西半球の二円の地球図である。地図には「稟准刊行」と「箕作氏家蔵」の朱印が押されている。

・『新製輿地全圖』の影印はDVDに収録

 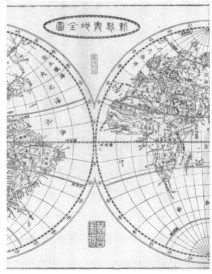

232　第3部　資料編

・『坤輿圖識』　5巻3（天・地・人）冊（26.1cm×18.1cm）について

　刊記には「美作　箕作省吾著　弘化四年丁未十一月（1847）江都書賈　岡田
屋嘉七　山城屋佐兵衛　須原屋茂兵衛　和泉屋善兵衛　須原屋伊八　發行」
と記載されている。天冊の見返し（遊び紙）に「弘化二年　乙巳（1845）刊行
坤輿圖識　全三冊　美作　夢霞樓蔵版」とし「箕作氏家蔵」の朱印が押されて
いる。序文は「弘化乙巳（1845）如月紫溟古賀煌識」及び「天保十五季甲辰
（1844）十有二月　美作府文學　昌谷碩撰」と記載され、凡例には「弘化紀元
之嘉平月下澣箕作寬省吾謹識于鍛冶邸夢霞樓南窻之下」と記載されている。
人冊の後序には「弘化紀元甲辰（1844）南至日　仙臺　齋藤馨識」と記載され
ている。天冊は「序、序、引用西書、凡例、目録、巻一、附録」、地冊は「巻
二、巻三」、人冊は「巻四上、巻四下、巻五、後序（跋）」の構成となっている。

　　　引用西書　「ニウウェンホイス十本」等7種類のオランダ渡りの書物名
　　　　を掲載
　　　天冊：序（5丁）、引用西書・凡例（2丁）、目録（3丁）、巻一　亞細亞誌
　　　　　（33丁）、附録　地中海（6丁）
　　　地冊：巻二　歐邏巴誌（24丁）、巻三　亞弗利加誌（16丁）
　　　人冊：巻四上　亞墨利加誌（13丁）、巻四下　北亞墨利加誌（20丁半）、
　　　　　閣　龍小傳（2丁半）、巻五　豪斯多辣里誌（13丁）
　　　　　（コロンビュス）　　　　　　　　　　（アウスタラリー）

　各巻のタイトルは目録の表記による。但し「閣龍小傳」は目録に記載なし。
　「附録　地中海」は目録では巻二とあるが、本文では巻一に収録され、巻
二には「歐羅巴誌附言」（半丁）が記載されている。

・『坤輿圖識』の影印はDVDに収録

1.『新製輿地全圖』『坤輿圖識』『坤輿圖識補』影印　233

刊記

表紙

見返し（遊び紙）・内題

見返し

・『坤輿圖識補』 4巻4冊(26.1cm×18.1cm)について

　刊記には「美作　箕作省吾著　弘化四年丁未十一月(1847)江都書賈　岡田屋嘉七　山城屋佐兵衛　須原屋茂兵衛　和泉屋善兵衛　須原屋伊八　發行」と記載されている。見返し(きき紙)には「弘化三年丙午(1846)鐫　坤輿圖識補　全四冊　美作邸　夢霞樓藏版」とし「箕作氏家蔵」の朱印が押されている。序文には「弘化三年(1846)龍集柔兆敦牂。六月念五日　津藩督學　齋藤正謙撰」、後序には「弘化丙午(1846)九月　西肥古賀坤識」と記載されている。巻三の末尾に「新訂外蕃旗譜」として彩色された81の各国旗が掲載されている。例言には「弘化丙午(1846)季秋念七　夢霞山人識」と記載されている。

　　「一」には序文(3丁)、引用西書「ニウウェンホイス」等8種類のオラ
　　　　ンダ渡りの書物名と附言・目録(以上2丁)、巻一　輿地総説(23丁)
　　「二」には巻二　亞細亞誌補、米利幹誌補(52丁)
　　「三」には巻三　歐邏巴誌補(48丁)、新訂外蕃旗譜(4丁半)
　　「四」には巻四　本編中所収人物略傳(「歴山王(アレキサンデル)」等四名)(50丁)
が収録されている。各巻のタイトルは目録の表記による。

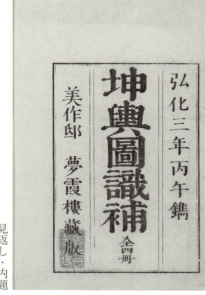

見返し・内題

表紙

1.『新製輿地全圖』『坤輿圖識』『坤輿圖識補』影印　235

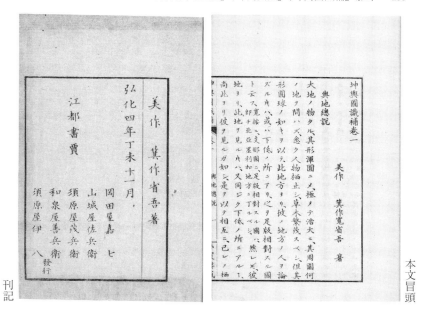

刊記　　　　　　　　　　　　　　　　　　　　本文冒頭

・『坤輿圖識補』の影印はDVDに収録

2.『新製輿地全圖』『坤輿圖識』『坤輿圖識補』地名索引（DVD）

凡例

地名の呼称は著者の表記によった。

片仮名表記はその呼称とし、漢字の字体は地図の表記、読みは箕作省吾の表記により、傍書仮名がある時はそれにより、無い場合は著者の呼称を推定することを第一とし、不明地名は作者の義父箕作阮甫の呼称、又は日本の漢字音によった。

「r.」は右傍書、「l.」は左傍書、「w.」は割注、「目」は目録、「序」は序文、「凡」は凡例、「附」は附録である。

『**新製輿地全圖**』について。プロジェクションは "Lambert's Azimuthal Equal-Erea" の東西半球２図である。経・緯線が10度で目盛られているので、経度は東半球を向かって右より東１〜東18とし、西半球を向かって右より西１〜西18とし、その経線内の地名を北緯80度から10°毎に赤道まで「a,b,c,d,e,f,g,h」の記号を附し、赤道から南緯80度まで10度毎に「i,j,k,l,m,n,o,p」の記号を附した。例えば「東1a」は、箕作省吾が記載する経・緯度では「東経180°から東経170°の範囲で北緯80°から北緯70°までの範囲」である。ただし、地名の位置は正確に表しているのではなく、緯度は合致する地名が多いが、現実の経度とは合致しない位置となっている場合がある。また中には旧称であるため現在発行の地図に記載されていない地名もある。その場合は19（又は18）世紀の地図を参考とした。不明の地名は現在のどの辺りであるかを示した。経・緯線をまたぐ場合は最初の文字の位置を示した。

『**坤輿圖識**』については、「**正編**」は巻数を（上・下の別の場合もある）と丁数オ・ウを「-」でつなぎ、つづけて行数を示し、「**補編**」は巻数と丁数オ・ウ（用例数）を「・」でつないで示した。

『新製輿地全圖』所収外国地名索引

ア

アイグム　Aigun	東4-d
アイレス　Buenos Aires	西4-l
豪斯多刺里洲 r. アウスタラリ　Australia	
	凡15
豪斯多刺里　Australia	東4-k
アカテス　Agadez	東16-g
アカフルコ　Acapulco	西9-g
アガラ　Agra	東9-e
アキュミー（Akkewin）	東16-g
アキユリンタ（Urua/Kasongos）	東14-i
亞細亞　Asia	西18-b
亞細亞　Asia	東2-b
亞細亞洲　Asia Continent	序3
亞細亞洲 r. アジヤ　Asia	凡15
アジヤトルコ　Asiatic Turkey	東13-e
アスセニポウェルス（Athabasca Wales）	
	西10-c
アスソンヘチヨン　Assumption	西4-l
アセーン　Banda Atjih／Acheen	東7-h
アセム　Assam	東7-f
アソフ　Azov	東12-d
亞太臙海　Atlantic Ocean	西1-c
亞太臙山脈　Atlas Mountains	東17-f
アチー（Liverpool）	西5-d
アテル（Italian Somaliland の都市）	東12-h
アナデル　G. of Anadyr	西16-b
アナハラ　Anabar R.／Anabarsk	東7-b
アナボナ　Anno Bom	東16-i
ア子ガタ　Bahia Anegada	西4-l
アハ　Ava	東7-f
アハカンスコイ　Abakan（Ust-Abakans-	
koe）	東10-d
アパセス（Agassiz）	西9-e
亞毘心域 r. アビシニー　Abyssinia	東13-g
亞弗利加洲　Africa Continent	序5
亞弗利加　Africa	凡6
亞弗利加洲 r. アフリカ　Africa	凡15
亞弗利加　Africa Continent	東16-f
アマソ子川　Rio Amazonas	西4-i
アマゾ子　Amazonas Amazon	西4-i
アマルコリ　Amaracao	西2-i
アムステルダム　Amsterdam	東16-c
亞墨利加洲　America Continent	m序4
亞墨利加魯西亞　Russian America	西13-a
アラカン（Arequipa）	西6-j
アラキュアイア　Araguaia/Araguaya	西4-j
アラスカ　Alasca Peninsula	西14-c
アラセヤ　Alazeia	東2-a
アラツテリー　Cape Flattery	西12-d
亞刺比亞　Arabia	東12-f
亞刺比亞海　Arabian Sea	東11-g
アラシ山（Mt. shereibe）	東17-g
アラル　Aral	東11-d
アリアス　Marias Islands	西10-g
アリカ　Arica	西6-j
アリカラ（Araguari）	西4-i
アルギールス　Algiers（Alger）	東16-e
アルキュン（Rio de Oro）	東18-f
アルセヘル（Arnhemland）	東4-j
アル子トム　Arnhem	東3-j
アルメニヤ　Armenia	東13-d
アレウツキヤ諸島　Aleutian Islands	西16-c
アレキサンデリー　Alexandria	東14-f
アレキサンデレ　Aleksander Archpelago	
	西14-c
アレ（「アレ」は「ヱ」か不鮮明）ムビールツ	
（Bluefields）	西7-g
安徽　Anhui	東5-e
アンタマン　Andaman	東7-g
アンタラシイ　Sa. de Unturan	西5-h
アンテス山　Andes Mt.	西7-h
アントニヨ　Cabo San Antonio	西4-l
アントレ　Port Andres	西4-l

238 第3部 資料編

イ

イースランド Iceland	東18-b
イーメン Yemen	東12-g
イカ Ica	西6-j
イキュセイケ (Iquique)	西6-k
伊斯把泥亞 r.イスパニヤ spain	凡21
伊斯把泥亞 Hispania(Spain)	東17-d
イスパン Ispahan	東11-e
イスラント Iceland	西1-b
意太里亞 r.井タリヤ Italy	凡21
イタリヤ Italy	東15-d
以兒格都加領 r.イルコツカ Irkutsk	東2-b
イルランド Ireland	東17-c
インタヒラ (Indra/Indrapura)	東7-i
インヂアー子ン Indianen	西10-d
インヂアー子ン Indianen	西12-c
インヂア子ン Indianen	西11-a
インティギル Indigirki R. /Indigirka	
	東3-a
印度 India	東9-f
印度海 Indian Ocean	東10-i
身毒川 Indus R.	東10-f
インメ (Last Hope Inlet)	西6-n

ウ

ウイモウテ C.Weymouth	東3-j
ウイルナ Vilna	東13-c
ウェ子ン Wien(Vienna)	東15-d
ウエセル Wessel Is.	東3-j
ウェットランド De.witsland	東4-j
烏江 Wuchiang	東7-e
烏斯白祈 Uzbek	東10-e
ウハンコウフル Vancouver	西12-d
ウラル川 Ural R.	東12-d
ウラル山 Ural Mountains	東11-b
ウルカン (Tchumikan)	東4-c
ウルツフ Urup,Ostrov	東2-d
雲南 Yunnan	東6-f

エ

エウハラート Euphrates R.	東12-e
歐邏巴洲 r.エウロウハ Europe	凡15
エゾ Yezo	東3-d
黒地兀皮亞 r.エヂヲ Ethiopia	東15-h
江戸 Yedo	東3-e
エンデ Ende(Flores I.の都市)	東4-i

オ

鴨緑江 Yalu/Yolco Jiang	東4-d

カ

カアーブコット C.Cod	西6-d
カーカ Kouka/Kuka	東14-g
カアプスタット Cape Town	東14-l
艾丹 (Vladiostok)	東4-d
カイロ Cairo	東13-f
カウト (C.Elizbeth)	東3-c
葛密兒 Kashmir	東9-e
加什瓦尓 Kashgar(Kashmirの都市)	東8-e
カスコグ子夾 (Bay of Biscay)	東17-d
カストロ Castro	西6-m
カタアンヘ (Khatanga)	東9-b
カタリナ Ilha de Santa Cataarina	西4-l
曷叭布蘭土 (r.カツブラント) Kaffraria	
	東14-j
カナガ (Kuango)	東13-h
カナダ Canada	西8-d
福島十二島 Canarias Islands	東18-e
河南 Henan	東6-e
カナン Kazan/Kasan	東12-c
カハラ Kabara	東16-g
カフギル (Kebabo)	東15-f
カフリコル子 Capricorn	東2-k
カヘン子 Cayenne	西4-h
カホラサン Khorasan/Khorassan	東11-e
カマルランヲス (Manyanga)	東15-i
カマルヲメス (Cameroon/Kamerun)	
	東15-h
カマロ子ス Camerones Bay	西5-m

『新製輿地全圖』所収外国地名索引　239

哈密　Khamil or Hami	東8-e
加模沙都加 r. カムシヤツカ　Kamchatska	
	東1-c
カムシヤツカ海　Kamchatskoi	西16-b
カムベーセ　Bahia de Campeohe	西8-g
漢土 r. カラ　China	凡21
漢土　China	東6-e
カラアマ（Bambarra）	東17-g
カライス夾　Pas de Carais	東17-d
ガライ子ス　Garaines	東17-h
カライヘス諸島　Caribbee Islands	西5-g
カラカウ　Cracow	東14-c
カラカス　Caracas	西5-h
カラシス　Gracias A Dios	西7-g
ガラパコス諸島　Galapagos Islands	西8-i
カラフトン　Cape Crafton	東2-j
カランカス（Camerones）	西6-j
ガランデ　Rio Grande do Nort	西2-i
ガランデ（Grande）Bahia Grand	西5-n
カリ子ア（Guayas）	西7-i
カリベン海　Caribbean Sea	西6-g
カリホルニヤ　California	西11-e
カル（Khamil, Karaの辺）	東8-e
喀爾喀（カルカス）Chaslkas	東7-d
カルキッテ　Calcutta	東9-g
カルサ（Oasis of dofra）	東15-f
カルシン（Karshi）	東5-d
カルスク海　Karskoe More	東11-a
カルタゲナ　Cartagena	西7-h
カルタゲ子　Cartagena	西7-g
カルチン（Fuyuan）	東4-d
カル子（Kanem）	東15-g
カルハリー（Calabar）	東16-h
カルベンタリー　Carpentary	東3-j
カルペンタリー（Gulf of Carpentaria）Gulf	
of Carpentaria	東3-j
カルボン（Nigeria）	東16-h
カルラカルラ　Port Caraumilla	西6-l
カルリ子　Carolina	西7-e
カルレス　Charles	西12-c
カルロッテ　Charlotte Islands	西12-c

カレマ　Gallego I.	西9-h
カロリナス諸島　Caroline Islands	東2-g
瀚海　Gobi	東6-d
安日川　Ganges R.	東8-g
漢中　Hanzhong/anzhong（ハンチョン）	
	東7-e
カンデヤ　Candia	東14-e
廣東　Kuangtung/Guangdong	東5-f
熱河　R.Ganbia（カンヒア）	東18-g
カンヒア　Kambia/Gambia	東18-h
カンヒア川　Gambia River /Kambia R.	
	東18-h
柬埔塞（Cambodia）Cambodia	東6-g

キ

キ、ハタク（Kodiak I.）	西14-c
キサライス　Xarayes	西4-j
貴州　Guizhou	東6-f
キシンキユ川　Xingu	西4-i
北亞墨利加　North America	西12-b
北亞墨利加洲 r. アメリカ　North America	
	凡16
北太平海　North Pacific Ocean（Bering Sea）	
	西17-e
吉林　Jilin, Kirin	東5-d
キブラルタル夾　Strait of Gibraltar	東17-e
喜望峰　Cape of Good Hope	東14-l
ギュアダルセーラ　Guadalajara	西9-g
キュアチマル　Guatemala	西8-g
キュイト　Quito	西6-i
九州　Kiushiu（Kiousiou）	東4-e
キュスコ　Cuzco	西5-j
キュニー子　Guinea	東15-j
ギュバ　Cuba	西7-f
ギュビ　Quebec	西5-d
キュヨ（San Juan）	西5-l
キュラエイ　Karamania（Cilicia）	東13-d
キュルケルカトミ（Tinghert）	東16-e
ギュルテイスタン（Kurdistan）	東12-c
キユルレ（Anglo-Egyptian Sudan）	東13-h
京（日本）Miako	東4-e

240　第3部　資料編

京（朝鮮）Soul/Seoul　東4-e
境碑　Border monument　東5-c
共和政治（アメリカガッシュウコク）
　　United States　西8-e
共和政治（アメリカガッシュウコク）
　　United States　西11-d
キラガラッス　Kirgiz/Kilhizg　東7-c
キリスチアナ　Christiana　東16-c
キロハ（ロシア）Kirov　東3-a
ギロ、（マルク諸島）Gilolo（Jailolo）東4-h
キンフ　King I.　東2-l

ク

グアイテカ諸島　Islas Guaitecas　西6-m
クアヤ　Guayas　西7-i
クカラ（Gouro）　東15-g
クサ（Loja）　西7-i
クナジリ　Koaunachir　東2-d
クボラロ岬（Port Alexandery）　東15-j
グムヘルランド　Cumberland Islands　東2-j
クリン　Klin　東5-d
卧兒狼德　Greenland　東18-a
卧兒狼德（グリーンランド）Greenland
　　西3-a
グルマチ　Dalmatija　東15-d

ケ

ケイシウ　Huichou　東6-g
ケルマン　Kerman（Kirman, Carmania）
　　東12-e
ケヲルゲ　Gulf of George/C.de San Jorge
　　西5-m
ケヲルゲス　Georges　西12-d

コ

ゴア　Goa　東9-g
コイアセ　Goias　西3-j
ゴイア子フランス　Guiane Francaise　西4-h
ゴイア子ポルトガル　Partuguece Guayana
　　西6-i
ゴイア子ヲランダ　Guyane Hollandia　西4-h

為匿亞 r.ゴイ子　Guinea　東17-h
抗愛山　Kangaishan　東7-d
黄河　Huangho　東5-e
コウクス川　Cook Inlet/Suitna R.　西14-b
コウシウ　Kuangchou　東5-e
江西　Jisngxi（Chiangshi, Kiangsi）　東5-f
廣西　Kwansi　東6-f
コウチ　Cochin　東6-g
江南　Jiangnan　東5-e
コウニングスベルゲン　Konigsberg　東14-c
コウロウルハ（Bunyoro）　東14-h
コーク夾（Chukchi Sea, Kolwchin Bay）
　　西15-a
コキユイムホ　Coquimbo　西6-l
黒龍江　Amour R.　東3-c
コサッケン　Cossaken　東10-d
五大洲　the 5 Great Continents　m凡10
黒海　Black Sea　東13-d
ゴットランド　Gottland　東14-c
古天方國　El-Hejaz（Al-Hijaz）　東13-f
湖南　Hunan　東6-f
コヒハイ（Capo Conway Islands）　東2-j
コピヤポ　Copiapo　西6-k
湖北　Hupei　東6-e
コボコンサルハス（C.Lopez）　東16-i
コモリア　Carmen de Patagones　西5-l
コモロ諸島　Comoro Is.　東12-i
コリヤクス　Koraksloje　東4-c
コリヤム（Bidotchei）　東3-c
コルシカ　Corsica　東16-d
コルトハ　Cordoba/cordova　西5-l
コレルナドル（Guayacan）　西6-l
コロマンデル　Coromandel coast　東9-g
コロラアド　Colorado　西11-e
閣龍比亞　Collombia　西5-h
コンゴ　Congo　東15-i
コンスタンチノホル
　　Constantinople（Istanbul）　東14-d
コンセヒロ（Concepcion）　西5-j
コンセプチヲン　Concepcion　西6-l
混同　Fushun　東4-d

『新製輿地全圖』所収外国地名索引　　241

コントリール Quindalup	東5-l	

サ

サアレ L.Zarrah	東11-e
サイレ川 Zaire/R.Congo	東15-i
サカアナ（Ahaggar）	東16-g
サカトラ Zacatelco	西9-g
サガレン Saghalien	東3-c
サト（Bruny I.）	東2-m
サト Satoou	東15-g
サナ Sana	西7-i
サ子アラ（Mt.Saranda）	東15-g
サノ山（Zayan Mountains）	東9-c
沙漠 Arabian Desert	東11-f
サホラ（Sumbawa）	東5-i
サマルカント Samarkand	東10-d
サモイーデン² Samoiedy	東8-a
サモイーデン¹ Samoiedy	東10-b
サラ（Sahara）	東15-f
サラコスセ Zaragoz	東16-d
サリ子ス Salinas B.）	西8-h
サルテニヤ Sardinia	東16-e
サルデニヤ Sardinia（Saldegna）	東16-g
サンクトサカイバ（C. S. Thome）	西3-k
サングエバル Zanguebar	東13-i
山西 Shansi（Shaanxi）	東6-e
サンタル Santarski Is./Gr.Santar I.	東3-c
山丹 Shantan	東3-c
サンテイ² Sandy C.	東1-k
サンテイ¹ Great Sandy I.	東1-l
山東 Shandung	東5-e
サントウイス C.Sandwich	東2-j
サントウイス諸島 Sandwich Islands	西15-f
サントス Santos	西3-k
サンハル Sunbul（Oasi Jebado）	東15-g
サンラ（Santa）	西7-i

シ

シモウエ（シに半濁点）（R.Anabaraの辺）	東7-a

四国 Shikoku（Sitkokf I.）	東4-e
シヽリヤ Sicilia	東15-e
四川 Szechwan	東6-e
止白利 r.シヘリ Sibir, Siberia	東10-c
シムベパス Zimbabye	東15-j
シモタラ Sumatera, Smatra	東7-h
ジャハ Java（Djawa）	東6-i
乍浦 Zhau（Chapu）	東5-e
暹羅 Siam, Thailand	東7-g
シュヘリヲル Lake Superior	西7-d
シユリナメ R.Surinam	西4-h
シユンシカ（Sneissa）	東17-f
順天府 Suncheon seat	東5-e
小佛加里（Bokahara/East Turkestan）	東8-e
知里 Chile	西5-k
シルウ Chiloe I.	西6-m
新アルヒヲン（New Orleans）	西11-d
新イルランド New Ireland or Nei-Mecklenbulg	東2-i
新和蘭諸島 New Hollands Islands	m序5
シンカイ Xingkathu（Ozero Chanka）	東3- d
新ガラナダ New Granada	西6-h
新カレトニヤ New Caledonia	西18-k
新ゴイ子ヤ New Guinea	東3-i
新スコシヤ Nova Scotia	西6-d
新ゼイランド New Zeaaland	西17-l
新増白蠟 Novaya Zemlya	東11-a
シントトーマス St.Thomas I.	東16-h
シントハアウヤス Saint Hauyas	東5-l
シントヘ Sao Paulo	西4-k
シントヘ Santa Fe	西4-l
シントペートル（Saint Peter）	東4-l
シントミケル San Miguel	西8-g
ノヲハ シントユアン Nova St.John（I.of Newfoundland）	西4-d
シントロク岬 Cabo de Sao Roque	西2-i
新ブリタニヤ New Brutain or Birara	東2-i
新ブリタニヤ New Britain	西9-b
新ヘホリテス諸島 New Hebrides	西18-j

242　第3部　資料編

新南ワルレス　New South Wales	東2-l	
新メキシコ　New Mexico	西11-e	
新和蘭陀　New holland	東5-k	

ス

スァナ　Sana	東12-g
スアハンナハ　Savannah	西7-e
蘇亦齊亞 r. スウェシヤ　Sweden	m凡21
スウェシヤ　Sweden	東15-b
スウェツルランド　switzerland	東16-d
スコシヤ　Scotia	東17-c
スタアテン　Starten I.	西5-n
スパル　S.Paulo	西3-k
スピッツベルゲン　Spitsbergen	東15-a
スメクタ（Karo Toro）	東15-g
スヲスギュルミシヤ	東17-f

セ

セアラ　Ceara	西3-i
星宿海　Xizang Zzhiqu	東7-e
セーフルス　Cyphrus	東13-d
セーロン　Ceylon	東9-h
ゼオルキー（島）　South Georgia Island	西2-n
セキユラ　Port Segura	西3-j
析江　Zhejiag/Chechiang	東5-e
セ子カンビア　Senegal and Ganbia / Senegambia	東17-g
セヒセラカ（Sierra Verasco）	西5-k
セマラ　Smara	東15-g
セラカラヒー　Geographe Bay	東5-l
セランテル（Shoalhaven R.）	東2-l
セリコセ（Santa Cruz）	西5-j
セリユ（Segu）	東18-h
セリンギンスキ　Selenga R.	東7-c
セルキイヘ　Sergipe del Rey	西2-j
セルロス　Isla Cedros	西11-e
セレベス　Celebes（sulawesiの別称）	東5-i
セヲルヂー　Georgia	西7-e
ゼヲルキー　South Georgia	西2-n
陝西　Shensi（陝西）	東6-e

センナル　Sennar（Makwar）	東14-g

ソ

ソアル子ス（Norton Sound）	西15-b
ソコテラ　Socotra	東11-g
ソハラ　Sofala	東13-i
ソリタレイ　Solitary	東1-l
ソレグーテ　Soledad	西4-n
ソロモン　Solimon	東1-i

タ

ダアヒッス夾　Davis Strait	西4-a
ダアリン　Darien	西7-h
大沙漠（Igidi, Sahara）Desert	東17-f
大西洋　Atlantic Ocean	東18-c
大同　tatung（Datong）	東6-d
大東洋　Pacific Ocean, Great Ocean	東1-f
大南海　Great south Sea	東6-n
大日本　Dai Nippon（Niphon）	東3-e
大日本海　Sea of Japan	東3-e
大佛加里　Bokhara	東11-e
大貌利太泥亞　Great Britania	東17-c
大北海　Great North Sea	西2-d
タイムルスカヤ　Taimur/Taimurski B.	東8-a
タイワン　Taiwan, Formosa	東5-f
タウヒン　Dauphin	東12-k
ダコ（島）　（Tabago I.）	西5-h
多島海　Mediterranean Sea	東14-e
タハイフーナムモト（South Island）	西17-m
タプアリカ　Ihla de Itaparica	西3-j
タラアンド　Gulf of Taranto	東15-e
ダリイン夾　Darien	西7-h
タヲユスキ　Taouisk	東2-b
單毅得　Tibetの異称	東7-f

チ

チーメン　Van Diemen	東4-j
チイメンラント　Van Diemen's Land（Tasmania）	東2-m
地中海　Mediterranean Sea	東16-e

『新製輿地全圖』所収外国地名索引　243

チ子アカ（Lago Titicaca）　西6-j
チプカ諸島　Kuril'skie Ostrova　東2-d
チモル　Timor　東4-i
チャンパ　Champa　東6-g
チュキマン　Tucuman　西6-k
チュコツコイ　Tchukotskoi　西17-b
ヂュニス　Tunis　東15-e
チュンゴーセス（China zhongguo）　東4-c
鳥江（長江）　東7-e
朝鮮　Korea　東4-d
朝鮮海　Sea of Korea　東4-d
長白山　Changbaishan　東4-d
直隷　Zhili　東6-e
チリーヤル（Barrow I.）　東6-k
チリナキ（Braganca）　西3-i
チリボリー　Tripori　東15-e
チルカ（Tawarek）　東16-g
ヂヲス　Isla Madre de Dios　西6-m

ツ

ツシマ　Tsushima（tusima）　東4-e
圖伯特　Thibet/tibet　東7-e
ツホヨリセ（Gold Coast Colony）　東16-h

テ

テイトルスランド　tidore　東5-l
テウマアリル（Massina）　東16-g
弟那瑪爾加 r．デー子マルカ　Denmark
　　　　m凡19
テキン（Dar Takonawi）　東14-g
テゴラリー（el Golea）　東16-e
テニヤ（Bauvet I. or C. Arcumcision）
　　　　東14-m
デ子マルカ　Denmark　東15-c
テヒウル（Neuquen）　西5-l
テヘルベット　Tabelbalet/Tabelhat　東16-f
テミレ（テシレの誤刻か）Port Desire
　　　　西5-m
デュニス　Golfe de Tunis　東15-e
デリッキハルトキイ　Drakesbrook　東5-k
デリット　Maddrid　東17-e

テリニト　Trinity　西9-f
デルマテス（Bermudas Islands）　西4-f
テレステント　dresden　東15-c
テレセ（Teles Pires）　西4-l
テレニレー　Trinity Bay　東2-j
テンダ（Liakov Islands/New Siberia
　　Islands）　東3-a
テンホ　Tenbo　東14-i

ト

獨逸 r．ドイツ　Germany　m凡20
獨逸　Germany　東15-c
ドウイナ川　Dvina R.　東12-b
東海　Baltic Sea　東15-c
トウセンド　Townsend L.　東2-k
トウテス（Tungting Hu）洞庭湖　東6-f
トカンチイス　Tocantins　西3-i
トヒナムハス（Belem）　西3-i
托波兒斯科領 r．トボルスキ　Tobol'sk　東7-c
トマルマ（Tumino）　東15-f
ドミンゴ　St. Domingo　西6-g
トムスキ　Tomsk　東12-c
土門（Tumman R.）　東4-d
トリニテ（島）Trinidad I.　西5-g
トルキシルロ　Truxillo　西7-i
トルケン　Turkestan　東5-c
都児格 r．トルコ　Turky　m凡12
トルコスタン　Turkestan　東10-d
トルセ（C. Doce）　西3-j
トルラカ　Tortuga I.　西5-g
トロモタレイ　C. Dromedary　東2-l
トンキュイ子（Ivory Coast）　東18-h
トンキン　Tonkin　東6-f
トンヒュト（Tombouctou?）　東16-g

ナ

ナアペルス　Naples　東15-e
ナスカ　Nazca　西6-j
ナタル　Natal　西2-i
ナチュラレステ　Naturaliste Channel　東5-l
ナトリ　Natolia　東14-e

244　第3部　資料編

ナポレヲン（Napoleon?）	東5-l
ナポレヲンラント（Napoleon Land）	東3-l
ナルホン子　Narbonne	東16-d
南海　South Pacific Ocean	西8-l
南極圏　South Pole Circle（Antarctica Zone）	
	東2-o
南極圏　Antarctic zone/ South Pole Circle	
	東17-o
南極圏　South Pole -	西16-o
ナンキン　Nanking（Nanching）	東5-f

二

泥父利西亞 r.ニキリシヤ　Nigritia	東16-g
ニキル川　Niger R.	東16-g
西カルレス（Gallas）	東14-g
西紅海　West Red Sea	東13-f
尼布城　Nipn/Nerchinsk	東5-c
ニュヒー　Nubia	東13-f

ネ

寧古　Ninguta	東4-d
子ウヨルク　New York	西6-e
子ール川　Nile R.	東14-f
子コロス　Negros	東5-h

ノ

ノイツランド　Nuytsland	東4-l
ノウヘルウェシヤ　Norway	東14-a
ノウルト　Nouth（Noord）	西12-e
ノールカソンド（Athabasca）	西12-c
ノチエン（Saint Lawrence Bay）	西16-b
ノト　Noto	東15-e
ノヲハ砂洲　New Sandlar	西3-d
ノヲルドカーブ　C.Norte	西4-h

ハ

ハアルウェル岬　C.Farewell	西3-c
ハアロ　Faeroes Island	東18-b
白哈兒　Baikal	東6-c
バウス（Galla）	東13-h
白海　White Sea（Beloje More）	東13-b

ハゴテ（lhasaの東）	東7-e
ハスケーレン（Saratovの辺）	東12-c
バタアヒヤ　Batavia（Jakarta）	東6-i
ハタコン又メカラニカ	
Patagonia or Magellanicum	西5-m
ハタンカ　Khatanga/Xatahra	東7-b
八丈　Fatsizio I.	東3-e
バッス夾　Bass Strait	東2-l
ハッテイン夾　Fox Channel	西5-b
ハツヒュンス港　Baffins Bay	西7-a
ハトラ　Hatra	東7-e
ハナイ　Panay Island	東5-h
ハナマ　Panama	西7-h
ハナマ港　Guif of Pnanama	西7-h
ハ丶カアーエ（Nicaragua）	西8-g
ハヒア　Bahia/S.Salvador	西3-j
バヒア　Bahia	西3-j
ハボウスランド　Papua New Guinea	東3-i
パラ　Grand Para（Belem）	西3-i
ハライハ　Parahiba（Joao Pessoa）	西2-i
ハラカイ　Paraguay	西5-k
パラキュアイ　Paraquay	西4-j
ハラコヤ　Paragua（Parawan）	東5-h
パラシス　Parecis	西4-j
バルガ　Barka/Barqa（Cyrenaica）	東14-f
ハルカス　Lake Balkash（Bielukha）	東9-d
ハルクランド　Falkland Islands	西4-n
ハルテイタ（Revilla Gigedo Islands）	西10-g
巴爾巴里 r.バルハリ　Barbaria	東17-f
ハルプラシー　Valparaiso	西6-l
ハルレン（C.Southampton）	西7-b
パレース　Paris	東16-d
ハンクス　Banks Strait	東2-m
パンパス　Pampas	西5-l
バンヒュ（Bambuk）	東17-g
ハンベルク　Hamburk	東15-c

ヒ

ヒイセ　Fès（モロッコ）	東17-e
東カルレス（Gallas）	東14-g
東紅海　Gulf of California	西10-f

『新製輿地全圖』所収外国地名索引　　245

東岬　East Cape　　　　　　　西16-b
ヒクトレイ岬　Isla Victoria（Cabo Deseado）
　　　　　　　　　　　　　　西6-n
ヒサゴス諸島　Bissagos／Bijagos Islands
　　　　　　　　　　　　　　東18-g
ヒスカ　Chosica　　　　　　　西7-j
ヒットラント
　Hitlant（1675年地図）／Shetland　東17-b
ヒツフス　Gippsland　　　　　東2-l
ヒュイカ　Piura　　　　　　　西7-i
火地　Tierra del Fuego　　　　西5-n
ヒユタン　Bhutan　　　　　　東8-f
ヒュトソン夾　Hudsons Str.　　西6-b
ヒュドソンス港　Hudsons Bay　西8-b
ヒュロン　Lake huron　　　　西7-d
冰海　Ice Sea　　　　　　　　東13-a
ヒラレス岬（C.Pillar）　　　　西6-n
ヒリペイン諸島　Phillippinen I.　東4-g
ヒルキス諸島（Lucayis or Bahama Islands）
　　　　　　　　　　　　　　西5-f
ヒルギニー　Virginia　　　　　西7-e
ヒルラゲ（New Georgia）　　　西12-d
ヒロ　Frio　　　　　　　　　西3-k
ヒンランド　Finland　　　　　東14-b

フ

ブウタクタイ　R.Butaktai　　　東4-a
フウル　Rio Purus（Falls of the Madeira）
　　　　　　　　　　　　　　西5-i
弗沙　Fas,Fez　　　　　　　　東17-e
フサン　Fusan（Pusan）　　　　東4-e
福建　Fuchien（Fukien）　　　　東5-f
ブュルマン　Burman／Burma　　東7-f
ブラシール伯西児　Brazil　　　西3-i
ブラセル　Paracel Islands　　　東5-g
フラッテリト　C.Flattery　　　東2-j
フラ子（Costaria）　　　　　　西8-h
ブランク　Cabo Blanco　　　　西5-m
ブランコ　Branco　　　　　　西9-f
フランコイス　S.Francisco　　　西3-k
フランコイスマカマ　Blanco En Calada

　　　　　　　　　　　　　　西6-k
佛蘭西 r.フランス　France　　　m凡15
佛蘭西 r.フランス　France　　　東16-d
佛蘭西人　French　　　　　　　凡1
フランセ　France I.（Mauritius）　東11-j
フランソイス（Francisco）　　　西2-i
フリ子レイ諸島　Polynesian Sporades
　　　　　　　　　　　　　　西16-j
フリンセ　Princes I.　　　　　東16-h
ブレストル　Bristol Bay　　　　西15-b
プロイセン　Prussia　　　　　東15-c
フロリーダ　Florida　　　　　西7-e
フロリダ夾　Strait of Florida　　西7-f
フヲナ（Puna I.）　　　　　　西7-i
フヲレス（Argian）　　　　　　東18-g

ヘ

ペイトルビユルク　Sankt Peterburg
　　　　　　　　　　　　　　東13-b
白露　Peru（ペイリウ）　　　　西6-i
ヘイエイ諸島　Hawaii Islands　西17-j
ベシコウレン　Bencoolen　　　東7-i
ペトロ　S.Pedro（R.Grande de Petro）西4-l
ヘニン　Benin　　　　　　　　東16-h
ヘネシュラ　Venezela　　　　　西6-g
ヘ子チヤ海　Golfo di Venezia　　東15-d
ベムベ（Bie）　　　　　　　　東14-j
ベリング夾　Beering Str.　　　西15-b
ヘリングス　Behring I.　　　　西18-c
ヘルキー　Belgium　　　　　　東16-c
百兒西亞　Persia（Iran）　　　　東12-d
ペルシヤ湾　Persian Gulf　　　東11-f
ヘルトア（Oasis of Kufra）　　東15-f
ベルナード　Bernard　　　　　西9-f
ヘルナントホ
　Fernando Po（Equatorial Guinae）東16-h
ヘルナンヘユク　Pernambuco　西3-i
ベルヘリヤ　Berberia／Berbera　東12-h
ヘルレイスレ夾　Belleisle Str.　西4-c
鐵島 I.ヘルロ　Faroe Islands,Faeroes-　凡3
ヘルロ　Ferro（Hierro）　　　　東18-f

246　第3部　資料編

ヘレナ　Saint Helena	東17-j	
ヘレメテ（Fortescue）	東5-k	
ペロウ諸島　Pelew（Palau）Is.	東3-h	
ヘロース（島）（West falkland）	西4-m	
ベンガラ　Bengal	東8-f	
榜葛刺海　Sea of Bengal	東8-g	
ヘンシルハニ　Pennsylvania	西7-e	
ヘンペ（Ruanda）	東14-i	

ホ

保安　Hoang	東7-e
奉天府　Fengcheon seat（瀋陽）	東5-d
ボウルホン　Bourbon I.（Reunion）	東11-k
ホールン岬　Cape Horn	西5-n
（ボ）ストン　Boston	東17-c
ボストン	西7-d
ボタニー　Botany Bay	東2-l
北海　North Sea	東16-c
渤海　Bohai（Gulf of Chihli）	東5-e
北海　North Sea	西3-g
北極圏　The North pole zone/Arctic cercle	東1-b
北極圏　Arctic zone/Nouth Pole Circle	東17-b
北高海　Kaspiiskoe More/Caspian Sea	東11-d
ホッテントッツ　Hottentot	東15-j
ボトット（Cape Bossut）	東5-j
ボトニヤ夾　Bothnia	東14-b
ボナバルト（Bonaparte）	東3-l
ボナバルト　Joseph Bonaparte Gulf	東5-j
ホヘーメ　Bohemia	東15-d
ホルガヤ　Volga　Borkaia Bay?	東5-a
ホルタグス　Bordeaux	東17-d
ボルテンチー（Adrar）	東18-f
波爾杜瓦爾　Portugal	東17-d
波爾杜瓦爾 r.ポルトガル　Portugal	凡16
ホルトヘルロ　Port b elo	西7-h
ボル子ヲ　Borneo	東5-h
ホルヒスヘル夾（Denmark Strait）	西3-c
ホレストル　Cape Preston	東5-j

ポヲレン　Poland	東14-c
ホンヂュラス　Honduras	西8-g
ホンヂュラス（湾）　Gulf of Honduras	西8-g

マ

マアークデンキ（Bahia Gallegos）	西5-n
マーカ（Gabon）	東15-i
マアレンコ岬　Mallencoota Inlet	東2-l
マアロウイ子ス諸島　Isles Malvinas	西4-m
マイナス　Manaos	西6-i
マイレ夾　L. Maire	西5-n
媽港　Macau	東5-f
マカバ　Macapa	西4-i
マスタル　Mastur	東14-d
麻打曷矢加尓　Madagascar	東12-j
マチヤス　Colfo de Matias	西4-l
マットゴロス　Mato Grosso	西4-j
松前　Matsumai	東3- d
マナダンゴ（Manambondro）	東12-k
マ子ラ　Manila	東5-g
マフリイ（King George Sound）	東5-l
マヘリア（Uper Senegal and Nigel）	東17-g
マヨルカ　Mallorca	東16-e
マラカイホ　Maracaibo	西6-g
マラサ　Marsa	東15-g
マラツカ　Malacca	東7-h
マラッテン（Madras）	東9-g
マラノン　Maranhão（都市名）	西3-i
マラノン　Maranhão（州名）	西3-i
マラバル　Malabar	東9-g
マラバル港　Malabar port	東9-g
マラヒー（Northeern Rhodesia）	東14-j
マラヨ　Ihla de Marajo	西4-i
マリヤ　Santa Maria	西4-l
マリヤス　Maria I.	東2-m
マルク諸島	
Mmolucca Is.（Msluku, Moluccas）	東4-h
マルケーサ　Marques	東14- k
マルケーサ諸島　Marquises Islands	西12-i
マルセヘーン　Thompsons I.	東14-m
マルタ1（シシリヤ）　Malta	東15-e

『新製輿地全圖』所収外国地名索引　247

マルタ2（新ガラナダ）Santa Marta　西6-g
マルレン（Muiron I.）　東5-k
馬邏可 Morocco　東17-e
マアロウィ子ス諸島
　　Is. Malvinas（Falkland Is.）　西4-m
マロ子 R. Maroni　西4-h
満州 Manchuria　東4-c

ミ

ミシカン1（地名）Michigan　西7-d
ミシカン2（湖名）Lake Michigan　西7-d
ミスソウリス Missouri　西10-e
ミツセシピイ Mississippi　西8-e
ミツセスシツヒ Mississippi　西8-f
ミナスケライス Minas Geraes　西4-j
南亞墨利加 South America　西5-i
南亞墨利加洲r. アメリカ South America
　　　　凡16
南カルレス（British East Africa）　東13-h
南太平海 South Pacific Ocean　西17-l
ミュルタン Multan/Moultan　東10-e
ミンダーノ Mindanao　東4-h
ミンデイス（Beloochistanの辺）　東10-e

ム

無人島 Derent Island　東3-e

メ

メカラニカ Magallanes　西6-m
メガラニカ夾 Strait of Magellan　西5-n
メキシコ1（都市名）Mexico　西9-g
メキシコ2又新スハニヤ（国名）
　　Mexico or New Spain　西10-f
メキシコ湾 Gulf of Mexico　西8-f
メグ子ス Meknes　東17-e
メッカ Mecca（Mekka, Makkah）　東12-f
メリン I. mirim　西4-l

モ

蒙古 Mongolia　東6-d
モキュヲキュア Moquoqua　西6-j

モサモヒイ夾 Mocanbique Channel　東12-j
モスコウ Moscow　東13-c
モノモギ Monomoezi　東13-i
馬拿莫太r. モノモタ Monomotapa　東13-j
モルトン Moreton　東1-k
モルリール（Mollina）　東5-j
モンカルロ（Lake Nyasa）　東13-j
モンタグ子ス（Isla Jorge Monet）　西6-m
モントヘルリール Montpelier　東16-d

ヤ

ヤアコ（S. Juanico）　西11-f
ヤーメス（James/Frozen Strait）　西6-b
ヤーメス港 Jamess Bay　西7-c
ヤウカ Yauca　西6-j
ヤクサ城（Yakutsk）　東4-c
ヤコ（Saint Ago）　西7-f
ヤストルヒイールド Vhesterfield　西7-b
ヤップ Uap or Yap Island　東2-h
ヤナ（Port Jama）　西7-i
ヤ子ーロ Janeiro　西3-k
ヤマイカ Jamaica　西7-g
ヤムスコイ大山脈 Yamsk（Stannovi,
　　Yablonovyi）Mt. s　東1-b
ヤロサンプ Yaru Tsun-pu　東8-f
ヤヲアル（Senegal）　東18-g

ユ

ユアンヘルナント諸島 Juan Fernandez
　　　　西7-l
ユウナン Yunnan　東6-g
ユカス C. St. Lucas　西10-f
ユカタン Yucatan Peninsla　西8-f
如德亞 Judea　東13-e
ユテ Budapest?　東14-d
ユニコワ（Anady Tchuktoheeの辺）　東1-b
ユマナ Cunmana　西5-h
ユンカル（North of Copiyapo, Chile）　西6-k

ヨ

揚子江 Yangtzu Chiang　東5-e

248　第3部　資料編

歐邏巴 Europe	東12-b	
歐邏巴洲 Europe Continent	序2	
ヨースカ Iamsk	東2-c	
ヨーセツプ Pen. of S. Josef	西5-m	
ヨルク1(オーストラリア) Cape York		
	東3-i	
ヨルク2(イギリス) York	東17-c	
ヨルケ (Olivenca)	西3-j	

ラ

ライホコタ Bogota	西6-h
ラウレンス川 Saint Lawrence Ruver	
	西6-d
ラクロイキ(C. Riche)	東5-l
ラケヒーテ(C. Bossut)	東5-j
ラサ Lasa/Lhasa/Lassa	東8-f
ラッフランド Lapland	東14-b
ラドロ子諸島	
Ladrone or Marianne Isalands	東2-g
ラバス La p az	西5-j
ラブダドル又新ブリタニヤ	
Labrador or New Britania	西6-c
ラブラタ La Plata	西4-l
ラブラダ	西5-k
ラヘラ C.la Vela	西6-g
ラマケタレナ La Magdalena	西11-f
ラルケ(Orange Free State)	東14- k
ラレスト Brest	東17-d
ランサン Langson	東7-g

リ

リスポン Lisbon	東17-e
リマ Lima	西6-j
琉球 Loo-choo(Okinawa)	東4-f
リヲ Rio de Janeiro	西4-k
リヲンスランド Lyonsland	東5-l

ル

ルカイス諸島 Lucayos Islands	西7-f
呂宋 Luzon	東5-g
ルニン(Venezuela)	西6-g

レ

レアル Real(south of Sergipe, Brazil)	西2-j
レイフランド Revel	東14-c
レトハエン Lithauania/Litovskja	東13-c
レナ川 Lera R.	東5-b
レヒュレス港 Repulse P.	西6-b
レヲン Leon	西8-g

ロ

ロイケヲルゲス Roy Georges	西13-c
ロウェシアナ(old) Louesiana	西9-d
ロウ諸島 Low Archpelago	西13-j
魯西亞 Russia	東12-c
魯西亞 r. ロシヤ Russia	凡23
ロデス Rodos	東13-e
ロパトカ Lopatka, Mys(岬)	東2-c
ロハレ(島) Ile Royale	
(Cape Breton Island)	西5-d
ロホウレン諸島 Lofoden Is.	東15-a
ロマ Rome	東15-d
ロンドン London	東17-c

ワ

ワアケル港 Warger	西7-b
ワルレス Wales(Port of Churchill)	西8-c
ワルレス岬 C. Prince of Wales	西14-b
ワレス夾 Wales Strait	西6-b
ワンカ(Morcha, 15°S, 20°E)	東15-g

エ

エアヘイノムエ(North Island)	西17-m
エイテムビュルク Edinburgh	東17-c
エウロッフス(Mandingoes)	東18-g
エウロツパトルコ European Turkey	
	東14-e
咭唎 r. エケレス England	凡18
ユゲレス England	東17-c
阨日多 Egypt	東14-f
エスキュイマウキス Esquimaux	西5-d
エタッツ(Coast of G. Carpentaria)	東3-j

『新製輿地全圖』所収外国地名索引　249

ヱッセケポ Essequibo	西5-h
ヱトテースト子（Port Santa Curz）	西5-m
ヱトロフ Itourup	東2-d
ヱニセー川	
Enisei R./Ienisei R./Yenisei R.	西9-b
ヱミル Yemil	東9-d
ヱレウテス（in Üygur）	東8-d
ヱレハンツ川 R.Senegal	東18-g
ヱンタラクト（in W.Australia）	東5-k
ヱンテアホウル（Carp Entaria）	東2-j
ヱントレカストアク D'Entrecasteaux Port	
	東4-l

ヲ

ヲイト（Quito）	西7-i
ヲセテントアル（Australian Alps）	東2-l
ヲツセテントアル夾	
Channel（Atlantic Ocean,Norway）	東15-b
鄂布川 Obi R.	東11-b
ヲブスカヤ（Obdorsk）	東10-a
ヲブラダ La Plata	西5-k
ヲホタ Okhota/Okhotsk R.	東3-c
ヲホツカ海 Okhotskoe More	東2-c
ヲムホステルラ（Oviedo Austurias）	東17-d
ヲユイスト（Oyster Bay）	東2-m
ヲラン Oran	東16-e
ヲランゲマルタ Cabo Orange	西4-h
和蘭 Holland,Netherlands	東16-c
和蘭r.ヲランダ Netherlands,Holland	凡17
ヲリハンツ川 Orifants River	東14-l
ヲリルノ（Osorno）	西6-m
ヲリンダ Olinda	西2-i
ヲルキヲム Ruwes Welcome	西7-b
ヲルムス Ormuz	東10-f
ヲルムス（小佛加里）	
Hormuz/Ormuz（Ürümqi）	東8-e
ヲルレ New Orleans	西8-e
ヲルレアンス Orleans[1]	東16-d
ヲルレアンス Orleans[2]	西8-e
ヲレ子ク川 Olenyok River	東6-b
ヲレノケ Orinoco	西5-h

ヲレンビュルグ Orenburg	東12-d
ヲンカリヤ（現ハンガリー） Hungary	
	東15-d
ヲンセウ（Wenchow）	東6-d

地名以外の文字　東；東半球、西；西半球

北極	東1、西1
北極圏	東1、東17、西3、西17
南極	東1、西1
南極圏	東2、東17、西16
夏至規	東1、西18
冬至規	東9、西1
赤道線	東1、東18、西2、西15
西洋	凡例1
西書	凡例3

『坤輿圖識』所収外国地名索引

ア

アウギスヂン	4下-6ウ9
豪斯多辣里洲 r.アウスタラリ-諸島	凡2ウ3
豪斯多剌里 r.アウスタラリ-洲	1-32ウ7
豪斯多剌里-洲	1-33オ6
豪斯多辣利 r.アウスタラリー-誌	目3ウ5
豪斯多辣里（南方世界ノ義、島嶼世界トモ云フ）	5-1オ4
豪斯多辣里-誌	5-13ウ10
豪斯多辣里 r.アウスタラリー-洲	5-1オ3
豪斯多辣里-洲	5-12オ2
豪斯多辣里 r.アウスタラリー-諸州	4下-20オ2
アカヒルコ	4下-2オ4
アカラ	1-13オ8
アガラ、アガラ-府	1-15ウ3、1-16ウ1
亞細亞	凡2ウ2、1-1オ6、1-附5オ5、2-2ウ1、2-2ウ2w.、5-1オ9
亞細亞 r.アジヤ	1-附1オ3
亞細亞-志	1-附1オ1、1-附6ウ10
亞細亞-誌	目1オ2、1-33ウ10、2-7ウ1w.、2-19オ8w.
亞細亞-種	3-2オ9
亞細亞 r.アジヤ洲	1-1オ3、1-24ウ2
亞細亞-洲	1-6ウ6、1-24ウ2、1-29ウ10、2-1オ9、2-6ウ7、2-16ウ4、2-17オ2、3-1ウ1、3-1ウ3、4上-1ウ1、4上-7オ10、4下-1オ9、5-1オ5
亞細亞-諸州	1-21ウ9
亞細亞-人	4上-13ウ3
亞齊 r.アセム	目1ウ3、1-18ウ9、1-27オ8
亞齊	1-18ウ9
亞齊-王	1-19オ4
アソフ	1-10オ6
アソフ海	1-附5オ6
アダムス（山）	1-25オ1
亞太臘 r.アタラ-海	1-附1オ5、2-1ウ1、3-1ウ2
亞太臘-海	2-16ウ9、3-11オ6
亞太蠟-海	4上-7ウ9
亞太臘-山	2-14ウ3、3-1ウ6
アテナ	1-附3オ10
アデル	3-5オ5
安瓦 r.アハ	1-19ウ3
亞毘沁域 r.アビシニー	目2ウ4、3-4オ9、3-5オ5
亞弗利加 r.アフリカ	1-附1オ3
亞弗利加	凡2ウ2、目2ウ3、2-2ウ1、2-2ウ2w.、2-14オ5、3-1オ4、4上-1オ10
亞弗利加-誌	3-16ウ10
亞弗利加-人種	4上-1ウ8w.
亞弗利加 r.アフリカ-洲	1-1オ10、3-1オ3
亞弗利加-洲	2-1ウ1、5-5ウ4w.、3-1オ4、3-5ウ6、3-7ウ4、3-8ウ7
亞弗利加-洲地方	4上-8オ8
亞弗利加 r.アフリカ-地方	凡1ウ7
アホシイ（首府）	3-12ウ1
亞瑪鑽 r.アマソ子	4上-7オ10
亞瑪鑽 r.アマゾ子	目3オ3
亞瑪作搦 r.アマソ子	4上-10オ5
亞瑪鑽-河	4上-7ウ8
亞瑪鑽 r.アマゾ子-川	4上-6オ7
亞瑪鑽 r.アマソ子-國	1-9オ1
亞瑪鑽-國	1-9オ1w.、4上-7ウ3
アムステルダム（首府）	2-10ウ7
亞墨利加	凡2ウ2、2-15オ6、4上-1オ4、4上-1オ5、5-1オ9
亞墨利加-誌	4上-13ウ10、4下-22ウ7w.
亞墨利加-洲	1-7オ1、1-12オ8、1-32オ3、2-16オ2、2-22オ7、3-10オ9、3-12オ9、4上-1オ3、4下-4オ6、4下-12ウ8、4下-23ウ9、5-1オ5、5-3オ3、5-7オ4、5-12オ3、5-12オ9
亞墨利加-洲諸島	4下-22ウ8
亞墨利加-地方	2-15オ2

『坤輿圖識』所収外国地名索引　　251

亞墨利－魯西亞	4下-12オ9
アラウカス	4上-10オ3
亞刺敢r.アラカン	1-19ウ4
亞刺敢r.アラカン-人種	1-19ウ10
亞刺比亞r.アラビヤ	目1オ9、1-11オ5
亞刺比亞	3-3オ2、3-5オ1、3-6オ2
亞刺比亞-語	3-5ウ9
亞刺比亞r.アラビヤ-國人	1-附2オ8
亞刺比亞-種	
	1-30ウ2、3-3オ7、3-5オ7、3-9ウ10
亞刺比亞人種	3-6オ6
亞刺比亞-地方	3-4ウ10
アラル湖	1-附6ウ5
アルカンサス	4下-8オ2
アルギーールス	
	目2ウ6、3-5ウ8、3-7オ4、3-8オ6
アルギーールス（都）	3-8オ9
牙而白r.アルペン（意的音訳）	2-9オ9
牙而白r.アルペン-山	2-17オ9
アルラバマ	4下-8オ2
アレキサンデリア	3-3ウ10
アレキサンデリヤ-府港	2-16ウ5
亞華r.アワ-國主	1-19オ7
諳厄利亞r.アングリア-人	1-28ウ8ｗ.
暗厄利亞r.アンゲリヤ	4下-22ウ4
アンダマン	目1ウ7
アンタマン-諸島	1-26ウ1
アンタリュシイ	4上-5ウ8
暗得r.アンデス（祖山）	
	4上-4オ2、4上-5オ8、4下-1オ5
暗得-山	4上-9ウ8
暗得r.アンデス-山脈	4上-8ウ6
暗得-大山脈	5-3オ3
アントウェルペン	2-11オ8
安南	目1ウ4ｗ.
安南-國	1-23オ10ｗ.
安貝那r.アンホイナ	1-30ウ10

イ

依蘭土r.イースラント	目2オ7
依蘭土r.イースランド	2-10オ4

依蘭土r.イ、スランド	2-23オ3
冰地	2-23オ3
依蘭-苔	2-23ウ6
伊斯-國	2-15オ10
伊斯-國王　2-15ウ2、4下-22ウ10、4下-23オ2	
伊斯把-國王	4上-6ウ10
伊斯-國都	2-15ウ8
伊斯-人	4上-12オ6
伊-人	4下-2オ7
伊斯把-人	1-32オ2、1-32オ6
伊斯把泥亞r.イスパニヤ	目2オ5、
	2-1ウ6、2-14オ9、4下-22ウ4
伊斯把泥亞　1-31ウ1、1-31ウ8、1-32オ8、	
	1-32ウ2、2-12ウ6、2-16オ7、2-17オ2、
	2-21ウ10、3-16ウ9、4上-2オ4、4上-5ウ2、
	4上-5ウ10、4上-6オ8、4上-6オ10、
	4上-12オ4、4上-12オ5、4上-13ウ5、
	4上-13ウ7、4上-13ウ8、4下-1ウ4、
	4下-1ウ8、4下-2ウ3、4下-6オ8、
	4下-7オ6、4下-8ウ7、4下-13ウ4、
	4下-14オ7、4下-16オ1、5-1ウ8
伊斯把泥亞-國王	4下-14オ9
伊斯把泥亞-國	1-32ウ10、
	1-附4ウ10、4上-4ウ3、4上-8オ1、
	4上-9オ3、4上-9ウ3、4下-16オ5
伊斯把泥亞-産	2-22オ2
伊斯把泥亞-酒	4上-6オ2
伊斯把泥亞-諸領	4下-15オ4
伊斯把泥亞-所領　4下-13ウ8、4下-15ウ10	
伊斯把泥亞-人　1-31オ1、2-15オ7、	
	4上-8ウ2ｗ.（増訳釆覧異言引用）、
	4上-5ウ9、4上-6ウ10、4上-10オ2、
	4上-12ウ7、4下-3オ1、
	4下-19オ10、5-7オ3
イスハン	1-11ウ9
意太里亞r.イタリヤ（并タリヤも見よ）	
	目2オ6、2-17ウ9
意太里亞　2-19オ6、2-20ウ1ｗ.、4下-21ウ2	
意太里亞-國	4上-1オ7
意太里亞-人	4上-13オ7
意太里亞-地方	3-8オ3

252　第3部　資料編

意貌 r.イマウ-大山脈　　　　4下-1オ10
意貌 r.イマウス山　　　　1-6ウ7、1-7ウ6
以爾格都加 r.イルコツカ　　　　1-4ウ4
以爾格都加　　　　1-4ウ8
以爾格都加 r.イルコヅカ-領　　　　2-7オ3
意而蘭土 r.イルラント　　　　2-19ウ6
イルリノイス　　　　4下-7ウ9
インヂアー子ン　　　　目3オ10
インヂアナ　　　　4下-7ウ4
印度 r.イント-諸島　　　　凡1ウ8
身毒 r.インド(河名)　　　　1-7オ4
印度　　　　1-17ウ1、3-13ウ9、3-15ウ7
印度-海　　　　目1ウ6、1-24ウ5、
　　2-16ウ9、3-1ウ1、3-14ウ6、3-15オ1
應帝 r.インド海　　　　1-1オ9
身毒-川　　　　1-17ウ3
印度-諸州　　　　3-15ウ6
印度-諸方　　　　1-9オ8
印度-諸邦　　　　4下-5オ6
印度-所領　　　　2-21オ8
印度諸領　　　　1-16ウ9
溫都斯垣 r.イントスタン　　　　1-13ウ10
印度-諸方　　　　1-9オ8
印度-地方　　　1-6ウ9、1-21ウ3、1-22ウ9、
　　1-27オ9、1-28オ3、2-16ウ7、4下-22オ5

ウ

勿能 r.ウェイ子ン　　　　2-9オ1
勿能 r.ウェー子ン-府　　　　2-5オ3
ウェルデ、フレイデン　　　　1-28ウ2
宇革堂 r.ウカタン　　　4下-1オ4、4下-2オ7
後印度　　　　目1ウ3、1-18ウ2
烏斯伯祈 r.ウスヘツキ　　　　1-8ウ9
烏斯伯祈 r.ウスベツキ　　　　目1オ8
烏落児 r.ウラル-山　　　　2-1オ9

エ

エクモンド(高山)　　　　5-7ウ9
エルハ　　　　1-附4ウ2
エルハ-島
　　1-附3オ6、4下-17オ8、4下-18ウ3 w.

オ

オウァイヒ　　　　5-12ウ3
奥蝦夷　　　　1-1ウ7
奥蝦夷-諸島　　　　2-5ウ8、2-7オ10
オタヘイチ　　　　5-9ウ5
阿必爾 r.オビル-國　　　　1-20ウ4

カ

該禄 r.ガイロ(首府)　　　　3-3オ6
該禄川　　　　3-4ウ9
海侶島　　　　5-9ウ2
加烏加須 r.カウカシュス　　　　目1オ8
加烏葛須 r.カウカシュス　　　　1-10オ3
加什瓦爾 r.カスカル　　　　1-8オ10
月山　　　　3-3オ3、3-3ウ4
月山脈　　　　3-5オ8
カツセイ　　　　1-19ウ4
曷叺蘭土 r.カッフルランド　　　　3-13オ5
曷布爾蘭土 r.カツフルランド
　　　　目2ウ8、3-14オ3
曷爾蘭土　　　　3-14ウ2、3-14ウ8 w.
齊狼 r.セイロン、一名桂島　　　　1-24ウ5
桂島(セイロン)　　　　1-26ウ1
加得 r.カテス山　　　　1-18オ7
カデヌス　　　　3-6ウ3
西洋布　　　　2-12オ2
西洋布 l.カナキヌ　　　　3-7ウ2
加拿太 r.カナタ(一名ゲベック)　　4下-8オ7
加拿太 r.カナダ　　　　目3オ9
カナム　　　　1-19ウ2
福島 r.カナリヤ　　　　3-16ウ4
福島　　　　3-16ウ8
加愕 r.ガゴ-府　　　　3-10オ10
哈嚓 r.カミル　　　　1-8ウ1
加摸沙都加 r.カムシャツカ　　　　2-5ウ7
加摸沙都加　　　　2-7ウ1
加摸沙都加 r.カムシヤヅカ　　　　1-5オ10
加摸沙都加 r.カムシヤヅカ-岬　　　　2-7オ9
カムビヤ(川)　　　　3-9ウ5
カムビヤ川　　　　3-10ウ6

『坤輿圖識』所収外国地名索引　253

瀚海 l.カモ　1-3ウ10
漢土　目1オ3、1-2ウ1、1-12オ9
漢土 r.カラ　1-1ウ8
カライス　2-13オ7
カライス(海峡)　2-21ウ5
カライス-城　2-13オ2、2-13オ3
カライビセ　目3ウ3
カライビセ諸島　4下-19ウ4
カラカウ　2-5ウ1
カラカス　4上-5ウ8
俄羅斯 r.カラス　2-22オ8、2-22オ9
俄羅斯-帝、-國界　2-22オ9、2-24ウ3
咬溜吧 r.カラッハ(バタアヒヤ)　1-27ウ9
瓦辣那多 r.ガラナダ　4上-3オ7w.
哈喇土 r.カラフト(サカレン)　1-4オ7
喀爾喀 r.カルカス　目1オ4、1-3ウ7、1-6オ9
科爾沁 r.カルシン　1-3オ9
カルタゲナ　4上-5オ10
カルペンタリー湾　5-3ウ4
葛爾摸幾 r.カルモキ國　1-7ウ7、1-7ウ8w.
カロリナ　5-6ウ4
カロリナ-國　4下-4ウ1
カロリニセ、-諸島　目1ウ9、1-32ウ1
安日河　1-6ウ10、1-18ウ2
安日 r.ガンケス(河名)　1-7オ4
漢書　1-4ウ10w.
カンデイス　1-13ウ8
甘的亞 r.カンデヤ　目2オ10、1-附2ウ7
東埔塞 r.カンボチヤ　目1ウ4
東埔塞 r.カンボチヤ、一名真臘　1-22オ7
東埔塞　1-22ウ7、1-23オ1

キ

キアタルセイラ　4下-2オ1
キアチマラ　4下-2オ3
キサライ湖　4上-12ウ1
北亞墨利加　4上-5オ5、4下-12オ7
北亞墨利加-誌　目3オ6、4下-21オ10
北亞墨利加-洲　2-6ウ6、4下-1オ3、
　　4下-4オ8、5-5オ3w.、5-13オ9
北亞墨利加-國　4上-3オ2w.

北亞墨利加-地方　4下-6ウ6
北ブラバンド　2-11オ5
吉林　1-3オ2
巴爾德 r.ギブラルトル　1-附1オ5
喜望峰　2-16ウ9、3-14オ4、3-14オ6、3-15ウ6
祈多 r.キュイト　4上-6ウ6
古巴 r.キュハ　4下-13ウ4
古巴 r.キュバ　目3ウ2
キュリウラ　5-6ウ5
キュンブルランド(大山脈)　5-3オ1
共和政治州
　　4下-2ウ9、4下-6オ10、4下-7オ8、
　　4下-7オ10、4下-9オ8、4下-12ウ4
共和政治州 l.フルエーニフデスタァテン
　　　4下-3ウ1
厄勒祭亞 r.ギリシヤ-語　3-1オ4
厄勒祭亞 r.ギリシヤ-國
　　1-1オ4、2-1オ4、2-2オ9
キリスチアナ(首府)　2-22ウ4
及勒珠 r.ギロロ　1-30ウ9
金-加西蠟 r.カステーラ(シンガラナタ)
　　　4上-4ウ3
キンクストン　4下-14ウ10

ク

クェヘツク　5-13オ8
卧兒狼德 r.クルウンランド　2-23オ10
卧兒狼德 r.グルウンランド
　　4下-10オ8、4下-10ウ7
卧兒狼德 r.グルーンランド　目3オ9

ケ

ケベツク(首府)　4下-9オ7
ゲベツク　4下-8ウ7
ゲルデルランド　2-11オ4
ゲヲルギイ　4下-7ウ7
ケンチェケ國　4下-6オ3
ケンテュツケイ　4下-7ウ4

コ

卧亞 r.ゴア　目1ウ1、1-17ウ5

254　第3部　資料編

ゴイア子	4上-6オ9
爲匿亞 r. ゴイ子ヤ	
	目2ウ7、3-9ウ7、3-11ウ10、3-13オ4
為匿亞 r. ゴイ子ヤ-湾	3-11ウ2、3-15ウ9
為匿亞	3-13オ5
黄河	1-7オ4
紅海	1-11ウ4
皇國	目1オ3、1-1ウ7
交趾	目1ウ4、1-22オ7
交趾 r. コウチ	1-22ウ7
鴨緑江	1-2ウ5
哥斯 r. コース(古名ロンプ)	2-3ウ5
黒人國(アビシニーの一名)	3-5オ5
黒-帝	3-5ウ3
黒龍江	1-2ウ8、1-4オ7
コゴレト	4下-21ウ4
哈薩克 r. コサツケン	
	目1オ8、1-5オ10、1-9オ9
五洲	跋ウ2
五大洲	第1序3ウ1、第2序2オ1、
	2-6ウ1、2-7ウ7、2-20ウ8、4上-10ウ1
黒海	目2ウ2、
	1-附1オ6、1-附5オ5、1-附6ウ5、2-1オ10
コツペンハーカ	2-24ウ6
郭进法瓦 r. コツペンハアガ	2-10オ5
コハヽ(高山)	5-12ウ6
コヒナ	3-11オ1
コペイテン(人種)	3-3オ8
コリュウビア	4下-8オ1
コリュヲレンス-人種	
	4上-1ウ6、4上-1ウ9w.
ゴルカ	1-13ウ6
コルク	4下-9オ7
コルコンタ	1-16ウ8
コルコンダ地方 1-20オ7、1-20オ9、1-20ウ2	
哥而西加 r. コルシカ	目2ウ1、1-附4オ7
哥爾西加 r. コルシカ	2-19オ8
哥爾齊加 r. コルシカ島	1-附4ウ2
コルヂルラレス	4下-1オ5
コレイウハン	1-4ウ5
ゴロニンゲン	2-11オ3

閣龍洲	4上-1オ9
コヲニングスベルゲン(首府)	2-8オ9
工鄂 r. コンゴ	目2ウ7、3-10ウ9
工鄂 r. コンゴ(一名下ゴイネヤ)	3-13オ4
公斯瑠低諾波爾 r. コンスタンチノッポル	
	2-2オ10
公斯瑠低諾波爾 r. コンスタンチノホル	
	1-10ウ3
公斯瑠低諾波兒 r. コンスタンチノポル	
	1-附1オ6、3-3ウ2
コンセプチヲン(都府)	4上-9ウ6
コンタル	3-5オ6
コン子クチキュット	4下-4ウ2
コン子クチクュット	4下-7ウ2

サ

サイレ(川)	3-13オ8
薩哈連 r. サカレン(一名哈喇土)	
	1-目1オ5(r. サガレン)、1-1ウ7、1-4オ7
サナ	1-11オ5
撒馬兒罕 r. サマルカン	1-7ウ1
沙謨厄鄧 l. サモエーデン	1-5オ2
サラ(首府)	2-4オ8
沙拉 r. サラ	3-5ウ8、3-5ウ9、3-9ウ6
撒而地泥亞 r. サルヂニヤ	目2ウ1、2-19オ8
撒而地泥亞 r. サルデニヤ	
	1-附3ウ10、2-19オ5
撒剌滿 r. サロモン	目3ウ7
撒剌滿 r. サロモン-王	1-20ウ4
撒剌滿 r. サロモン-諸島	5-5ウ4
贊西抜兒 r. サンシバル	目2ウ8
贊西抜爾 r. サンシバル	3-14ウ6
三大洲	1-附1オ3
サンタへ	4下-3オ4
山丹 r. サンタン(サカレン)	1-4オ7
サントウィクス	目3ウ10
サンドウィクス	5-12オ2
聖多黙 r. サントメ	目2ウ10
聖多黙 r. サントメ-諸島	3-15ウ9

『坤輿圖識』所収外国地名索引　　255

シ

シイドニイ	5-2ウ9
死海	1-10ウ4
四海	第2序1オ6
シケイクス	目1オ10、1-13ウ6、1-15オ5、
	1-15ウ1、1-16ウ2、1-16ウ3、1-16ウ5
獅山	3-11ウ10
西齊里亞 r.シシリヤ	1-附3オ4
齊西里亞 r.シシリヤ	
	目2ウ1、1-附3オ8、2-19オ7、
四大洲-人	3-2ウ3
豕島(ハルクスランド)	4下-19ウ5
支那	1-2ウ4、1-2ウ6、1-6オ8、1-7ウ8 w.、
	1-8オ10、1-18ウ2、1-20オ7、1-20オ8、
	1-21オ3、1-23オ10、1-23ウ7、1-27ウ3、
	1-29ウ7、1-30ウ2、1-31ウ10、1-33オ9、
	2-6ウ2、3-6オ3、5-1ウ4、5-4オ7
支那-國	4下-3ウ10、5-12オ9
支那-種	3-14オ9
支那-人	1-7オ5、1-24オ3、1-24オ9、1-29オ2
支那韃靼	目1オ4、1-2ウ1、1-3ウ7
支那-帝	1-3オ10、1-7オ7、1-24オ5、1-24オ8
ジニーストル(河)	1-附5ウ4
止白里亞 r.シベリヤ	目1オ6 w.、1-24ウ4
止百里亞 r.シベリヤ	1-4ウ3、2-6ウ7
止百里亞	2-6ウ9
止白里-地方	1-7ウ3、2-24オ9
下-為匿亞 r.ゴイ子ヤ	3-13オ4
暹羅 r.シヤムロ	目1ウ3、1-19ウ1、1-20ウ7
暹羅	1-19ウ4、1-21オ7、
	1-22オ7、1-22オ8、1-24オ5、1-20ウ7
暹羅-國	1-21ウ1
瓜哇 r.ジヤワ	目1ウ7、
	1-27ウ2、1-27ウ6、1-28ウ6 w.
蘓厄私 r.シユエス	3-1ウ3
蘓厄私 r.シユエス-地峽	3-3オ1
朱葛達喇 r.シュカタナ(ママ)	1-29ウ8
蘇門答剌 r.シュモダラ	1-26ウ5
蘇門答剌	1-29オ6、1-29ウ6
シユリセ	2-17オ10

シュリナアム	4上-6ウ1
シュロヲ-諸島	1-31オ7
シュロヲ	目1ウ8
蘓厄私 r.シユエス-地峽	2-16ウ6
小伊斯把泥亞(ドミンコの中世名)	
	4下-15オ6(r.ドシンコ)、4下-15ウ1
小泥禄河 r.ニール	3-7オ9
小佛加利	目1オ7、1-7ウ5
小-勿搦際亞 r.ヘネシヤ	4上-5ウ6
智里 r.シリ	目3オ4、4上-9ウ2
清	第1序2ウ7、1-2ウ10、1-3オ2
神州	第2序1オ6
清-人	1-3オ4
清-國帝祖	1-29オ4
清-祖	1-3オ6
新伊斯把泥亞	4下-1ウ2
新意而蘭土 r.リルラント(誤刻)	5-5オ4
新意而蘭土	5-5オ8、5-5ウ1
新和蘭	5-2オ5、5-4オ4、5-4オ6
新瓦辣那達 r.ガラナーダ	目3オ3
新瓦刺那達 r.シンガラナタ(一名キンカス	
テーラ)	4上-4ウ3
新-瓦刺那多 r.ガラナタ	4上-7オ1
新-葛列土泥 r.カレドニー	目3ウ8、5-5ウ9
新-爲匿亞 r.ゴイ子ヤ	目3ウ7、5-4オ6
新爲匿亞	5-5オ4
新-思可齊亞 r.スコシヤ	目3オ8、4下-8オ4
新則蘭土 r.セイラント	5-7ウ1
新-則蘭土 r.ゼーランド	目3ウ8
新-增白臘 r.センブラ	
	目1オ6、1-5ウ9、2-24オ9
新-增白臘 r.センブラ-島	1-24ウ3
聖I.シント意勒納 r.ヘレナ	3-16オ7
シントアン(首府)	4下-13オ5
聖I.シント-サルハトル	4上-3オ2
聖I.シント-獨眠悟 r.ドミンゴ-府	
	4下-15ウ2
聖I.シント意勒納 r.ヘレナ	目3オ1
シントラ	1-22ウ10
新貌利太泥亞 r.ブリタニヤ(北アメリカ)	
	目3オ9

256　第3部　資料編

新貌利太泥亞（オーストラリア）　　　目3ウ7
新貌利太泥亞　　　4下-3ウ2、4下-12ウ10
新-貌利太泥亞r.ブリタニヤ（一名ラブラド
　ル）　　　　　　　　　　　　　　4下-9ウ7
新貌利太泥亞　　　　　5-4オ6、5-5ウ1
新貌利太泥亞r.ブリタニヤ　　　　　5-5オ3
新貌利太泥亞-人　　　　　　　　4下-11オ5
新ブロンス　　　　　　　　　　　4下-8オ5
新ヘブリデス　　　　　目3ウ10、5-11ウ9
新ホウンランド　　　　　　　　　　目3ウ2
新ホウンラント（テルラノヲハ）4下-12ウ9
新ホウンランド島　　　　　　　　5-13オ10
シンボラソ　　　　　　1-7オ2、4上-4オ4
シンホラソ-大山腹　　　　　　　　4上-6ウ6
新南ゴルギー　　　　　　　　　　　目3ウ4
新南ゴルギー島　　　　　　　　　4下-21オ3
新南話爾列斯r.ワルレス　　　　　　5-2ウ6
新墨是可　　　目3オ7、4下-1ウ5、4下-2ウ9
真臘　　　　　　　　　　　　　　1-22オ7
新和蘭　　　　　　　　　　　　　　目3ウ6
新和蘭-國　　　　　　　　　　　　5-1ウ1

ス

蘇亦齊亞r.スウェシヤ　　　目2オ7、2-22オ4
蘇亦齊亞-人、-太子　　　2-6オ5、2-22ウ9
思哥齊亞r.スコシヤ　　　　　　　2-19ウ8
斯督沨福兒摸r.ストクフヲルム　　2-22オ5
スハン　　　　　　　　　　　　　1-4オ10
尖山r.スピッツベルゲン　　　　　　目2オ8
尖山l.スピッツベルゲン　　　　　2-23ウ8
蘇門答剌r.スモタラ　　　　　　　1-18ウ9
蘇門答剌　　　　　1-29ウ6、5-10オ3
蘇門答剌r.スモダラ　　　　　　　　目1ウ7
斯剌勿泥亞r.スラホニヤ　　　　　　2-4ウ2
斯剌勿泥亞r.スラホニヤ-語　　　　2-1ウ8
スリスベルグ　　　　　　　　　　2-4ウ3

セ

セイプリュス　　　　　　　　　　目2オ10
際波里l.セイプリュス　　　　　1-附1ウ3
セイプリュス島　　　　　　　　1-10オ10

ゼイランド　　　　　　　　　　　2-11オ5
齊狼r.セイロン　　目1ウ6、1-24ウ5、1-26オ4
齊狼　　　　　　　　　　　　　1-26ウ3
則獨-鹿　　　　　　　　　　　4下-19オ8
齊狼r.セイロン-島　　　　　　4下-14ウ8
舍搦r.セー子-河畔　　　　　　　2-12オ3
セーランド　　　　　　　　　　2-24ウ5
熱弩亞r.セニュア　　　4上-1オ8、4下-21ウ2
熱弩亞　　　　　　　　　　　　4下-22オ8
熱弩亞-人　　　　　　　　　　4下-23ウ2
ゼ子カム（川）　　　　　　　　　3-9ウ5
ゼ子カムビー（ニギリシヤ）　　　3-9ウ5
熱河r.ゼ子ガ　　　　　　　　　3-9ウ7
熱河r.ゼネガル　　　　　　　　3-10ウ6
熱河　　　　　　　　　　　　　3-10ウ8
食力百私r.セレベス　　　目1ウ8、1-30オ2
セント　　　　　　　　　　　　1-12オ5
センナール　　　　　　　　　　3-4オ8

ソ

ソイドカロリナ　　　　　　　　4下-7ウ7
賊島（マリア子ン）　　　　　　1-33オ2
ソコトラ　　　　　　　　　　　1-32ウ4
ソシイテイツ　　　　　　　　　5-9ウ5
ソシーテイツ　　　　　　　　　　目3ウ9
ソハラ　　　　　　　　　　　　3-14ウ3
蘇木國（ブラジール）　　　　　4上-11オ10
ソレダアテ　　　　　　　　　　4下-19ウ6
宋達峽　　　　　　　　　　　　1-27ウ3

タ

太海（黒海ノ一名）　　　　　　1-附5オ5
大清-一統志　　　　　　　　　　1-4ウ9
大韃而靼　目1オ3、1-2オ7（r.タイダツタン）
大東銀河（一名リヲデラブラタ）　4上-8オ9
大南海　　　　　　　3-1ウ2、5-1オ9
臺灣r.タイハン（一名フヲルモザ）1-33オ9
臺灣　　　　　　　　　　　　　目1ウ10
臺灣府　　　　　　　　　　　　1-33ウ1
大佛加利r.ブツカリ　　　　　　　目1オ7
大佛加利r.ダイブツカリ　　　　1-7オ10

大佛加利　　　　　　　　　　1-13オ9
大貌利太泥亞 r.ブリタニヤ
　　　　　　　　　目2オ6、2-19ウ5
大嘆咭唎-國　　　　　　　　2-19ウ9
多島海　　　　　　1-附1ウ3、2-3ウ4
得苦 r.タトク-河　　　　　　2-16オ9
タバコ　　　　　　　　　　4下-19オ9、
　　4下-19ウ2（草名）、4下-19ウ3w.（草名）
タホイク　　　　　　　　　1-31オ10
太爾馬祭亞 r.ダルマシヤ　目2オ2、2-4オ1
太爾馬祭亞-國　　　　　　　　2-4オ5
單毅得 r.タンキュット（ツベット）　1-6ウ1
咬人國（アンタマン諸島）　　1-26ウ2
ダンチフ　　　　　　　　　　2-8オ10

チ

ヂイメンスランド　　　　　　5-4オ4
ヂーメンスランド　　　　　　目3ウ6
千島　　　　　　　　　　　　1-5オ9
地中海　　目2オ10、1-附1オ2、1-附5オ7、
　　1-附5ウ7、1-附6オ10、2-1オ10、
　　2-16ウ5、2-19オ3、3-1ウ3、3-1ウ6、
　　3-3オ1、3-3ウ5、3-3ウ9、3-6ウ9
地獨兒 r.チドル　　　　　　　1-30ウ9
地木児 r.ヂモル　　　　　　　1-30ウ1
占城 r.チヤンパ　　　　　　　1-23オ8
中北-亞細亞　　　　　1-2オ7、2-5ウ7
チュニス　目2ウ6、3-5ウ7、3-7オ4、3-8オ6
チュニス（首府）　　　　　　3-7オ10
都杭 r.チュハン　　　　　　　1-8ウ1
チュルコマニー　　　　　　4上-11ウ5
チュレカ　　　　　　　　　　1-8ウ6
長人國（パタゴン）　4上-13ウ1、4上-13ウ3
朝鮮　　　　　　　　　目1オ4、1-2ウ3
長白山　　　　　　　　　　　1-3オ6
チリポリ　　　目2ウ5、3-6オ5、3-6ウ2、
　　3-6ウ3、3-6ウ6、3-7オ5、3-8オ6
チント河　　　　　　　　　　2-14ウ8

ツ

圖伯特 r.ツベット　目1オ7、1-6ウ1、1-12オ9

圖伯特 r.ヅベット-國法王　　1-3ウ9
圖伯特　　　　　　　1-6ウ1、1-18ウ2
圖伯特 r.ツペット-國　　　　4下-1オ9

テ

帝國莫卧兒-古圖　　　　　　跋オ10
弟杜支加爾 r.テイドシカール　1-3オ3
弟那瑪爾加 r.デー子マルカ　　目2オ4
弟那瑪爾加　　　　　　　　1-13ウ4、
　　2-22ウ8、2-23オ3、2-24ウ2、2-24ウ4
弟那瑪爾加 r.デー子マルカ　　2-1オ7
弟那瑪爾加 r.デー子マルカ-人1-28ウ10w.
爹摸斯 r.テームス　　　　　　2-20オ6
デカン　　　　　　　　　　　1-14ウ4
デカン-國　　　　　　　　　1-17ウ5
デスカアテン　　　　　目1ウ1、1-16オ9
デスカン　　　　　　　　　　1-13ウ6
第那瑪爾加 r.デ子マルカ　　　2-10オ3
弟那瑪爾加　　　　　　　　2-24ウ7w.、
　　3-12オ8、4下-11ウ9、4下-11オ2
テ子リーハ　　　　　　　　　3-16ウ8
デラワアレ　　　　　　　　　4下-7ウ3
デル子　　　　　　　　　　　3-6オ10
テルヒ　　　　　　　　　　　1-15ウ4
デルヒ　　　　　　　　　　　1-13オ8
テルラノヲハ　　　　　　　4下-12ウ9
テルラヒルマ　　　　　　　　4上-3オ6
デレンテ　　　　　　　　　　2-11オ3
天竺（一名東印度）　　　　　目1オ10
天竺 r.テンヂク　　　　　　　1-12オ8
殿堂-領　　　　　　　　　1-附3ウ4、
　　1-附3ウ10、1-附4オ8、2-17ウ9
テン子スセーランド　　　　　4下-7ウ6
デンハアーガ　　　　　　　　2-10ウ9

ト

獨逸 r.ドイツ　　目2オ4、2-1ウ7、2-5ウ1
獨逸 r.トイツ　　　　　2-8ウ8、4下-2ウ4
獨逸 r.ドイツ-語　　　　　　2-1ウ6
獨逸　　　　　2-2オ7、2-4ウ8、2-8ウ7、
　　2-9オ6、2-9オ9、2-11ウ3

黄旗(きばた、ドイツ)	2-8ウ8
獨逸-國	2-10オ1w.
獨逸-國里法、-里法	2-20ウ5、2-20ウ9
獨逸r.ドツ(ママ)-國定法	凡2オ4
獨逸-國定法	凡2オ7
獨逸r.ドイツ人	1-6オ3
獨逸-人	2-12オ8
獨逸-帝	2-4オ3、2-4オ6、2-17ウ10w.
獨逸-連合州	2-11オ7
東海	目2オ8、1-1オ9、2-24ウ2
東西印度-諸島	4下-3ウ9
島嶼世界(アウスタラリー洲)	5-1オ7
盗島(マリア子ン)	1-33オ5
東方-諸州	4下-22オ1
獨立韃靼	目1オ7、1-6オ8
トスカア子-一疾	1-附4ウ3
ドナウ	1-附5ウ4
ドホラギール(一名白山)	1-6ウ7
托波爾斯科r.トボルスキ	1-4ウ4、2-6ウ8
獨眠悟r.ドシンコ(ママ)	4下-15オ6
獨眠悟r.ドミンゴ	目3ウ2
トムスキ	1-4ウ5
トリビュク(首府)	2-4オ2
都兒格r.トルコ	目2オ2、2-1ウ9、2-2オ9
都兒格r.トルコ-所領	1-附1ウ4
都兒格	2-2オ7、2-3オ6、2-3オ8、2-3オ9、2-4オ1、2-4ウ6
都爾格r.トルコ	3-2ウ10
都爾格	3-3オ2、3-6オ4、3-6ウ8、3-7ウ7、3-8オ7
都爾格r.トルコ-種	3-3オ7
都兒格-人	1-附1ウ10、2-3オ10
都兒格斯坦r.トルコスタン	目1オ8、1-8ウ3
都爾格斯坦	1-8ウ9
都爾格-帝	1-8オ3
杜爾格-帝都	1-10ウ3w.
都爾格-帝	1-10ウ2w.1-附3オ1
ドンガ-島	5-9オ2
ドンガ-島主	5-9ウ3
東京、一名安南	目1ウ4、1-22ウ7
東京r.トンキンw.即安南國	1-23オ10

ナ

ナアメン	2-11オ10
那多里-石人	4下-6オ5w.
那多里亞r.ナトリヤ-國	1-10オ10
那多里亞r.ナトリヤ	1-附1ウ3、2-1オ6
那波里	1-附3ウ3
那波里r.ナポリ	2-19オ1
南海	4上-12ウ2、5-1オ6
南海諸島	5-9ウ8
南極圏	4上-1ウ4
南北-洲	4上-3ウ7
南北亞墨利加	目3ウ1

ニ

ニイウエルセイ	4下-7ウ3
ニイウハムプシーレ	4下-7ウ1
ニイウヨルク	4下-7ウ3
泥禄r.ニール	3-3ウ4
泥禄r.ニール-河畔	3-4オ6
泥父利西亞r.ニギリシヤ(一名ゼ子カムビー)	目2ウ7、3-9ウ5
泥父利祭亞r.ニギリシヤ	3-11ウ10
泥父爾r.ニギルー川	3-13オ9
黒川r.ニキル	3-10ウ5
黒川	3-11オ10
西印度	1-12オ8、4下-8ウ3、4下-12ウ8
西紅海	2-16ウ7、3-1ウ1、3-5オ6
西フラアンデレン	2-11オ9
ニスコロ	1-5ウ5
尼布楚r.ニブス-城	1-3オ4
日本	1-30ウ2
日本-所属島	1-32ウ1
ニュ子ツ川	3-10ウ7
奴比亞r.ニュヒーヤ	3-5オ5
奴比亞r.ニュビーヤ	3-2ウ10
奴比亞r.ニュビーア	3-4オ9

ヌ

奴比亞r.ヌビヤ	目2ウ4

『坤輿圖識』所収外国地名索引　　259

ネ

子ウカン河	5-3オ8
子ウシカツテル	2-17オ8
子ウヨルク	4下-4ウ2
子ウヨロク	4下-5ウ9
涅埴爾蘭土 r. 子ーデルランド	
	2-10ウ6,2-11ウ3
子ハタ(高山)	2-14ウ2

ノ

ノールドウェストゲビイド	4下-7ウ10
ノールドカロリナ	4下-7ウ6
諾而勿惹亞 r. ノヲルウェシ	2-10ウ1
諾而勿惹亞 r. ノヲルウェシヤ	
	目2オ7,2-22ウ3
諾爾勿祭亞 r. ノヲルウェシヤ	2-1ウ7
諾爾惹西亞	2-23ウ1
諾爾勿惹亞	2-23オ3,2-24ウ2

ハ

パアララアマリホ(首府)	4上-6ウ2
ハアルス-河口	4下-11オ3
パアルマ	3-16ウ8
ハイチ(ドミンコの古名)	
	4下-15オ6,4下-18オ1
ハイチ-島	4上-3オ3
ハオナリュラ	5-12オ4
白哈児 r. バイカル(一名霊湖)	1-4ウ8
白山	1-6ウ7
白晢-人	4上-13ウ4
白晢 l. エウロツパ-人種	4下-14ウ9
白峯	3-10ウ6
抜革老地	4下-12ウ9
抜答非亞 r. バタァヒヤ-府	1-31オ3
抜答非亞 r. バタアヒヤ(一名咬溜吧)	
	1-27ウ9
抜太肸亞 r. バターヒヤ	1-28ウ5 w.
巴太温 r. パタゴン	目3オ4、
4上-9ウ4,4下-19ウ9,4下-20オ9	
巴太温	4上-11ウ5

巴太温 r. パタゴン(一名メカラン國)	
	4上-12ウ5
八丈	1-1ウ7
把那麻 r. パナマ	4上-1ウ2、
4上-4オ1,4下-1ウ5,4下-2オ6	
把那麻	4上-5オ5
把那麻 r. パナマ-府	4上-4ウ8
ハノヲフル	5-2オ3
ハ〻ナ(首府)	4下-13ウ7
バハル	1-17オ2
罷鼻落泥亞 r. バビロニヤ	1-12オ2
ハモア	5-9オ1
把刺寡乙 r. ハラゴアイ	4上-11ウ4
ハリア子	1-31ウ10
バルカ	目2ウ5,1-30オ10
把爾加 r. バルカ	3-3オ1
バルカ	3-5ウ7,3-6オ4,3-6ウ2
ハルクスランド(訳シテ豕島)	
	目3ウ3,4下-19ウ5
ハルクランド	4下-19ウ7
バルチト川	4下-7オ8
巴爾巴里亞 r. バルバリヤ	
	目2ウ5,3-5ウ6,3-7オ4
ハルリハキス	4下-8オ6
把理斯 r. パレース	2-12オ3
把理斯	2-12ウ6,2-12ウ8
把理斯-府	2-12ウ3
蕃太 r. バンダ	1-30ウ9
板淡 r. バンタン	1-28ウ4,1-28ウ5 w.
板淡王	1-28ウ8 w.

ヒ

東印度 r. イント	1-12オ8
東印度 r. インド	目1オ10 w.
東印度	2-15オ7,2-15ウ1,2-15ウ6
東印度-諸島	2-15オ3
東都兒格	目1オ9
東都爾格	1-10オ10
東フラアンデレン	2-11オ9
ヒツトランド	2-21ウ4
ヒュアナ	1-14オ2

260　第3部　資料編

火地r.ヒュールラント　　　　　目3ウ3
火地　　　4上-2オ2、4上-4オ1、4上-12ウ7、
　　　　4下-19ウ5、4下-19ウ9、4下-21オ3
火地-人種　　　　　　　　　　4下-21オ5
ヒュサイロス(ラプラダ)　　　　4上-11ウ4
ヒュ子ン島　　　　　　　　　　2-24ウ5
ヒュノスアイロス(首府)　　　　4上-11ウ7
氷海　　　　　　　　　　　　　1-1オ9
冰海　　　　　　　　2-1オ9、2-24オ9
非利皮那r.ヒリピナ
　　　　　　目1ウ9w.、1-31ウ6(r.無)
ヒリペイン諸島　　　　　　　　2-15ウ6
ヒルギニイ　　　　　　　　　　4下-7ウ5
毘爾満r.ビルマン
　　　　　　　目1ウ3、1-19オ1、1-19ウ1

フ

ファノヲ丶フル　　　　　　　　5-5オ4
フォルモザ(タイハン)　　　　　1-33オ9
福建府　　　　　　　　　　　　1-33オ9
婦人島　　　　　　　　　　　　1-32ウ5
弗沙r.フッサ　　　　　　　　　3-5ウ8
フュルセス　　　　　　　　　　4上-10オ3
伯西兒r.ブラシール
　　　　　　目3オ4、4上-7ウ5、4上-10オ5
伯西児　　　　　　　　　　　　4上-12ウ1
伯西児r.ブラシール-國　　　　　2-17オ4
佛-國　　　　2-9オ5、2-9オ6、3-12オ8、
　　　　4下-8ウ9、4下-16オ7、4下-16オ10、
　　　　4下-17ウ2、4下-17オ7、4下-18オ8
佛-國偽帝　　2-8オ1、2-9オ7、2-9ウ5、
　　　　3-16オ8、4下-16オ8、4下-18ウ3w.
佛-将　　　　　　　　　　　　4下-16ウ9、
　　　　4下-17オ4、4下-17オ10、4下-17ウ3
佛-兵　　　　　　　　　　　　4下-17ウ7
佛-人　　　　2-12オ8、2-12ウ6、3-8オ1、
　　　　4下-6ウ9、4下-9オ1、4下-16ウ5、
　　　　4下-17オ2、4下-17オ10、4下-17ウ5
佛蘭西r.フランス　　　目2オ5、2-12オ3
佛蘭西　　　　　　1-13ウ3、2-3オ7、
　　　2-11ウ4、2-11ウ9、2-12オ6、2-15ウ10、

　　　2-19ウ5、3-6オ8、3-11オ9、3-15ウ5、
　　　　4上-6オ10、4下-6オ8、4下-13オ3、
　　　　4下-15ウ9、4下-17オ7、5-13オ7
拂郎察r.フランス　　　　　　　2-1ウ5
拂郎察　　　　　　　　2-6オ9、2-9オ9
佛蘭西-假帝　　　　1-附4ウ7、1-9ウ10
佛蘭西-偽帝　　2-4オ4、2-9オ3、2-10ウ2、
　　　2-11オ1w.、4上-10ウ10、4下-16オ4
佛蘭西-國　　1-29ウ10、1-附4オ9、2-11ウ7、
　　　　2-21ウ5、3-15ウ5、4下-16オ8
佛蘭西-國王　　　　3-16ウ5、4下-18ウ2
佛蘭西-國人　　　　　　　　　3-15ウ4
佛蘭西-残薫　　　　　　　　　4下-18オ10
佛蘭西-種　　　　　　　　　　3-14オ8
佛蘭西-十六世ロデウェキ王　　4下-15ウ9
佛蘭西-所領　　　　　　　　　4下-15ウ8
佛蘭西-人　　　　　　3-7ウ10、3-15オ7、
　　　　3-16オ2、4下-8ウ8、4下-13オ1
佛蘭西-真主　　　　　　　　　4下-18ウ5
佛蘭西-總督　　　　　　　　　4下-15ウ3
佛蘭西-岬　　　　　4下-15ウ6、4下-18オ8
フリースランド　　　　　　　　2-11オ3
フリ子レイ　　　　　　　　　　5-8オ7
ブリ子レイ　　　　　　　　　　目3ウ9
ブリマニセレーキ(ビルマン)　　1-19ウ1
青山　　　　　　　　　　　　　5-4オ1
フルモント　　　　　　　　　　4下-7ウ1
共和政治l.フルエーニフデスタァテン
　　　　　　　　　　　　　　　目3オ7
ブレトン島　　　　　　　　　　4下-8オ4
孛漏生r.プロイセン　　　　　　目2オ3、
　　　　2-5ウ1、2-8オ8、2-17オ8
孛漏生　　　　　　　　　　　　2-24ウ7
花地r.フロリタ　　　4下-6ウ9、4下-12ウ5
花地r.フロリダ　　　　　　　　目3オ8
フロリダ　　　　　　　　　　　4下-8オ1
花地-國　　　　　　　　　　　4上-3オ2w.

へ

ペイキ　　　　　　　　　　　　1-4オ10
琶牛r.ペイギー-種　　　　　　　1-19ウ9

『坤輿圖識』所収外国地名索引　261

琵牛 r.ヘイキウ　　　　　　　1-19ウ3
ペイトルビュルグ　　　　　　1-4ウ6
ペイトルビュルグ（帝都）　　2-6オ1
ペイトルビュルグ-府　　　　2-7ウ5
孛露 r.ベイリウ（ママ）
　　　　　　4上-8ウ1、4上-12オ2（r.無）
孛露 r.ベイリウ
　　　　　　目3オ3、4上-7ウ4、4上-9ウ4
孛露-王　　　　　　　　　　4上-6ウ9
歇加臘 r.ヘーカラ　　　　　　2-23オ4
北京　　　　　　　　　　　　1-1ウ9
北京-府　　　　　　　　　　1-3ウ5
弗沙 r.ヘツサ　　　　　　　　3-9オ9
ヘ子ゴウウェン　　　　　　　2-11オ10
勿搦祭亞 r.ヘネシヤ-人　　　1-附2ウ7
勿搦祭亞 r.ヘ子チア　　　　　2-18オ5
ベヤプール　　　　　　　　　1-13ウ9
ベルギー-所領　　　　　　　2-11オ7
ヘルサ　　　　　　　3-6ウ3、3-6ウ8
百兒西亞 r.ペルシヤ　　目1オ9、1-11オ6、
　　　　　1-11ウ9（r.ペルシ）、1-12オ9
百兒西亞　　　　　　　　　　1-13オ5
百爾西亞 r.ペルシヤ　　　　　2-14オ5
赫勿菱亞 r.ヘルヘシヤ
　　　　　目2オ6、2-17オ8、2-19オ4
赫勿菱亞 r.ヘルヘシヤ-國　　2-8ウ5
ベルレイスレ海峡　　　　　4下-12ウ10
鐵島 I.ヘルロ　　　　　　　　3-16ウ8
百樓 r.ペロウ　　　　　　　　5-6ウ6
百樓 r.ペロウ-島　　　　目3ウ8、5-6ウ4
榜葛刺 r.ベンガラ
　　　　　目1ウ1、1-13ウ10、1-16ウ8
ペンセールファニー　　　　4下-7ウ4

ホ

火單 r.ホウタン　　　　　　　1-6ウ2
ボウルボン　　　　　　　　　目2ウ10
ボウルボン島　　　　　　　　3-15ウ3
北海　　　　　　　　　　　4上-5オ10
北極圏　　　　　　1-5ウ9、4上-1ウ4
北高海　　　　　　目2ウ2、1-9オ1 w.、

　　　　　1-10オ3、1-附5ウ5、1-附5ウ8、
　　　1-附6オ1、2-1オ10、2-6ウ2、4上-7オ10
ポトセイ　　　　　　　　　4上-11ウ10
淳耳匿何 r.ボル子ヲ　　目1ウ7、1-29オ7
波爾杜-國　　　　　　　　　2-15オ10
波爾杜瓦爾 r.ポルトガル
　　　　　目2オ5、2-1ウ6、2-16オ7
波爾杜瓦爾　　　　1-13ウ3、1-14ウ4、
　　　1-17オ8、1-17ウ6、1-22オ3、1-22オ5、
　　　1-24ウ8、1-26オ5、1-30ウ3、1-30ウ10、
　　　2-15オ8、3-12オ7、3-14オ8、3-16ウ2、
　　　4上-6オ10、4上-10ウ10、4上-11ウ1
波爾杜瓦爾-國王　　　　　3-15ウ10、
　　　4上-1オ5、4上-3オ5、4上-10オ6
波爾杜瓦爾 r.ホルトカル（ママ）-人
　　　　　　　　　　　　　　3-2オ3
波爾杜瓦爾-人
　　　1-25オ5、1-27ウ6、2-15オ2、3-13ウ3
ホルトヘルロ（首府）　　　4上-4ウ4
淳耳匿何 r.ボル子ヲ　　　　1-29オ7
淳耳匿何　　　　　　　　　　1-29オ10
淳耳匿何-主　　　　　　　　1-29オ9
ホルランド（漢訳和蘭）（ヲランダも見よ）
　　　　　　　　　　　　　　2-11オ5
波羅泥亞 r.ポロニヤ　　目2オ3、2-5オ5
ボントハイン　　　　　　　　1-30オ5
網買 r.ホンバイ　　　　　　　1-17オ8
網買 r.ボンバイ　　　　　　　目1ウ1

マ

マイ子　　　　　　　　　　　4下-7ウ1
前印度　　　　　　　　　　　1-13ウ4、
　　　1-18ウ3、1-18ウ6、1-18ウ10、1-20ウ2
前印度-諸州　　　　　　　　1-18オ4
前印度-地方　　　　　　　　1-27オ9
マカサル　　　　　　　　　　1-30オ2
摩迦陀-國（梵ノ）　　　　　1-26オ3
墨瓦蘭 I.マゲルラン-峽　　　2-15ウ6
馬神 r.マシン　　　　　　　　1-29ウ8
マスキュセッツ　　　　　　　4下-7ウ1
マスサクセッツ-國　　　　　4下-5ウ9

262　第3部　資料編

麻打加斯瓦爾 r.マタカスカ-國	3-15ウ3
麻打曷矢加爾 r.マダカスカル	
	目2ウ10、3-15オ1
多勒多 r.マトリト-城(都)	2-14オ9
マニュナ(高山)	5-12ウ4
マニリセ-島	5-6ウ4
瑪泥児訝 r.マニルラ-城	1-31ウ8
マユヒラ	4下-2ウ9
馬玉爾加 r.マヨルカ	目2ウ2、1-附4ウ10
滿刺加 r.マラッカ	
	目1ウ3、1-19ウ2、1-21ウ1
滿刺加海峽	1-27ウ4
滿刺旬 r.マラッテン	目1オ10
滿刺旬 r.マラッテン-種	1-13オ7、1-13ウ8
滿刺旬	第1序2ウ、1-13ウ6、
	1-15ウ2、1-16ウ3、1-16ウ5
滿刺旬-主	1-14ウ10
滿刺旬-所領	1-14オ6
麻辣襪爾 r.マラバル	
	目1ウ2、1-18オ3、1-24ウ5
麻辣抜爾海	1-25ウ1
マリアー子ン	目1ウ10
マリア子ン(又云ヲロド子)	1-32ウ9
瑪利亞 r.マリア子ン-島	5-1ウ9
馬路古 r.マルク-諸島	5-4オ7
マルケイサ	目3ウ9、5-11オ2
馬兒太 r.マルタ	目2ウ1、1-附3オ4
馬爾多 r.マルタ	2-19オ8
馬兒太島	3-6ウ2
マルタハン	1-19ウ4
馬爾地歇私 r.マルヂヘス	目1ウ6
馬爾地歇私 r.マルヂヘス	1-26オ4
瑪爾護爾 r.マルムル-海	1-附5オ7
マルムル海峽	1-附1オ6
マレイランド	4下-7ウ5
馬老髙 r.マロク-諸島	1-30ウ2
馬路古 r.マロク-諸島	1-31オ10
馬路古 r.マロコ	目1ウ8
馬邏可 r.マロコ	目2ウ6
馬邏可 r.マロコ	3-5ウ8、3-8オ7
馬邏可(府)	3-9オ5

馬邏可	3-9オ9、3-9ウ2
滿	第1序2ウ7
滿洲	目1オ4、1-2ウ6、1-2ウ8、1-29オ5

ミ

ミシガウ	4下-7ウ10
ミスシスシッヒ河	4下-12ウ2
ミスソウリ	4下-8オ3
ミスシスシッピ	4下-7ウ4
ミッシスシッピ	4下-6ウ2
南亞墨利加-誌	目3オ2
南亞墨利加-洲	4上-3ウ10
南亞墨利加-洲地方	2-17オ4
南ブラバンド	2-11オ8
南話爾列斯 r.ワルレス	5-3ウ10
ミレナ(首府)	1-附3オ8
珉太脳 r.ミンダノ	目1ウ8、1-31オ10

メ

メイキニス	3-9ウ1
墨瓦蘭泥加-大洲	4下-20オ3
墨瓦蘭-峽	4上-12ウ5
墨瓦蘭 r.メカラン-國	4上-12ウ5
墨是可 r.メキシコ(一名新イスパニヤ)	
	目3オ7、4下-1ウ2、4下-3ウ2、4下-6ウ1
墨是可(首府)	4下-1ウ6
墨是可-國	4下-2ウ10
メコン	1-22オ8、1-24オ9
默加 r.メッカ	2-2ウ6
默加	2-2ウ7 w.
メトセラ	3-7オ6
メナム河	1-20ウ7

モ

蒙古	目1オ4、1-3オ9、1-3ウ10
蒙古-種族	1-5ウ4
莫斯哥-府	2-6オ6
モノモギ	3-14ウ6
モノモギ-國人	3-14ウ4
馬拿莫太巴 r.モノモタッパ	
	目2ウ8、3-14ウ2

『坤輿圖識』所収外国地名索引　　263

馬拿莫太巴	3-14ウ8ｗ.
莫臥兒	第1序2ウ5、1-15オ3、
	1-16ウ10、1-17オ2ｗ.、跋オ10
莫臥兒-所領	1-13ウ9、1-14ウ2
莫臥兒ｒ.モンゴル-帝	1-13オ3、1-7ウ2ｗ.
莫臥兒-帝	1-14オ10、1-15オ4、1-15ウ1、
	1-15ウ3ｗ.(一帝都)、1-16オ1、1-19オ2

ヤ

雅克薩ｒ.ヤグサ城	1-2ウ8
ヤゴ(首府)	4上-9ウ5
ヤ子イロ(首府)	4上-10オ8、4上-11オ6
牙賣加ｒ.ヤマイカ	目3ウ2、4下-14オ7

ユ

友愛-諸島	5-9ウ3
友愛-島(フリネレイ)	5-6ウ1、5-8オ7
ユトレキト	2-11オ4
ユムミラヒュラ	1-20オ3

ヨ

歐邏巴(ヱを見よ)	
ヨルクスピン	5-13オ3

ラ

老楞佐ｒ.ラウレンス(大河)	4下-9オ9
老檛	目1ウ5、1-24オ5
剌鳩牙ｒ.ラクイ河	1-18ウ10
ラスサアト	1-6ウ3
ラソリコヤ	4上-7ウ8
ラタラン(大河)	5-3ウ3
羅甸-學	4下-5ウ10
羅甸ｒ.ラテン-語	2-1ウ5
臘皮亞	2-6オ3
剌字羅多ｒ.ラブラタ	目3オ5
剌伯辣多ｒ.ラブラタ	4上-9ウ4
剌伯辣多ｒ.ラブラダ(ママ)	4上-11ウ4
剌伯辣多ｒ.ラブラタ-川	4上-10オ5
剌伯辣多ｒ.ラブラタ-國	4上-13オ2
剌伯辣多ｒ.ラブラダ-國界	4上-12ウ6
ラブラドル(訳シテ農地)	4下-9ウ7

ラブラトル-石	4下-12オ2
ラホル	1-15ウ3、1-15ウ8
ラホレタ	4下-13ウ9

リ

六毘(ロッコン、六甲とも)	1-21オ7
里斯波ｒ.リスボン	2-16オ8
リセラフ	2-22ウ9
リマ	4上-8ウ10
リマ川畔	4上-8ウ10
リムビュルグ	2-11オ10
琉球	1-1ウ7
リュキセンビュルグ(國名)	
	2-11オ6、2-11ウ1
靈鷲山	1-25オ1
遼東	1-2ウ9
リヲデラプラタ(銀河ノ義)	4上-8オ9
リヲデラプラタ	4上-12オ8

ル

呂宋(一名非利皮那)ｒ.ルスン	
	目1ウ9、1-31ウ6
呂宋	1-32ウ3

レ

霊湖(バイカルの一名)	1-4ウ8
列應ｒ.レイン-共和州、-河	
	2-9オ5、2-17ウ1
禮勿泥亞ｒ.レポニヤ	2-6オ6

ロ

ロイウヲ	1-30オ8
ロイク	2-11オ10
ロイシアナ	4下-7ウ10
ロウィシアナ	4下-6オ8
ロウェシアナ	目3オ8
ロウセンヒュルク	2-10オ9
邏瑪ｒ.ロウマ-帝(ロヲマも見よ)	
	2-2オ10ｗ.
魯西亞ｒ.ロシヤ	目2オ3、2-5ウ6
魯西亞	1-3オ4、1-4ウ6ｗ.、1-5ウ9、

264　第3部　資料編

1-6オ8、1-7ウ9w.、1-9オ5、1-9オ10、
1-9ウ10、1-10オ5、1-附6オ1、2-2オ7、
2-3オ7、2-6オ7w.、2-10ウ1、2-18ウ8
魯西亞-國　　　　　　　　　2-23ウ8
魯西亞-帝　　　　　　　　　1-4ウ3、1-5ウ2
魯西亞-帝號　　　　　　　　2-6ウ4w.
魯西亞-國王　　　　　　　　1-附6オ5w.
魯西亞r.ロシヤ-諸属國　　　　2-1ウ8
魯西亞r.ロシヤ-所領　　　　　1-2オ2、1-2ウ8
魯西亞-人　　　　　　　　　2-18ウ6
魯西亞r.ロシヤ-韃靼(一名止白里亞)
　　　　　　　　　　　　　目1オ6、1-4ウ3
樂德r.ロデス(島名)　　　　　目2オ10、1-附1ウ8
樂德(首府名)　　　　　　　　1-附1ウ8
ロデスエイランド　　　　　　4下-7ウ2
邏瑪r.ロヲマ　　　　　　　　1-附3オ9、2-17ウ10
邏瑪　　　　　　　　　　　　1-附3ウ6、2-15オ5
邏瑪-教　　　　　　　　　　1-附3ウ5
嚕噸r.ロントン　　　　　　　1-1ウ9
龍動　2-12ウ6、2-12ウ7、2-12ウ8、2-12ウ9
龍動(都府)　　　　　　　　　2-19ウ10
嚕噸r.ロンドン-府　　　　　　4上-10オ10、5-10オ6
龍動r.ロンドン-府　　　　　　2-12ウ3
ロンプ　　　　　　　　　　　2-3ウ5

ワ

ワアトルロヲ　　　　　　　　2-11オ1
ワルスコウ(首府)　　　　　　2-5オ9

ヰ

意太里亞r.井タリヤ(イタリヤも見よ)
　　　　　　　　　　　　　1-附3オ9w.、2-1ウ5
意太里亞　　　　　　　　　　1-附4ウ2、2-4オ5、
2-9オ9、2-19オ6、2-20ウ1w.
意太里亞-國　　　　　　　　2-4オ3
意太里亞r.ヰタリヤ-人　　　　2-3オ5

ヱ

歐法臘得r.ヱウハラアト(大河、歴山帝旧
蹟)　　　　　　　　　　　　1-10ウ9
歐里普斯r.ヱウリフス　　　　2-3ウ2

歐邏巴r.エウロツパ　　　　　1-附1オ3
歐邏巴　　　　　凡2ウ2、目2オ1、1-附5オ5、
1-附6オ1、2-1オ4、2-5ウ7、3-13ウ7、
4上-1オ10、4上-13ウ4、5-12ウ2
歐邏巴-誌　　　　凡2ウ5、2-24ウ1、2-24ウ10
歐邏巴-種　　　　　　　　　3-2オ10、3-3オ8
歐邏巴r.エウロウハ-洲　　　　2-1オ3
歐邏巴-洲　　　　　　　　　1-1オ10、
2-5ウ9、2-14ウ5、2-16ウ4
歐邏巴-洲中　　　　　　　　2-2ウ3、2-3ウ6、
2-10オ3、2-15ウ9、4下-16オ4
歐邏巴-諸州　　　　　　　　2-13ウ7、
3-7ウ3、3-9オ1、4下-3ウ9、4下-4オ4
歐邏巴-諸州人　　　　　　　3-2オ3
歐邏巴-全洲　　　　　　第1序2ウ7、1-2オ1、
1-31オ5、5-1ウ2、5-3ウ9
歐邏巴-中　　　　　2-8ウ9、2-14ウ4、2-19ウ3
歐邏巴-府　　　　　　　　　2-1オ7
白哲l.エウロツハ-人　　　　　2-21オ10
歐邏巴r.エウロツパ-洲　　　　1-1オ5
歐邏巴-人　　　　　　　　　1-26オ9、
2-16ウ3、3-6ウ10、3-7ウ6、3-10オ8
泰西　　　　　　　第1序2ウ6、第1序3ウ2
暎咭唎r.エゲレス　　　　　　1-1ウ10w.、2-1ウ7
英-夷　　　　　　　　　　　第1序3オ1
暎-國　　　　1-17オ10、1-17ウ1、3-12オ8、
4下-5オ2、4下-9オ1、4下-13オ1、
4下-13ウ1、4下-14ウ2、4下-15オ1(2)
暎-國女王　　　　　　　　　2-13オ5
暎-國所領　　　　　　　　　1-15オ5、1-15ウ3
暎-國人　　　　　　　　　　5-13ウ5
暎-國領　　　　　　　　　　4下-13オ4
暎-人　　　　1-14ウ9、1-15オ2、1-16ウ5、
1-17オ3、1-17オ4、1-17ウ9、1-27ウ8、
1-28オ4、1-28オ10、2-12ウ3、
2-12ウ10、2-13オ3、3-8ウ1、3-13オ9、
3-16オ8、4上-6ウ3、4下-5オ1、
4下-5オ4、4下-5オ6、4下-5オ7、
4下-5ウ2、4下-5ウ3、4下-8ウ9、
4下-9オ2、4下-14ウ7、4下-17ウ9、
4下-17ウ10、4下-18オ10、5-7オ2、

『坤輿圖識』所収外国地名索引　　265

　　　　　　　　5-7オ7、5-12ウ8
嘆咭唎　　1-附3オ7、1-13オ4、1-13ウ3、
　　　　　1-14ウ4、1-17オ2 w.、1-17オ9、
　　　　　1-24ウ9、1-26ウ3、1-26ウ6、1-27ウ7、
　　　　　1-29ウ7、1-30オ7、1-32オ9、
　　　　　1-附3オ7、2-3オ7、2-6オ9、2-15ウ10、
　　　　　2-17オ1、2-19ウ7、2-19オ8、2-21ウ3、
　　　　　3-10オ1、3-14オ7、3-16オ7、
　　　　　4上-6オ10、4上-11オ2、4下-2オ7、
　　　　　4下-8オ4、4下-19オ7 w.
嘆咭唎-國　　1-16ウ8、
　　　　　2-13オ1、4下-4ウ4、4下-8ウ8、
　　　　　4下-10ウ3、4下-14オ2、4下-17ウ6、
　　　　　4下-19オ6、5-5オ2、5-13オ3
嘆咭唎-國王　　1-6ウ8
嘆-國所領　　1-15オ5、1-15ウ3
嘆咭唎-國人　　4上-12オ3、4下-4オ10、
　　　　　4下-5ウ5、5-2ウ6、5-3オ10、5-7オ5
嘆咭唎-種　　3-14オ9
嘆咭唎-所領　　1-14オ4、1-18ウ1、1-20オ6
嘆咭唎-人　　1-14ウ1、2-12ウ2、3-11ウ3、
　　　　　3-15オ10、4上-5オ3、4上-13オ4、
　　　　　4下-7オ5、4下-12オ4、4下-14ウ1
嘆咭唎-島　　2-19ウ7
嘆咭唎-本國　　4下-8ウ1
嘆咭唎-領　　5-2オ3
阨日多 r.エジット　　目2ウ4
阨日多 r.エジット-國　　2-19オ4
野作 r.エゾ　　1-1ウ7
エチヲヒヤ黒人ノ義種　　3-10オ4
黒地瓦皮亞 r.エチオホヒヤ　　3-13オ4
黒地瓦皮亞 r.エチオホピヤ-海　　3-16オ7
阨日多 r.エヂット　　3-2ウ10
阨日多　　3-4オ9、3-6オ4
阨日多 r.エヂット-國　　2-1オ6
阨日多-國　　4上-8オ8
阨日多 r.エヂット-人　　1-附3オ1

ヲ

ヲイヲ　　4下-7ウ6
ヲ子ガン　　4下-8オ3

ヲブヒルト(大山)　　1-26ウ6
和蘭-國定法　　凡2オ3、凡2オ5
和蘭　　目2オ4、1-13ウ3、1-21ウ2、
　　　　　1-24ウ8、1-26ウ5、1-28オ9、
　　　　　1-29ウ7、1-30オ7、1-30ウ1、
　　　　　1-31オ2、1-33オ9、2-6オ9、2-15ウ10、
　　　　　2-17オ1、2-19ウ5、3-8ウ2、3-14オ7、
　　　　　4上-6ウ1、4上-6ウ5、4下-11ウ9
和蘭 r.(ヲ)ランダ　　2-1オ7
阿蘭陀
　　　　　1-28ウ9 w.、1-28ウ10 w.、1-29オ1 w.
和蘭-國　　1-27ウ10 w.、2-11ウ5、4上-6ウ2
和蘭-國王　　2-10ウ6、2-11ウ1、2-11ウ8
和蘭-國軍艦　　2-21オ3
和蘭-種　　3-14オ8
和蘭-所領　　1-28ウ1、1-30オ4
喝蘭-商舶　　第2序1ウ2
阿蘭陀-人
　　　　　1-28ウ9 w.、1-28ウ10 w.、1-29オ1 w.
和蘭-人
　　　　　凡1オ8、1-17ウ7、1-21ウ10、1-27ウ7、
　　　　　1-28オ5、1-29ウ4、1-31オ1、1-31オ3、
　　　　　1-31オ4、2-23ウ9、3-2オ3、3-12オ7、
　　　　　4上-3ウ8 w.、4下-20オ5、5-7ウ2
和蘭-舶　　1-27ウ10 w.、4下-14オ4
ヲリラ　　1-17オ2
ヲルー川　　1-附6ウ3
ヲルレアヽンス(首府)　　4下-6ウ3
ヲルレアンス　　4下-7ウ9
ヲレンビュルク　　1-12オ2
俄羅斯 r.ヲロシヤ　　1-4ウ9 w.
俄羅斯 r.ヲロシヤ-國主　　2-5オ7
俄羅斯 r.ヲロス(カラスも見よ)
　　　　　　　　2-5ウ1、2-5ウ6
俄羅斯　　2-9オ7、2-22オ9
ヲロド子(マリア子ン)　　1-32ウ9
窩々矢旬痕幾 r.ヲ、ステンレイキ　2-8ウ8
ヲヽフルイヽセル　　2-11オ4
翁加里亞 r.ヲンガリヤ
　　　　　　目2オ2、2-1ウ8、2-4ウ1
翁加里亞 r.ヲンガリヤ-國　　1-5ウ2

266　第3部　資料編

『坤輿圖識補』所収外国地名索引

オ・ウの後の（　）は用例数

ア

ア、ルツ、ヘルトフドム（領）　　3・22ウ（2）
アウェルスタット　　　　　　　　4・37ウ
アフゲハニースタン（カビルスタンの一名）
　　　　　　　　　　　　　　　　2・29ウ
豪斯多刺里 r. アウスタラリ　　　2・24オ
アウステルリッツ　　　　　　　　4・36オ
アウレンカバット　　　　　　　　2・26オ
アガラ　　　　　　　　　　　　　2・23オ
アクレ　　　　　　　　　　　　4・25ウ（2）
亞細亞　　　1・10オ、1・17ウ w.、3・2ウ、
　　　3・3ウ w.（2）、3・9オ、3・10オ、3・10ウ（2）、
　　　3・11オ、3・26オ、3・45ウ、4・2オ、4・4ウ
亞細亞寛按ズルニ、印度以西ノ地ヲ云
　　　　　　　　　　　　　　　　4・4オ
亞細亞-王　　　　　　　　　　　4・4ウ
亞細亞-誌　　　　　　1・目録2オ、2・1オ
亞西亜-洲　　　　　1・2オ、1・21オ、3・11オ、
　　　　　　　　　3・33オ w.、3・48オ（2）
亞細亞-諸鎮　　　　　　　　　3・30オ w.
亞細亞-人　　　　　　　　　　　2・5ウ
亞西亜-風　　　　　　　　　　　2・5ウ
亞細亞魯西亞一名止白里　　　　3・24オ
亞斯答臘罕 r. アスタラカン　　　4・10オ
アスタラバット　　　　　　　　　4・18オ
アステチア　　　　　　　　　　　4・7ウ
亞斯太臘干　　　　　　　　　　4・14オ
アソフ　　　4・11オ、4・11ウ、4・16ウ
アソフ-城　　　　　　4・11オ、4・12オ
アソレス-諸島　　　　　　　　　1・10ウ
亞太臘海
　　　2・37オ、3・33ウ、3・34オ（2）、3・39ウ
亞太臘 r. アタラ-山　　　　　　1・21オ
アテニー　　　　　　　　　　　　4・1ウ

アテ子　　　4・6ウ、4・7オ（1と w.）、4・7ウ
アテ子人　　　　　　　　　　　　4・7ウ
アトツク　　　　　　　　　　　　2・18オ
アナルト、コ（ユ）ーテン　　　　3・6ウ
アナルト、デスサユ　　　　　　　3・6ウ
アナルト、ベルンビュルク　　　　3・6ウ
アナルト、ベレンビュルグ　　　　3・19オ
アナルトコーテン　　　　　　　　3・19オ
アナルトデスサウ　　　　　　　　3・18ウ
アハー子ン　　　　　　　　　　　2・30オ
亞毘沁域 r. アビシニー-山（一名月山）
　　　　　　　　　　　　　　　　1・21ウ
アビュキル-洋　　　　　　　　　4・24ウ
アフガンス-種　　　　　　　　　2・31ウ
アフゲハニースタン　　　　　　　2・29ウ
亞弗利加　　　　1・10オ、1・10ウ、1・11ウ w.、
　　　1・17ウ w.、1・18オ、1・23オ、3・9オ、3・45ウ
亞弗利加 r. アフリカ-地方　　　1・6ウ
亞弗利加-洲　　　　　　　　　　1・2オ、
　　　　　　　　1・15ウ、1・21ウ、3・48ウ
亞弗利加-大沙海　　　　　　　　1・13オ
アヘードス　　　　　　　　　　　3・11ウ
媽港　　　　　　　　　　　　　1・目2オ
亞瑪鑽 r. アマゾ子　　　　　　　1・18オ
アミインス　　　　　　　　　　　4・30オ
アミリーセル　　　　　　　　　　2・18オ
亞謨 r. アムウ　　　　　　　　　2・30オ
アムステルダム　　　　　　　4・12ウ（2）
アムステルダム會舘之旗即和蘭都府
　　　　　　　　　　　　　　3・旗章81
米利幹 r. アメリカ　　　1・目2ウ（-誌補）、
　　　　　　　　1・10ウ、2・36ウ（-誌補）
米利幹　　　　　　2・42オ、3・49ウ例言
米里堅　　　　　　　　　　　　　4・46ウ
米利幹-海　　　　　　　　　　　3・43オ

『坤輿圖識補』所収外国地名索引　267

米利幹 r. アメリカ-地方　1・17ウ
亞墨利加　1・2ウ、1・8オ、3・47ウ w.
亞墨利加-洲　2・37オ w.
アヤシヲ　4・20オ(2)、4・48オ
亞拉比亞 r. アラビア　4・6オ
亞剌比亞　1・目2オ、
　1・16ウ、2・33オ、2・34オ、2・35オ
アラル　3・25ウ
アラル-湖　2・28オ
アリア-溝　3・25ウ
アル(川)　2・33ウ
アルカル子　4・7オ
アルカンゲル　4・10オ、4・13オ
アルコト　2・24ウ
アルバニーセン　3・31オ
牙爾白　1・14オ、3・13ウ(6)、3・34ウ
牙爾白 r. アルペン-山　1・15オ、1・17オ
牙爾白-山脈　1・21ウ w.
亞爾默泥亞 r. アルメニヤ　2・15ウ
亞爾默泥亞 r. アルメニヤ-種　3・26ウ
アルラハバット　2・22オ
アルリールインデレ　3・34オ
アレキサンドリア　4・6オ
アレキサンドリー　4・3ウ、4・24ウ(2)
アレスサンドリア　4・28オ
アンチイギュア　3・46ウ
アンチサナ-峰　1・21オ
アンチルレス　1・10ウ
暗得　1・14オ、2・44オ
暗得 r. アンデス　1・20ウ
暗得-山　2・37オ w.、2・41ウ
暗得-山脈　1・21オ
暗得-大山脈　1・8オ、1・18オ
安徽 l. アンホーヱ　2・14ウ
アンメル湖　3・13ウ

イ

伊夷之變　1・序1ウ
意而蘭土 r. イールランド　1・13オ
意而蘭土(ヰを見よ)
英吉利(ヱも見よ)　1・目2オ、1・目2ウ、

　1・12ウ、1・22オ、2・11オ、2・11ウ、
　2・16ウ、2・17オ、2・17ウ、2・18ウ、
　2・20ウ、2・45オ、2・48オ(3)、2・49ウ(2)、
　2・50オ(2)、3・3オ、3・40オ w.
暎咭唎　3・36オ
暎咭唎(支那所謂)　3・39ウ
英吉利　4・9オ、4・13オ、4・24ウ(2)、
　4・25オ、4・25ウ、4・27ウ、4・29オ、
　4・31ウ(2)、4・32オ(3)、4・32ウ(4+w.)、
　4・33ウ、4・36オ、4・36ウ、4・37ウ、
　4・39オ、4・39ウ(2)、4・40ウ、4・43オ、
　4・45オ、4・45ウ、4・46ウ(3)、4・47オ
英吉利-國　2・6オ、2・13ウ、3・40オ w.
英吉利-國人　3・39ウ
英吉利-國里法　2・13ウ w.
英吉利-種　3・26ウ
英吉利-所轄國　2・20ウ
英吉利-人　2・6オ、2・46ウ、2・49ウ
英吉利-錫　3・40オ
英吉利-舩　4・32ウ w.
英吉利測量所　2・13ウ w.
英吉利-舶　4・9ウ
英吉利里法　2・45オ
イシュス(河)　4・3オ
イスーリヤ　3・23オ
是班牙 r. イスハニヤ　2・12オ
是班牙 r. イスパニヤ　1・14オ
是班牙　2・12オ、2・37ウ、2・38オ、2・39ウ、
　2・39ウ w.、2・40オ、2・41ウ、2・43オ(3)、
　2・43ウ、3・3オ、3・33ウ、3・34オ w.、
　3・34ウ、4・38オ(2)、4・39オ、4・39ウ
實班牛 r. イスパニヤ　3・4ウ
伊斯把泥亞　2・39ウ
是班牙-王　4・39オ、4・43オ
是班牙-學　2・40ウ
是班牙 r. イスハニヤ-國　2・12オ、2・36ウ
是班牙 r. イスパニヤ-國　2・36ウ
是班牙-國　2・37ウ、2・44ウ
是班牙-國主 r. イスパニヤ, 同上舩手組, 同
　上, 同上商舶　3・旗章33～36
是班牙-人　2・40オ

268　第３部　資料編

是班牙-人種　2·44ウ
是班牙-本國　2·40ウ
イスパン　2·32ウ
イスレデ、フランセ(島名)　3·46オ
イゼリア　1·8ウ
意太里亞 r.イタリヤ　1·14ウ
意太里亞　3·9オ、3·24ウ、3·34ウ、
　　4·12オ、4·13ウ、4·22ウ、4·23ウ、
　　4·27ウ(3)、4·28オ(2)、4·35ウ(2)
意太里亞-王　4·35ウ
意太里亞-軍　4·22オ、4·23オ
意太里亞-國内　4·30ウ
意太里亞-小王　4·40オ
意太里亞-陣　4·22ウ
意太里亞-法皇　4·29オw.
意貌(ヒンマライ山の漢譯)
　　　1·14オ、1·20オw.、3·25オ
意貌 r.イマウス-山　1·20ウ(2)
意貌-山　1·17ウ、1·21ウ、1·22オ(2)、2·19オ
意貌-山脈　1·21オ(2)
意貌-大山脈　2·30ウ
イルメン　3·25ウ
イルレイリー　3·22オ、4·1ウ
イルレリー　3·21ウw.、3·22オw.、3·23オ
イルレル　3·13ウ
インゲルマンランド　4·15ウ、4·16ウ
應多 r.インヂュス江(キンチュスも見よ)
　　　　4·5オ
印度　2·15ウ、2·19ウ、2·30オ、
　　2·30ウ、2·34オ、3·3オ、4·4オ、4·5オ
身毒 r.インド　2·30ウ
印度-海　1·19オ
身毒 r.インド-河　2·26オ
印度-沙　1·17ウ
印度-諸島　1·8オ、1·20オ
印度-地方　2·2ウ、2·26オ
印度-本種人　2·21ウ

ウ

話爾泰 r.ウァルタイ-山　1·6オ
話爾泰(山脈)　3·25オ

ウアルデッキ　3·7オ
ウィビュルグ　4·16オ
ウィビュルクスレン　4·16ウ
ウィルリアムビュルク　2·48オ
ウェーセル　4·32ウ
勿能 r.ウェー子ン　3·22オ
勿能 r.ウェー子ン-府　3·14ウ、4·36ウ
ウェー子ン　4·13ウ
勿能　3·22オ w.、4·39ウ、4·44ウ、4·45ウ
勿能-府　4·39ウ
ウェストハーレン　4·12ウ
ウェストファーレン
　　　　4·38ウ、4·40オ、4·40ウ
ウェセル　4·39オ、4·40ウ
ウェルセン　4·42オ
ウェルテムベルグ　4·38ウ
宇革堂 r.ウカタン　2·40オ
後印度　2·16オ(-地方)、2·23オ(-産)
ウュルテムベルグ　4·36ウ、3·5ウ
ウュルテンベルク　4·36ウ
烏落兒 r.ウラル　3·25オ
ウルテムベルグ　3·16ウ
ウ井ルム海　3·13ウ

エ

英　4·47ウ
英-國　2·13ウ(1＋w.)、2·14オ、2·18オ、
　　2·20ウ w.(2)、2·21オ、2·24ウ(2＋w.)、
　　2·25オ、2·25ウ、2·26オ w.、2·27オ w.、
　　2·27ウ、2·48ウ(2)、2·49ウ、
　　3·4オ(1＋w.)、3·32オ w.、3·36オ、
　　3·36ウ(3)、3·37オ、3·40オ、3·46ウ、
　　4·13オ、4·33オ、4·33ウ(2)、4·36ウ w.、
　　　　　　4·45ウ、4·46ウ
英-國主舩、同上舩手會館旗、同上赤備即大
　惣督旗、同上白備、同上青備、同上商舶、
　同上舩手組、同上指令舩　3·旗章40～47
英-國所領東印度總督旗一本兵舩、英國測
　量舩、同上商舶　3·旗章70～72
英國商舘　2·19オ
英-國人　2·6ウ、2·8オ

英-将	2・48オ	カウラサン	2・30オ
英-人	2・12オ、	哈薩克	2・29ウ、3・29ウ w.（-人種）
	2・21オ、2・24オ（2）、3・10オ、3・10ウ	加什瓦爾 r. カスカル	2・30オ
英-舶	3・9ウ	カステル	4・39オ
英-領	2・18オ、2・19オ、2・20ウ	カスハン	2・33オ
エイラウ	4・38オ	カセメール府	2・32オ
エスセケボ	3・46ウ	月山（亞毘沁域山の一名）	1・21ウ w.
エストランド	4・12ウ、4・16ウ	加得 r. カデス-山脈	2・18ウ
阨日多 r. エヂット-國	1・16オ	カドマンツー	2・20オ
阨日多	4・3ウ（2）、4・24ウ、4・25オ、	カナギュル	2・18ウ
	4・25ウ、4・26オ、4・29ウ（2）、4・44オ	加拿太	3・46オ
エッテンヘイム	4・33オ	福島 r. カナリヤ	1・10ウ
エナ	4・37ウ	福島	1・21ウ w.、2・41オ
エニセイ河	3・25ウ	カパドシー	4・2ウ
エフェセ	4・2オ	加非爾斯當 r. カビルスタン	
エミレ	4・3オ		1・目2オ、2・25ウ、2・28オ、2・29ウ
エムス	4・40オ	鄂爾善（カビルスタンの漢訳）	
エルアリスガスサ	4・25ウ		2・29ウ w.、2・31オ、2・32オ
エルバ島	4・31オ、4・44オ（2）	鄂爾善 l. カビルスタン	2・30オ
エルハ島	4・44ウ	鄂爾善-地方	2・30オ
エルフュルト	4・39オ	鄂爾善-府	2・31オ（2）
エルベ	3・13ウ、4・32ウ、4・40オ	鄂爾善-王、-國主	2・31ウ（2）
エングイーン	4・33オ	加非爾斯堂	2・34オ
エンス河	3・22ウ	上獨逸	3・13オ
		加模沙都加 r. カムシャヅカ	1・10オ

オ

		加謨沙都加	3・33オ
豪斯多剌里	3・46オ w.	カムポホルミノ	4・24オ
豪斯多辣里	3・46ウ	カライビセ海岸	2・37オ
オ、ステンレイキ	4・11ウ、4・15オ、4・48ウ	カラカス	2・41ウ
和蘭（「ヲ」の項を見よ）		カラカユ	3・7ウ
		ガラニキュス（河）	4・2オ

カ

		ガラボサ	2・39オ
甘肅 l. カアンスー	2・14ウ	カリシー	3・12ウ
カイスバク゜	4・42ウ	角利伏爾泥亞 r. カリホルニヤ	2・44オ
該禄 r. カイロ	4・24オ	カリンチー	3・23オ w.
該禄	4・25オ（-城）、4・25ウ	葛爾祈多	3・43オ w.
加烏葛須 r. カウカシュス-國	3・28オ	葛爾祈太 r. カルキュツタ	2・16ウ、2・21オ
加烏葛須 r. カウカシュス-山	1・17ウ	カルシス	4・7ウ
葛烏加須 r. カウカシュス-山	3・25オ	カルタゲナ府	2・39ウ
葛烏加須 r. カウカシュス-嶺	2・34オ	カルナーテ	2・23ウ
カウタツカ	2・23オ	カルニヲレ	3・23オ w.

270　第3部　資料編

葛爾莫幾 r.カルモツキ　　　　　3・28オ
カルレストウン府　　　　　　2・45ウ
カルロウィッツ　　　　　　　4・15オ
カロライス峽　　　　　　　　3・34オ
ガロン子　　　3・34オ(1＋w.)、4・43オ
漢土(から)　1・目2オ、2・1オ、3・3オ w.
漢-訳　　　　　　　　3・41ウ、4・1オ
漢(から)　　　　　　　　　　4・7ウ
翰海(コビの一名)　　　1・17オ、1・17ウ
安日河　　1・17オ、2・19オ、2・20オ、
　　　2・21オ、2・22ウ(-畔)、2・26オ、2・26ウ
安義 r.ガンゲス-江　　　　　　4・5ウ
カンダハル　　　　　　　　　2・30オ
カンデルナゴル府　　　　　　2・27オ
廣東　　　序2オ、1・目2オ w.、2・12オ
廣東-府　　2・9オ、2・11オ、2・13ウ(2)
廣東-政廳　　　　　　　　　2・11ウ
カン子ス　　　　　　　　　　4・44ウ
カンバイ　　　　　　　　　　2・25ウ

キ

キウルヘツセン　　　　　　　3・17オ
キススイブールニュム　　　　3・11ウ
北米利幹　　　　2・40ウ、2・47ウ、
　　　2・48オ w.、3・36オ w.、3・46オ、3・47ウ
北亞墨利加　1・14ウ、2・11ウ、2・48ウ
北亞墨利加-地方　　　　　　　1・1オ
北亞墨利加-人　　　　　　　2・12ウ
北米里堅 r.アメリカ-合同國　　4・29オ
ギブス山　　　　　　　　　　1・12ウ
巴爾德 r.ギブラルタル-寨　　　3・45ウ
喜望峰　　2・15ウ、3・43オ、3・46オ
キヤニリー　　　　　　　　　3・12ウ
江西 l.キャンシー　　　　　　2・14ウ
江蘇 l.キャンスー　　　　　　2・14ウ
江南 l.キャンナン　　　　　2・14ウ w.
ギュアスタルラ　　　　　　　4・37オ
キュアチマラ　　　　　　　　2・39ウ
キュアヤキュイル　　　　　　2・39ウ
祈多 r.キュイト-國　　　　　　1・14ウ
祈多國　　　　　　　2・37オ、2・39ウ

キュルリセ諸島　　　　　　　1・10オ
磽角亞剌比亞　　　　　　　　2・35オ
共和國(合衆国)　　　　　　2・47ウ w.
共和州
　　2・37オ w.、2・44ウ、、3・36オ、3・36ウ(3)
共和政治　　　　　2・37オ(2)、2・44ウ
共和政治州　　　　　　　　　1・目2ウ
共和政治州 w.即北米利幹、同上、同上中桅、
　　同上舩首桅、同上舩尾桅、同上舩尾帆桁
　　端横植　　　　　　3・旗章16〜21、79
共和政治　　　　　　　　　　2・44ウ
共和全州(合衆国)　　　　　　2・46オ
厄勒祭亞　3・1ウ w.、3・28オ、4・1ウ(3)、4・4ウ
厄勒祭亞 r.ギリシヤ　　　　　3・8オ
厄勒祭亞-教　　　　　3・23オ、3・25ウ
厄勒祭亞-人　　　3・2オ、3・8ウ w.、3・31オ
キルリチー、ハル　　　　　　3・12オ

ク

廣西 l.クアンシー　　　　　　2・15オ
廣東 l.クアンツン　　　　　　2・15オ
貴州 l.クーイッセン　　　　　2・15オ
クーム、キュレスル　　　　　3・10ウ
クールランド　　　　　　　　4・15ウ
卧兒狼德 r.グルウンランド
　　　　　　　1・9ウ、1・14ウ、1・22ウ
卧兒狼德　　　　　　　　1・11ウ w.
卧兒狼土 r.グルウンランド　　1・10ウ
グレーンウィフ　　　　　　　2・13ウ
グレンブレ　　　　　4・44ウ、4・45オ
クワトレブラス　　　　　　　4・45ウ

ケ

ケウルヘスセン　　　　　　　3・5ウ
ケール　　　　　　　　　　　4・33オ
ケル　　　　　　　　　　　　4・39オ
ゲレナーダ　　　　　　　　　3・46ウ
ケロルム　　　　　　　　　　4・16オ
ケロルムスレン　　　　　　　4・16ウ

『坤輿圖識補』所収外国地名索引　271

コ

卧亞　　2・13オ、2・27オ（1＋w.）
為匿亞r.ゴイ子ヤ　　2・15ウ
黄河　　2・8オ
黄祁（ドイツを見よ）
紅海　　4・25オ
江南　　序・2オ
幸福-亞剌比亞　　2・35オ
コーニングスベルゲン即孛漏生都府名
　　3・旗章80
黒巷-即崑崙奴　　2・21ウ
黒龍江　　3・25ウ
五洲　　2・5オ
各正r.コシン　　2・16ウ
コシン府　　2・26ウ、2・27ウ
五大洲　　3・47ウ w.
黒海　1・6オ、3・24オ、3・32オ（2）、3・32ウ（2）、
　　3・33オ（2）、4・11オ（2）、4・12オ、4・16ウ
ゴッソ　　3・45ウ
ゴッタ國　　3・21ウ
コトハシー峰　　1・21オ
コビ（カンカイも見よ）　　1・17オ
ゴルカ　　2・16ウ w.（2）、2・20ウ
哥爾西加　4・20オ、4・20ウ（3）、4・21ウ（2）
哥爾西加-島　　4・20オ
コルヂルレラス暗得山最高峰　　2・37ウ
ゴルディヲン　　4・2ウ
コルコンダ　　2・26オ
穀邏滿埵爾r.コロマンデル　　2・23ウ
穀邏滿埵兒r.コロマンデル　　2・27オ
穀邏滿埵爾　　2・27オ、2・27ウ
穀羅滿埵爾　　3・45ウ
コロンスタット　　4・18ウ
閣龍比亞r.コロンビヤ　　1・目2ウ
コロンビヤ（古名、加辣納太）　1・目2ウ w.
コロンビヤ（一名、金加西臘）　1・目2ウ w.
閣龍比亞r.コロンビヤ
　　2・36ウ、2・37ウ、2・52オ
堅土干斯臘（コロンビヤの一名）2・36ウ w.
閣龍比亞　　2・37オ、

2・37ウ、2・38ウ、2・40オ、2・52オ w.
閣龍比亞r.コロンビヤ　南米利幹r.アメリ
　カ　3・旗章10
公斯丁諾波爾r.コンスタンチノッポル
　　3・8ウ
コンド　　2・30ウ
崑崙　　3・48オ

サ

サーンダム　　4・12ウ
サイマー　　3・25ウ
サイントセール　　3・38オ
サカユムビュルク、リッペ　3・7オ
薩哈連　　3・33オ w.
サキセン、アルテンビュルグ　3・18ウ
サキセン、ゴッター　3・18オ
サキセン、メーニンゲン　3・18ウ
サキセンウェイマル、エイセナク　3・6ウ
サキセンウェイマル　3・18オ
沙瑣尼亞　　3・2ウ、3・23ウ
沙瑣尼亞r.サキソニヤ　3・5ウ、3・16オ
サクセン、アルテンビュルク　3・6ウ
サクセン、コビュルク、ゴッタア　3・6ウ
サクセン、メイニンゲン　3・6ウ
西國米r.サゴベイ　　2・42オ
サドラス府　　2・27ウ
沙漠亞剌比亞　　2・35オ
サムブレ河　　4・45オ
沙拉r.サラ　　1・15オ
沙拉　　1・17ウ
サラトガ　　2・49ウ
サルセ牙爾白　　3・13ウ
撒而地泥亞r.サルチニヤ　同上商舶
　　3・旗章27、28
鍛而地尼亞r.サルヂニヤ　3・5オ
撒而地泥亞r.サルヂニヤ測量舩　3・旗章78
沙瑣泥亞　　4・37ウ、4・38ウ
サルディス　　4・2オ
サ井ントリュシー　　3・46ウ
サン、マリノ　　3・7ウ
三大州　　3・8ウ w.

272　第3部　資料編

サントウィス即英國所属	3・旗章9

シ

シーエム海	3・13ウ
シーラン	2・33ウ
齋狼島	3・45ウ
止里 r.シーリー	1・23ウ
シール島	2・42オ
蘇門太剌 r.シウマダラ	1・10オ
シカウンビュルク、リッペ	3・20ウ
シケイクス	2・16ウ
西齋里亞 r.シシリヤ	3・5オ
齋西里亞 r.シシリヤ	3・旗章29
齋西里亞	4・29オ、4・37オ
シス、アルペイン	4・28オ
「シス、アルペイン」地名義團	4・30オ
四大洲	3・47オ
シッテルドローク府	2・26ウ
支那-人	
1・序2オ、2・8オ、2・12ウ、2・21オ、2・25オ	
知納 r.シナ(西人呼称、秦の転音)	2・4ウ
支那	
1・序1オ、1・21オ w.、2・10オ、2・11ウ、	
2・12オ、2・12ウ、2・13オ、2・24オ、3・40オ	
支那國主旗、支那	3・旗章1,2
支那-國　　1・1オ w.、2・6ウ、2・7オ、2・12オ	
支那所属國	2・28オ
知納 r.シナ-國	2・14オ
支那-韃	2・27ウ
支那-韃靼	1・10オ、3・24オ
支那-風土記	2・1ウ
シノーペ	4・1ウ
止白里 r.シベリ	3・24オ
止白里亞 r.シベリヤ	1・10オ
下獨逸	3・13オ
山西(I.シャンシー)	2・14オ
酒山(葡萄山)	3・24ウ(2)
蘇厄私 r.シュエス	4・25オ
蘇喇 r.シュラッテ-府	2・25ウ
シュルタニー、カリシー	3・11オ
シュンセン	3・16オ
シュンダーセ諸島	3・45ウ
小亞細亞	4・2ウ
シラン	4・18オ
知里 r.シリ(チリ)	1・目2ウ、2・41オ
止里	4・25オ
知里-獅子	2・42ウ
知里 r.シリ即共和政治州	3・旗章13
シルウ諸島	2・43ウ
シルキニートセル湖	3・13ウ
シルソ	3・23オ
シルチル、バル、カリシー	3・12オ
シリナギュル	2・20ウ
シレシア	4・42オ
新-亞爾毘温 r.アルビヲン	3・46オ
新瓦辣納太 r.カ(がか)ラナダ	
2・36ウ w.、2・41ウ	
新瓦辣納太 r.ガラー(なか)ダ	2・40ウ
新-爲匿亞 r.ゴイ子ヤ	1・10ウ
新思哥齋亞	3・46オ
新-則蘭土 r.ゼイランド	1・10ウ
新和蘭	1・10オ、3・47オ
シンタ川	2・33ウ
シント、ラヘアウ	4・44オ
聖格珠德 r.シントコロード	4・26ウ
聖格珠德	4・41オ、4・42オ
聖テリスタン	1・10ウ
聖(I.シント)テレスタン	1・10ウ
聖テレニダット	3・46ウ
聖ヒンセント諸島	3・46ウ
新都-伯徳珠城	4・18ウ
聖I.シント意勒納 r.ヘレナ	2・15ウ
聖-意勒納 r.ヘレナ-島	3・46オ
聖意勒納島	4・46ウ、4・47オ
聖-牙臥 r.シントヤコ	2・43ウ
シンプヒュナト	2・20ウ
新ブリュンスウェイキ	3・46オ
新ホウンドランド島	3・46オ
シンボラッソ峰	1・21オ、1・22オ
新南-華麗 r.ワレス	3・46オ
新南-華麗 r.ワレス　w.新和蘭ノ南部	
3・43オ	

『坤輿圖識補』所収外国地名索引　　273

新メーソレ府	2・26ウ
新黙時科 r.メキシコ	2・44オ

ス

山東 l.スアンツン	2・14ウ
スウアルツビュルグ、ソンドルハウセン	3・7オ
スウアルツビュルグ、リュドルスタット	3・7オ
客因 r.スウェシヤ	3・5オ
蘇亦齋亞 r.スウェシヤ	3・24オ
雪際亞	3・26ウ、4・12ウ、4・15オ、4・15ウ（2）、4・16オ、4・16ウ（3）、4・17オ（2）、4・17ウ、4・18ウ（5）、4・33ウ、4・40ウ（2）
蘇亦齋亞 r.スウェシヤ-商舶	3・旗章65
雪際亞-王、太子	4・15オ、4・42ウ
スカイン、ケルリー	3・12オ
思哥齋亞 r.スコシヤ	1・13オ
思哥齋亞	3・40オ（1＋w.）
思哥齋亞-人	3・40オ
スコンブリュン	4・36オ
スセイテン	4・5オ
四川 l.スセーショアン	2・14ウ
スタッパ	1・13オ
スタムブール	3・9オ w.
スチールマルクセ牙爾白	3・13ウ
スチールマルケン	3・22オ
スチュットガルト	3・16オ w.
ステインビュデル海	3・14オ
ステュットガルド	4・33ウ
ストレリッツ	4・8オ、4・12オ
ストレリッツェン	4・13ウ
尖山	1・22ウ（2）
蘇門太剌 r.スモタラ（シウモタラも見よ）	3・45ウ
スモログノ	4・41ウ
スュスダル	4・14オ
スュッサ	4・4オ（2）、4・6オ
スュリンゲン	4・32オ
スラーヘンキュスト	3・46オ
スワルスビュルク、ソンデルサウセン	

	3・19ウ
スワルスビュルグ、リュドルスタット	3・19オ

セ

際苦私 r.セイクス	2・16ウ、2・17オ、2・17ウ、2・18ウ
セイステルベッキ	4・19オ
靜南海	3・24オ
齊狼 r.セイロン-島	1・10オ、2・24オ
錫蘭 r.セイロン-島	3・43オ
舍搦 r.セー子	3・33ウ
舍搦河	3・35ウ
新則蘭土 r.ゼーランド	3・旗章8
雪庫山（ヒンマライ山の一名）	1・20オ
浙東	序2オ
セドマン	4・25オ
ゼ子ーへ	4・10ウ
ゼネガンビー	3・45ウ
熱弩亞	4・28オ
熱弩亞 r.ゼリュア	4・35ウ
熱弩亞-人	4・48ウ
セリンチセ牙爾白	3・13ウ
ゼルボウルク	4・47ウ
セレーへ	4・36ウ
セレ子	4・2ウ
前後印度	2・25ウ
陝西 l.センシー	2・14ウ

ソ

ソイグ子ル	4・45ウ
ソイデル海門	3・34オ
ソグディアナ	4・5オ

タ

大英國	1・14オ
大日本	1・10オ
大白頭小白頭（ペルシャとアラビアの漢訳）	2・35ウ w.
大布喀里 r.ブツカリ	2・29ウ
大布喀里	2・29ウ

274 第3部 資料編

大布喀里-人 2・29ウ
大-貌利太泥亞 r.ブリタニヤ 3・4ウ、3・39ウ
大-貌利太泥亞 3・40オ
大-貌利丹尼 4・29ウ、4・30オ
大-蒲里丹尼亞 4・46オ
大平海 2・37オ、2・39ウ
臺湾 2・15ウ
タウリュス山 1・17オ
タウリュス 2・32オ
韃靼 2・1オ、2・15ウ、
　　　　2・28オ、2・30オ、2・30ウ、2・31オ
韃靼-地方 2・4オ
多島海 3・11ウ、3・12オ
ダナイス河 3・22ウ
タバゴ 3・46ウ
タブッテ 2・25ウ
達馬斯谷 r.ダマスキュス 4・3オ
タラウン海 3・13ウ
タラハンコレ府 2・26ウ
タルスュス 4・2オ
ダルダ子ルレン 3・12オ
ダンチク 4・11ウ
ダンチフ 4・40ウ

チ

チーロル 3・22ウ
チイロル（牙爾白） 3・13ウ
チウェル領 3・25オ
直隷 I.チェリー 2・14オ
父國 4・17ウ（1＋w.）
地中海 2・24オ、3・10ウ、3・23オ、3・33ウ、
　　　3・34オ（1＋w.2）、3・43オ、3・45w.（2）、
　　　　　　　　4・3ウ、4・25オ、4・44w.
地中海-諸島 1・8オ
ヂニーステル河 3・25ウ、3・30ウ
ヂニーペル河 1・6オ、3・25ウ、3・30ウ
チュエルレリイン 3・35ウ
中華 1・序1ウ
中華州 2・4オ
ヂュナ河 3・25ウ
チュニス 3・旗章68

朝鮮 2・15ウ
チリハンダパタン府 2・26ウ
チリポリ 3・旗章67
チルシット 4・38オ

ツ

淅江（I.ツエキアン） 2・14ウ
圖伯特 r.ツベット 1・10オ、2・15ウ
圖伯特 r.ツベット即吐蕃 2・19オ
圖伯特 2・28オ、2・30オ
圖伯特-國 1・20オ、2・26オ
圖伯特-人 2・20ウ

テ

デアキュンハ 1・10ウ
デイヲン 4・27ウ
弟那瑪爾加 r.デー子マルカ
　　　　2・16ウ、2・27オ、3・5オ、3・13オ
第那瑪爾加 3・17オ、4・18ウ
弟那瑪爾加 r.デー子マルカ-國王旗，同上
　　舩手組即軍艦，同上商舶 3・旗章51〜53
弟那瑪爾加-王 4・18ウ
第那王 3・17オ
デカン 2・16ウ
的甘 r.デカン-州 2・26オ
デゴ 4・24オ
デスカーテン（ラスビュッテン一名）
　　　　　　　　　　 2・16ウ w.
デスカト（川） 2・33ウ
テ子リーハ 1・21ウ w.
テバ子ルス 4・1ウ
デメラリー 3・46ウ
ヂュナ河 1・6オ
テラシー 4・1ウ
テランギュイバル府 2・27オ
テリステルゲビード 3・23オ
デルヒ 2・23オ
デルベント 4・18オ
デレステン 4・13ウ、4・42ウ
デレスデン 4・42オ
テレントン 2・49ウ

『坤輿圖識補』所収外国地名索引　275

天竺　2·13オ
殿堂國　3·5オ

ト

獨逸　2·1ウ、3·13オ、3·15オ(3)、
　3·21ウw.、3·33ウ、3·34オ、3·39ウ
獨逸 r.ドイツ　3·4ウ、3·24オ
獨逸 r.ドイツ測量舩　3·旗章(測量船)74
黄祁 l.ドイツ　4·27ウ
黄祁　4·12オ、4·28オ(2)、4·32オ、4·32ウ、
　4·33オ、4·36オ、4·37オ、4·40オ w.、
　4·40ウ、4·41オ、4·42オ、4·42ウ
東海　3·32オ(2)、3·32ウ、3·33オ
獨逸 r.ドイツ-國　1·6ウ
獨逸-國　3·21ウ w.、3·22オ w.
黄祁-國制　4·37ウ
獨逸-種人　3·26ウ
獨逸-人　3·23オ w.
獨逸-全州　3·22ウ w.
獨逸-帝　3·15オ、
　3·22オ w.(2)、3·22ウ、3·23ウ
黄祁-帝　4·36オ w.
黄祁-帝弗朗氏　4·39ウ
獨逸-連合州　3·5ウ w.、3·6ウ w.、
　3·15オ、3·22オ w.、3·23ウ w.
獨逸-連合諸州　1·目2ウ、3·14オ、3·21ウ
大乃 r.ドウィナ-河　1·6ウ
東海　3·24オ、
　3·32オ(2)、3·32ウ(2)、3·33オ
東西百爾西亞　2·32オ
トウロン　4·22オ、
　4·24ウ(2)、4·32ウ、4·47ウ
杜弩那 r.トウ井イナ-河　3·25ウ
獨立韃　2·27ウ
獨立韃靼　1·目2オ、2·27ウ(2)
トスカアネ　3·5ウ
ドナウ　3·13ウ
ドハラギール峰　1·21オ、1·22オ
吐蕃　2·19オ
ドミニカ　3·46ウ
都爾其 r.トルク　4·11オ

都爾其　4·11ウ、4·16オ(3)、
　4·16ウ(2)、4·23オ、4·25オ(2)、
　4·25ウ(2)、4·27ウ、4·29ウ、4·38オ
都兒其　4·16ウ
都爾格 r.トルコ　1·目2ウ、3·8オ、3·24オ
都爾其 r.トルコ　2·31オ
都兒格　2·34オ
都爾格　3·1ウ w.
都兒格 r.トルコ即國主旗，同上商舩，同上
　海軍惣督旗　3·旗章22～24
都爾格-種　3·12ウ
都爾格-國人　3·2オ
都爾格斯坦 r.トルコスタン　2·29ウ
都爾格斯堂 r.トルコスタン
　2·29ウ、2·29ウ(r.無)
都爾格-帝　3·9ウ
トルトナ　4·28オ
同 r.ドン河　3·25ウ、
　4·10オ、4·11オ、4·11ウ、4·12オ

ナ

ナゴル　2·18ウ
ナスサウ　3·6オ、3·17ウ
那波里　4·27ウ、4·37オ、4·39オ
納波里-王　4·39オ、4·41ウ
ナンテス府佛蘭西「ロイレ河畔ニアリ
　4·10ウ
南北-米利幹　3·46ウ w.

ニ

ニイメン河　4·41オ
ニーサム　2·26オ
泥禄-川　1·13ウ w.
泥禄 r.ニール-川　1·16オ
西印度　3·46ウ(1＋w.)
西印度-諸地　3·43オ
西印度-諸島　3·43オ、3·47ウ
ニッサ　4·22ウ
ニパウル　2·16ウ、2·19オ
ニュビー砂　1·17ウ
紐宛韻府　1·21ウ

276　第3部　資料編

ネ

子イスタッテル	4・16ウ
子ウフカーテル	4・37オ
子ウヨルク	2・45オ
子ーデルランツ-セマガセイン	1・書目
涅埵爾蘭土r.子ーテルランド即和蘭　同上、	
同上舩手隊伍會館旗	3・旗章48〜50
涅埵爾蘭土r.子ーデルランド即和蘭	
	2・16ウ、2・27ウ、3・13オ（r.無）
涅埵爾蘭土	3・3オ、3・33ウ
涅埵爾蘭甸	
	4・24オ、4・45オ、4・45ウ、4・46オ（3）
涅埵爾蘭甸r.子デルランデン即和蘭	3・5オ
子ルファ	4・15ウ
子ワ河	3・25ウ

ノ

ノボコロド溝	3・25ウ
諾勿惹亞r.ノルウェシヤ	1・10オ
那爾勿惹亞r.ノヲルウェシヤ	3・5オ
諾勿惹亞r.ノールウェシヤ	3・24オ
諾爾勿惹亞r.ノールウェシヤ	3・旗章66
ノルレシモ	4・24オ
ノヲワールド海即北海	3・13オ
ノヲリセ牙爾白	3・13ウ

ハ

バーテン	3・16ウ、4・33オ
バーデン	3・5ウ、4・36オ、4・36ウ（2）
バアハル	2・22オ
白哈兒山	3・25オ
白哈兒r.バイカル	3・25ウ
ハイチ即獨眠悟國	3・旗章14
パインテ	3・25ウ
白哲-人	2・21ウ
バクトリアナ	4・4ウ（2）、4・5オ
罷鼻落、-城	4・6オ
巴太温r.パタゴン-人（長人國ト称セシ）	
	2・43オ
巴大温r.パタゴン	2・43ウ

抜答�亞r.バタヒヤ-義團	4・29ウ
抜答�亞r.バタヒヤ即瓜哇國一部	3・旗章7
ハッキュ	4・18オ
白湖	3・25ウ
ハッセキレン人	3・28オ
バツツエン	4・42オ
パトナ	2・22オ
ハナウ	4・42ウ
把納麻	2・37オ
把納麻r.パナマ	2・40オ
把納麻r.パナマ-地峡	1・10ウ
ハノーフル	3・5ウ
	3・16ウ、3・47ウ、4・12ウ、4・32オ（3）
	4・36ウ（1＋w.）、4・40オ
バハマ	3・46ウ
パハル	2・22オ
バハル	3・45ウ
罷鼻落r.バヒロン	4・4オ
罷鼻落	4・6オ、4・6オ（-城）
ハフレ	4・32ウ
ハマル山	1・21オ
ハムビュルク	3・7ウ、3・21オ、4・42オ
ハラソラ	2・23オ
パリアカラ	2・27オ
ハリカルナシュフ	4・2ウ
巴里斯	2・50オ（1＋w.）、
	4・21オ、4・22オ、4・23オ、4・26オ（2）、
	4・28ウ、4・29オ、4・33ウ、4・38ウ、
	4・41ウ（2）、4・43ウ、4・44オ、4・45オ、
	4・46オ（2）、4・47オ（2）、4・48オ
巴里斯（一名チュエルレリイン府）	3・35ウ
巴里斯-府	4・35ウ、4・43オ
パルツ、ベイエレン國	4・29オ
巴爾德峡	3・34オ
バルバトス	3・46ウ
バルバリー	3・10オ
パルマ	3・6オ、4・35オ
バルュチセ	2・25ウ
パレスチナ	4・3ウ
バンカ島	2・27ウ
ハンセー府	4・40ウ

『坤輿圖識補』所収外国地名索引　277

ヒ

ピアセンサ	4・35ウ
ピーキ山	1・21ウ
比蒙突 r. ピーモント	4・24オ
比蒙突 r. ピーモント-諸國	4・35ウ
北勒搦何 r. ピーレ子ン-山　1・17ウ、4・43オ	
北勒搦何山	3・34ウ
(紐宛韻府)東印度	1・21ウ、
東印度	2・20ウ、3・43オ、3・48オ
東印度-地方	1・23オ
東紅海	2・44オ
ヒギリヤ	3・23オ
ヒマン(ヒンマライ山の古名)	1・20オ
ヒュドソンス-港	1・22ウ、3・46オ
ビュトヲド	4・42ウ
ビュラム島ゴウドキュスト	3・45ウ
ヒュルタワ	4・15ウ
ビュルュスキ	4・38オ
冰-海	3・24オ、3・25オ
冰-國	1・9ウ
ヒヨンコン	2・13ウ
ヒラデルヒア	2・49オ、2・50ウ
肥良的亞 r. ヒランデヤ	3・26オ
肥良的亞	4・16ウ
ヒリアル	3・23オ
非利皮那 r. ヒリペイン-諸島	1・10オ
ヒルカニー	4・4ウ
ヒルギニア	
2・47ウ、2・48オ(2)、2・48ウ(2)、2・50オ	
毘爾滿 r. ビルマン	2・24オ、3・旗章3
ピヲムビノ	4・35ウ
ヒンガル洞	1・13ウ
ヒンマライ山(セッコ、ヒマン、イマウスも	
見よ)	1・20オ

フ

ファイルファキス	2・47ウ
ファレンシア	4・43オ
フィリーギー	4・2ウ
福建 l. フーキャン	2・15オ

湖廣 l. フークヤン	2・15オ w.
湖南 l. フーナン	2・15オ
湖北 l. フーペ	2・15オ
プールニー	3・12ウ
布喀里	2・29ウ、2・30オ
ブラーク	3・23ウ
プラーグ	4・42オ
フラアンデレン	3・9ウ
伯西兒 r. ブラジール	2・15ウ、2・44オ
伯西兒 r. ブラシル南米利幹	3・旗章12
フランキフォルト　3・7ウ、3・21オ、4・43オ	
フランキホルト	3・15オ、4・40オ
佛蘭西	1・目2ウ、1・12ウ、2・11ウ、
	2・48オ(2)、2・49ウ、2・50オ w.、
	3・3ウ、3・13ウ、3・33ウ、3・39ウ、
	4・10ウ w.、4・20オ、4・20ウ、
	4・21オ(2)、4・21ウ w.、4・23オ、
	4・25ウ、4・28オ(4)、4・29オ、
	4・29ウ、4・30オ、4・31ウ(3)、
	4・32オ(3)、4・32ウ(2)、4・33ウ(2)、
	4・35ウ、4・36オ、4・37オ、4・37ウ(3)、
	4・38オ、4・38ウ(2)、4・39オ、
	4・39ウ(5)、4・40オ、4・40ウ(4)、
	4・41ウ、4・42オ、4・42ウ(3)、
	4・44オ、4・44ウ(1+ w.)、4・45ウ、
	4・46オ、4・47オ
佛蘭西 r. フランス　2・15ウ、2・16ウ、3・4ウ	
佛蘭西 r. フランス　同上　3・旗章30,31	
佛蘭西 r. フランス測量舩	
	3・旗章(測量船)73
佛	4・47ウ
佛-國	1・目2ウ、3・4オ(1+ w.)、
	3・28ウ(2)、3・29ウ w.、3・30オ w.、
	4・33ウ(2)、4・35オ、4・39オ、4・39ウ、
	4・44ウ、4・36ウ(1+ w.)
佛-人	2・50オ w.
佛蘭西-王	4・44オ、4・48オ、4・50オ
佛蘭西-王党	4・23オ
佛蘭西-義團	4・26オ
佛-國-偽帝	3・27オ
佛蘭西-皇帝	4・36ウ、4・38ウ

278　第3部　資料編

佛蘭西-國	2・41オ
佛蘭西-種	3・26ウ
佛蘭西-人	4・20オ、4・33オ
佛蘭西-帝	4・37ウ、4・39オ
佛蘭西-帝位	4・41オ
佛蘭西 r.フランス-埔頭	2・27オ
佛蘭西-版圖	4・20オ
佛蘭西-民庶	4・47オ
ブランデンビュルク	4・11ウ、4・12ウ
ブリアイレ峡	3・34オ
フリードランド	4・38オ
ブリイン子	4・20ウ、4・21オ
ブリーン子	4・43ウ
フリッシンケン	4・39オ
ブリュシセスタン	2・30オ
ブリュッスル	4・45ウ(2)
プリュット	4・16オ
プリュット河	4・16オ
ブリュンスウェイキ	3・6ウ、3・42ウ
ブリュンスウェーキ	3・17ウ
プリンス、ワルレス諸島	3・45ウ
プリンセン	2・49ウ
プリンナチルラ	1・8ウ
フルウースチンク島	1・10オ
フレイユス	4・26オ、4・44ウ
フレイユス-港	4・44オ(2)
フレウリュス	4・45ウ
ブレエメン	3・7ウ
ブレーメン	3・21オ
プレスビュルグ	4・36オ
ブレトン岬	3・46ウ

孛漏生 r.プロイセン
　　　　　3・4ウ、3・13オ、3・16オ、4・17ウ
孛漏生　　　3・15オ、3・23ウ、4・36ウ(3)、
　　　4・36ｗ.、4・37ウ(2)、4・38オ(3＋ｗ.)、
　　　4・40ウ、4・42ウ、4・45オ、4・45ウ
孛漏生 r.プロイセン舩手組,　同上商舶
　　　　　　　　　　　　　3・旗章54,55
孛漏生 r.プロイゼン測量舩
　　　　　　　　　3・旗章(測量船)76

孛漏生-王	4・43ウ

へ

フヲンタイ子ブレアウ	4・38ウ、4・41ウ
ベイエレン	3・5ウ、3・16オ、3・22オ、3・23オ
俾粤連 r.ベイエレン	4・36オ
俾粤連	4・36オ
俾粤連-王	4・36オ
ヘイダスペス(河)(江)	4・5オ、4・5ウ
ヘイデラバット	2・26オ

白露 r.ベイリウ
　　　　　　1・14オｗ.、2・43ウ、3・旗章11

白露	2・37オ、2・39オ
白露-國	2・37オ
ヘイルスベルグ	4・38オ
ヘーサハット	2・23オ
ベーサンチュム	3・9オ
ヘーデルナーキュル府	2・26ウ
ペーヒュス	3・25ウ
北京	1・目2オ、2・6オ(2)、2・6ウ、2・7オ
北京-府	2・6オ(2)、2・7オ、2・7ウ
ヘシュヘニス	1・9ウ
ヘスシス	2・49ウ
ベスシュス	4・4ウ
ヘセン	3・5ウ、3・17オ、4・37オ
ヘセン、ホムビュルグ	3・7ウ
ヘセン、ホンビュルグ	3・20ウ
弗沙 r.ヘツサ	1・16オ
ペトカ峰(一名ハマル山)	1・21オ
ペトニュル府	2・26ウ
ヘトリュリエ	4・38オ

伯德珠毘爾觚 r.ペトルビュルグ-府　3・26オ
　　　　　3・27(r.無)ウ、3・31オ(r.無)
ベトエ子ン(アラビヤの総称、流徒ノ義)
　　　　　　　　　　　　　2・35オ

ベナレス	2・22オ、2・22ウ
勿搦祭亞 r.ヘ子シヤ	3・旗章26
勿搦祭亞	4・24オ、4・37オ
勿搦祭亞-海	3・23オ
勿搦祭亞 r.ヘ子シヤ-湾	3・13オ
ヘ子シュラ	2・38ウ、2・40ウ
ヘ子シュラ國	2・37ウ

ベルギー	3・2ウ、3・5オ、
	3・9ウ w.、3・13オ、3・33ウ、3・旗章32
ベルグ	4・36ウ、4・39オ、4・40オ
ヘルゴラント島	3・45ウ
百爾西亞 r. ペルシヤ	
	2・25ウ、2・30オ、2・32オ
百爾西亞	1・目2オ、2・30オ（2＋w.）、
	2・30ウ、2・31オ（2）、2・31ウ、2・32オ（2）、
	2・35ウ w.、4・1ウ、4・2オ、4・3オ、4・4オ（2）、
	4・4ウ、4・6オ、4・9ウ、4・18オ（3）
百爾西亞 r. ペルシヤ、同上、一本國旗、一	
本商舩旗	1・17ウ、3・旗章5,6
百爾西亞 r. ペルシヤ-王	2・30オ
百兒西亞-王	4・2ウ
百爾西亞-王	4・3ウ
百爾西亞-海灣	4・6オ
百爾西亞 r. ペルシヤ-種	2・25ウ
百爾西亞-灣	2・34オ
百爾西亞 r. ペルシア-湾	1・17オ
ヘルセホリス	2・33オ w.
ペルセポリス	4・4オ（2）
ベルセホリス府	2・33オ
ベルビセ	3・46ウ
赫勿蔓亞 r. ヘルヘシヤ	
	3・7ウ、3・13オ、4・10オ
赫勿蔓亞	2・19オ w.、3・22オ、4・31オ
赫爾勿蔓亞 r. ヘルヘシヤ-國	1・14ウ
赫勿蔓亞-國	2・19オ
赫勿蔓亞 r. ヘルヘシヤ-人	3・43オ
ベルミュデセ島	3・46ウ
ペルラ	4・1オ
ベルレイン	4・37ウ
ベルンハルズ山	4・27ウ
ヘレシノ溝	3・25ウ
ヘレナ	4・14オ
意勒納島	3・44ウ、4・46ウ w.、4・47オ
榜葛剌 r. ベンガラ	2・15ウ、2・22オ
榜葛剌	2・21オ、2・23ウ、3・45ウ
榜葛剌 r. ベンガラ-地方	2・27オ

ホ

ボウルゴニー	3・33ウ
ボウルボン島	3・43オ
ホーヘンス、シクマリンゲン	3・19ウ
ホーヘンソルレン、ヘシンゲン	3・19ウ
ボシカ	2・38ウ
ボストン	2・45オ、2・49オ
北海	3・13オ w.、3・33ウ、3・39ウ
北高海	1・6オ、2・28オ、2・29ウ、3・25ウ（2）、
	3・33オ（2）、4・4ウ、4・9ウ、4・18オ
ボデン海一名コンスタンチ湖	3・13ウ
ホトウマック河	2・44ウ
ボトウマック河	2・45ウ
河南 l. ホナン	2・14ウ
ボハルリー	3・12ウ
ボヘイメン	3・23ウ
ボヘーメン	3・21ウ w.、3・22オ（1＋w.）
ボヤーレン	4・14ウ
ポランゲン	3・30ウ
ポルカ府	2・26ウ
ホルステイン	3・17オ、4・18ウ（2）、4・19オ
ポルテ即チ都爾其	4・24ウ
葡萄牙 r. ポルトガル-埔頭	2・16ウ
葡萄牙 r. ポルトガル-國埔頭	2・12ウ
葡萄牙人	2・13オ
葡萄牙 r. ホルトガル	3・5オ
葡萄牙 r. ホルトガル國主旗、同上舩手組、	
同上商舶商舶	3・旗章37〜39
波爾杜瓦爾 r. ポルトガル-國	1・11ウ w.
葡萄牙 r. ポルトガル	2・27オ、2・44オ
葡萄芽 r. ポルトガル測量舩	
	3・旗章（測量船）77
葡萄牙	4・29ウ、4・38ウ（2）
浡泥 r. ボル子ヲ	3・45ウ
ホルン岬	1・10ウ
波羅泥亞 r. ポロニヤ	
	3・13オ、1・12ウ、3・旗章56
波羅尼亞	4・15オ、4・15ウ、4・37ウ、4・41ウ
ホヲヘンソルレルン、シグマリンゲン	3・7オ
ホヲヘンソルレルン、ヘッシンゲン	3・7オ

280　第3部　資料編

香港(洋名「ヒヨンコン」)
　　　　　1・目2オ w.、2・13ウ(2)
ホンタイ子ブレアウ　4・44オ
房低者里 r.ポンヂセレー-府　2・27オ
網買 r.ボンバイ　2・16ウ、2・25オ、2・27オ
網買　2・25オ、3・43オ w.、3・45ウ
本邦杜爾格斯堂 r.トルコスタン　2・15ウ

マ

マース河　3・33ウ
マイ府　2・27オ
マイン河　3・15オ
マインテノッテ　4・24オ
前印度　1・目2オ、1・23ウ、
　　2・15ウ、2・16オ、2・17オ、2・30オ
媽港 r.マカヲ　2・12ウ
礜門(マカオ)　2・12ウ
阿媽港　2・13ウ
マサンテラン　2・33ウ
マサンデラン　4・18オ
馬則多尼亞 r.マセドニア-佚　4・1オ
馬則多尼亞　4・1ウ
馬則多泥亞　4・1オ
馬則多泥亞-人　4・5ウ
マデラ島　3・46オ
麻呐剌斯 r.マドラス　2・16ウ、2・23ウ
麻呐剌斯　3・43オ w.
多勒多 r.マドリット　4・29ウ
マラカイボ　2・39ウ
満刺甸 r.マラツテン　2・16ウ、2・18ウ
麻刺甸 r.マラツテン　3・旗章4
麻刺襪爾 r.マラバル　2・25オ、2・27オ
麻刺襪爾　2・27オ、3・45ウ
麻刺襪爾-海瀬　2・27ウ
瑪利亞那 r.マリアナ-諸島　1・10オ
馬爾地歇私 r.マルジヘス-諸島　1・19オ
マルセイルレ　4・21ウ(2)
マルセンラント　4・4ウ
マルタ　2・41ウ
馬爾太 r.マルタ　3・45ウ
馬兒太島　4・24ウ

馬爾太島　4・24ウ
マルマイソン　4・46ウ
馬邏可 r.マロコ　3・旗章69
満州　1・17ウ
満洲-海　3・33オ w.
満州-種　2・8ウ
満州-人　2・10オ
満清　2・8ウ
満清-夷　2・8ウ
満清-帝　2・9オ

ミ

ミイシイ　4・7オ
ミスセ子ル　3・16オ
ミッンセン　4・33ウ
南亞墨利加　1・10ウ、1・14オ w.(-洲)
南米利幹　2・52オ w.、3・46ウ
ミノ　3・45ウ
ミュスキテン海岸　3・46ウ
ミュスタフ山　1・22オ
彌郎 r.ミラーン　4・28オ
明　4・6ウ

ム

莫斯箇窪 r.ムスコー　3・27オ

メ

メーソレ　2・16ウ
メガラブールニー　3・11ウ
黙時科 r.メキシコ　1・8ウ、1・14オ、2・37オ
黙是可　2・37オ w.
黙時科 r.メキシコ-國　2・40オ
黙時科　2・44ウ
黙是可 r.メキシコ　3・旗章15
メクレンビユク、ストレリッツ　3・6オ
メクレンビュルク、スウェリン　3・17ウ
メクレンビュルグ、スウェリン　3・6オ
メクレンビュルグ、ストレリッツ　3・18オ

モ

蒙古　1・17ウ、2・4オ

『坤輿圖識補』所収外国地名索引　281

モウントフルノン	2・52オ
莫斯科窪 r.モスコウ	4・13ウ
莫斯科窪 r.モスコー	4・8オ
莫斯科窪	4・10オ、4・11ウ、4・41オ(2)
モデナ	3・6オ
モラヒー	3・22オ、3・23ウ(3)
莫臥兒-帝	2・15ウ、2・18ウ、2・23オ、2・26ウ
モンドーイ	4・24オ
モントブランコ山	1・21ウ
モントペルチュ	3・34ウ
モントマルトレ	4・43ウ
モントロサ山	1・21ウ

ヤ

牙買加 r.ヤイカ(マ脱落カ)	3・46ウ
ヤゴレーキ	3・30ウ
ヤチルナット	2・23オ
ヤッファ	4・25ウ
瓜哇 r.ヤハ	2・11ウ、2・15ウ
瓜哇	2・11ウ

ユ

雲南 l.ユーンナン	2・15オ
如徳	2・32ウ(1＋w.)
ユリセ牙爾白	3・13ウ

ヨ

ヨインフィルレ	4・47オ、4・49ウ
揚子江	2・8オ
幼婦島	3・46ウ
ヨニセ諸島	3・7ウ、3・45ウ
ヨルクトウン	2・50オ

ラ

ラァスカツペン	2・18ウ
ライバック	3・23オ
ライバック河畔	3・23オ
ラクタ	4・19オ
ラスビュツテン	2・16ウ、2・18ウ(2)
羅甸學	2・40ウ
ラトカ	3・25ウ

ラドガ溝	3・25ウ
蠟皮亞 r.ラビヤ	1・10オ
農地 r.ラブラドル	1・10ウ
ラブラダ河	2・44オ
銀河 r.ラフラタ	1・18オ
ラフレセ	3・38オ
ラホレ	2・17オ、2・18ウ
ランギュイドコ峡	3・34オ w.

リ

リーフランド	
	4・12ウ、4・15ウ、4・16オ、4・16ウ
リガ	4・11ウ
リクテンステイン	3・7オ
リクテン、ステイン	3・20オ
リク子イ	4・45ウ
リッペ、デトモルト	3・7オ
リッペ、デドモルド	3・20オ
リベルタドル、ボリハル	2・39オ
利麻 r.リマ	2・43ウ
琉球	2・15ウ
リュカノウ府	2・26ウ
リュキセンビュルク	3・6オ
リュキセンビュルグ	3・17オ
リュセンウェク洞	1・13オ
リュッツエン	4・42オ
リュツカ	3・6ウ
リュッカ	4・35ウ
リュ子、フィルレ	4・29オ
リュベキ	3・8オ
リュベツキ	3・20ウ

ル

羅瑪泥亞人	3・9オ

レ

レイセウム	4・7オ(1＋w.)
レイビー(沙漠)	4・3ウ
レイプシフ	4・42ウ
レイフン(ヲの版木欠け)	4・45オ
レイヲン	4・30オ

列應 r. レイン　　　　　3・13ウ、3・34オ
列應 r. レイン-河　　　　　　4・29オ
列應-河　　　4・33オ、4・42ウ、4・43オ
列應-義團　　　　　　　　　4・37オ
レウス古タック　　　　　　　3・20オ
レウス新タック　　　　　　　3・20オ
レウス-新古隊　　　　　　3・20オ w.
レーゲン　　　　　　　　　　3・13ウ
レキシグドン　　　　　　　　2・49オ
レナ河　　　　　　　　　　　3・25ウ
レユス、ヨングステ、リーニー　　3・7オ
レユス、ヲウドステ、リーニー　　3・7オ
レヲベン　　　　　　　　　　4・24オ

ロ

ロイレ　　　　　　　　　　　3・34オ
ロー子　　　　　　　　3・34オ(1＋w.)
羅瑪 r. ローマ　　　1・9オ、3・旗章25
羅瑪　　　　　　　　　2・4オ、3・9オ、
　　　　4・27オ w.、4・30ウ w.、4・37オ
羅瑪 r. ローマ-宗　　　　　　2・27オ
邏瑪　　　　　　　　　　　4・26ウ w.
羅瑪-教　　　　　　3・22ウ、3・22ウ w.
羅瑪-法教　　　　　　　　3・22ウ w.
羅瑪-人　　　　　　　　　　1・19オ
魯西亞　　　1・目2ウ、1・6オ、2・28オ、
　　　2・34オ、3・3オ、3・4オ、、3・10オ
魯西亞 r. ロシア(ヲロシヤも見よ)　3・24オ
魯西亞 r. ロシヤ-雙頭鷲旗、同上舩手組、同
　　前、同上大總督旗、同上商舶、同上小荷
　　駄即軍艦　　　　　　3・旗章59〜64
魯西亞 r. ロシヤ-測量舩　　　3・旗章75
魯西亞-韃　　　　　　　　2・27ウ w.
ロセフォルト　　　　　　　　4・46ウ
ロタス　　　　　　　　　　　2・22オ
ロダリンケン　　　　　　　　3・33ウ
ロムバルデース勿搦祭亞領　　　3・13オ
ロングウヲールド　　　　　　4・46ウ
嚙噸 r. ロンドン邦人ハ「シテイ府ト稱ス」
　　　　　　　　　　　　　　3・41ウ
蘭噸　　　　　　　　　　　　4・13オ

ワ

ワートルロー　　　　　　　　4・45ウ
話聖東 r. ワシントン　　　　　2・44ウ
話聖東　　　　　2・44ウ w.、2・45オ
ワセフォルト　　　　　　　　4・46ウ
ワルスカウ　　　　　　　　　4・38ウ
ワルセン湖　　　　　　　　　3・14オ
話爾泰(「ウアルタイ」を見よ)
ワルデッキ　　　　　　　　　3・20ウ
ワルリッセルラント　　　　　4・40オ

ヰ

意而蘭土　　　　　　　　　　3・3オ
意爾蘭土 r. 井ールランド　　3・39ウ w.
意爾蘭土　　3・3オ、3・39ウ、3・40オ w.
井スレ・デ・ボウルボン　　　　1・10オ
意太里亞(イタリヤも見よ)-國　　1・9オ
井ハヘル峰　　　　　　　　　1・21オ
應多 r. キンチュス江(インダス河)　4・5ウ

エ

歐邏巴　　　　　　　　1・目2ウ(2)、
　　1・8オ w.、1・9ウ、1・10オ、1・17ウ w.、
　　2・8ウ、2・12ウ、2・24オ、2・31ウ、2・42ウ、
　　2・43オ、2・44ウ、2・46オ、2・51オ、
　　3・1オ、3・25ウ、3・11オ、3・12オ(3)、
　　3・12ウ、3・35ウ、3・45ウ(2)、3・47オ w.、
　　　4・25オ、4・32ウ w.、4・40ウ、4・49オ
歐邏巴-俄羅斯 r. ガラス　　　　3・4ウ
歐邏巴-産　　　　　　　　　1・21オ
歐邏巴-闍洲　　　　　　　　3・8ウ
歐邏巴-種　　　　　　　　　2・42ウ
歐邏巴-洲　　　1・14ウ、1・21オ、2・25ウ、
　　　　3・1オ、3・8ウ、3・47ウ、4・10ウ
歐邏巴-諸州
　　2・11オ、2・44オ、3・44ウ w.、4・14ウ
歐邏巴-諸州人　　　　　　2・26オ w.
歐邏巴-人　　　2・9オ、2・25オ、2・46ウ、
　　　　　　　3・43オ(2)、3・47ウ(2)、
　　3・48オ(1＋w.2)、3・48ウ(1＋w.)

『坤輿圖識補』所収外国地名索引　　283

欧邏巴-全洲　　　　2・1オ、3・1ウ、4・35オ
欧邏巴-地方　　　　　　　　　　　　3・10ウ
欧邏巴-舶人　　　　　　　　　　　　2・40ウ
欧邏巴-半洲　　　　　　　　　　　　1・15ウ
欧邏巴-風　　　　　　　　3・10オ、4・10ウ
欧邏巴-本領　　　　　　　　　　3・30オ w.
欧邏巴-魯西亞　　　　　　　　　　　3・24オ
エキュアトル　　　　　　　　　2・40ウ(2)
エスキー、サルリーキ　　　　　　　3・12オ

ヲ

ヲイヲ　　　　　　　　　2・48オ、2・48ウ
ヲウテ　　　　　　　　　　　　　　2・23オ
ヲウデ　　　　　　　　　　　　　　2・16ウ
ヲウデ-府　　　　　　　　　　　　2・26ウ
豪斯多辣里　　　　　　　　　　　　3・46ウ
ヲキスホルト　　　　　　　　　　　4・13ウ
ヲステンデ　　　　　　　　　　　　4・32ウ
ヲストロレンカ　　　　　　　　　　4・38オ
ヲセロ　　　　　　　　　　　　　　3・23オ
ヲットマニセレイキ即帝國都爾格
　　　　　　　　　　　　　　　　3・8オ w.
ヲットマニセレイキ　　　　　　　　3・8オ
ヲデーヒル　　　　　　　　　　　　2・18ウ
ヲデル　　　　　　　　　　　　　　3・13ウ
ヲ子ガ　　　　　　　　　　　　　　3・25ウ
ヲ子ガ溝　　　　　　　　　　　　　3・25ウ
鄂布(r.ヲプ)河　　　　　　　　　　3・25ウ
ヲホツキ　　　　　　　　　　　　　3・33オ
和蘭　　　　　　　2・11ウ(3)、2・16ウ w.、
　　　　　　　2・27ウ(1＋w.)、3・17オ w.、
　　　　　　3・32オ、3・41ウ w.、4・7オ、4・11ウ、
　　　　　　4・12オ、4・13ウ、4・17ウ、4・48ウ
和蘭土　　　　　　　　　　　　　　4・29オ
和蘭-王　　　　　　　3・17オ w.、3・33ウ、4・37オ、
　　　　　　　　　　　　　　4・39オ、4・40オ
和蘭-軍　　　　　　　　　　　　　4・23オ
和蘭-國使節　　　　　　　　　　　2・6ウ
和蘭-國舶　　　　　　　　　　　　2・11ウ
和蘭-人　　　　　　　3・49ウ例言、4・10オ
和蘭-製　　　　　　　　　　　　　4・12ウ

和蘭-舶　　　　　　　　　　　　　4・9ウ
ヲリッサー　　　　　　　　　　　　3・45ウ
ヲリッサーフ　　　　　　　　　　　2・23オ
窩爾加 r.ヲルカ　　　　　　　　　　3・25オ
佛兒格(r.ヲルカ)河　　　　　　　　4・12オ
窩爾加 r.ヲルガ-河　　　　　　　　1・6オ
ヲルテンビュルク　　　　　3・6オ、4・40ウ
ヲルテンビュルグ　　　　　　　　　3・18ウ
ヲルトレス山　　　　　　　　　　　1・21ウ
俄羅斯 r.ヲロシヤ-帝　　　　　　1・目2ウ
俄羅斯(ヲロシヤ)　2・4オ、2・30ウ、3・8オ
俄羅斯-海軍　　　　　　　　　　　3・33ウ
俄羅斯-國　　　　　　　　　　　　3・2オ
俄羅斯-人　　　　　　　　　　　　2・29ウ
俄羅斯-全州　　　　　　　　　　　4・9オ
俄羅斯(ヲロス)　　　　　　　4・7ウ(2)、
　　　　4・9オ(2)、4・10ウ、4・11オ(2)、4・11ウ
俄羅斯　　　　　4・12オ w.、4・12ウ、4・15オ、
　　　　　　4・15ウ、4・16オ(6)、4・16ウ、4・18オ、
　　　　　　4・27ウ、4・29オ、4・33ウ、4・36オ(2)、
　　　　　　4・38オ(5)、4・40ウ(2)、4・41オ(2)
俄羅斯-皇帝　　　　　　　　　　　4・17ウ
俄羅斯 r.ヲロス-帝　　　　　　　　4・7ウ
俄羅斯-帝　　　　　4・13オ、4・39オ、4・43ウ
窩々所甸禮畿 r.ヲ、ステンレーキ即獨逸帝
　　本領　　　　　　　　　　　　3・15ウ
窩々所甸禮畿 r.ヲ、ステンレーキ　3・21ウ
窩々所甸禮畿　　　　　　　3・23オ、3・23ウ
窩々矢甸禮幾 r.ヲ、ステンレーキ舩手組、
　　同上即獨逸國商舶　　　　3・旗章57,58
窩々所德禮畿
　　　　　　3・22オ w.、4・23ウ、4・24オ(3)、
　　　　　4・28オ、4・29オ、4・36オ(2)、4・36ウ、
　　　　　4・39ウ(3)4・40オ、4・42オ(2)、4・42ウ
窩々所德 r.ヲ、スト-海即東海　　　3・13オ
窩々所德 r.ヲ、スト-海　　　　　　4・11オ
翁加里亞 r.ヲンガリヤ
　　　　　1・6ウ、1・12ウ、3・13オ(-國)
翁加里亞　　　　　　　　　3・22オ、3・23ウ
ヲンタリ湖　　　　　　　　　　　　1・10ウ

初出一覧

第1部第1章について
　　日本における「台湾」の呼称の変遷について―主に近世を対象として―
　　　　神戸大学大学院人文学研究科　『海港都市研究』第4号　2009年
　　　　3月23日
第2部第2章第1節について
　　『改正増補英語箋』－便静居校訂本－附録世界地名の典拠本について
　　　　神戸大学「研究ノート」の会　『国文学研究ノート』第45号2009
　　　　年9月30日
第2部第2章第2節について
　　卜部氏訳『改正増補英語箋』所載外国地名について
　　　　神戸大学「研究ノート」の会　『国文学研究ノート』第46号2010
　　　　年9月30日
第2部第3章について
　　幕末期における外国地名受容法の揺れについて
　　　　神戸大学文学部　国語国文学会　『国文論叢』第43号　2010年12
　　　　月29日

後書き

　本論は、日本の江戸時代から近代に至るまでの外国地名の表記の変遷を明らかにするものである。外来語の分野に属する外国地名は、外来物を示す外来語とは異なる多様な要素と絡み合っていた。その要素とは、地名の存在する地域の原語、その地名の話者の言語、また、その呼称を聴取したのが通詞（通事）であるか一般人であるか等である。また、書籍を通して受け入れられる際は、もとの原語だけではなく、翻訳者の習得する言語力によっても表記は異なっていた。同一地名であっても、表記は時間的に異なっており、主として中国から伝来した。古代以後室町時代頃まで、日本人が指す外国は主として漢字圏に限られていた。しかし、16世紀半ばにポルトガル人が漂着したことにより、アジア以外の人とも接するようになり、日本人が漢字圏以外の世界を知り、その地名も知ることとなった。『國史大辞典』によると「慶長・元和・寛永期には西洋学としてはキリスト教に伴って入ってきた南蛮学（「蛮学」）の方が有力であった」、「初期の間はすでにそれまで用いられていたポルトガル語が日蘭間にも用いられたが次第にオランダ語を解する日本人が貿易業務の通訳として現われ、やがてそれが職業化し阿蘭陀通詞というギルド的な職能的集団を形成するように成り、（中略）その通訳の能力も十七世紀の間はなかなか上達せずポルトガル語に頼る場合さえあった」という。日本における外国地名でもこのようなポルトガル語とオランダ語の翻訳事情が見られた。

　第1部「個別地名についての研究」では、「台湾」「ヨーロッパ」「イタリア」「スペイン」「ロシア」の5地名について調査した。
　「台湾」は、先住民はいたが、清朝支配となるまで対外的な統一名の無い島であった。日本、中国、ポルトガル、オランダ、スペイン等によって「台湾」を指すそれぞれ独自の呼称が存在しており、それら各国間でその呼称が

互いに認知されていた。西洋では、ポルトガル語に基づく "Formosa, Fermosa" と中国語に基づく "Lequio minor, Liqueo, Tayouan" が使用された。中国では「狗國、福爾摩沙、流求、小琉球、台湾」等が使用された。日本では、両者を翻訳した表記と独自の表記がみられ、これらを「琉球」「ホルモサ」「たかさご」「東寧」「大宛（台湾）」の5系統に分類し、使用年代を調べた。「ホルモサ」系の最初は、1618年に外国船に乗り航海の見習いをした池田好運が記したポルトガル語由来の「ヘルマウザ」であった。「東寧」系では、国姓爺に関わる「東寧」が清朝滅亡後も日本で長く使用された。「たかさご」系では、日本独自の呼称で「高山國」、「たかさんこく」、「たかさくん」、「たかさご」、「高砂」のように変遷が見られることから、不明地図又は書籍の年代決定の指標ともなり得ることを見出した。従来「高山國」の読み方は不明であったが、「たかさんこく」という表記が地図上に存在し、読みが明確になった。また、イギリス商館長コックスの日記の地名表記から、17世紀初期の日本（九州地方）では「たかさご」の「ご」は鼻濁音で発音されていたことが確認できた。

　「ヨーロッパ」「イタリア」「スペイン」「ロシア」については、日本における地図、辞書、その他書物を調査した。これら4地名の最も古い用例は、南蛮屏風の世界地図に記載されるポルトガル語の影響を受けたものである。南蛮屏風の世界地名については香雪美術館蔵とアメリカのバークレー美術館の資料を映像で確認した。その他の地名は地図、書籍に掲載される地名を確認した。初期の地名は日本人のために地図に記入され、平仮名表記が多数であった。出版または手書きされた地図は踏襲されやすく、古い表記が長く使用される傾向があった。また、地図中には省略された表記「欧州、伊、西、露」は見られず、一舗中の余白の「凡例、里程表」等のみに省略表記が見られた。辞書とその他書物については地名表記に明確な差はなく、両者共に個々の表記の種類が多く、省略形も多数見られた。

　地名表記は、漢字表記、片仮名、平仮名、万葉仮名風、ローマ字のいずれかで記載されており、漢字表記が最も多く用いられていた。

　漢字表記については、17世紀から19世紀にかけてはマテオ・リッチ等の在

華宣教師による漢訳地名、19世紀中期には欧米宣教師による漢訳地名及び『海國圖志』等の中国人による書籍の影響を受け、中国の表記の借用を基本としていた。「欧州、伊国、西国、露国」と省略された表記も多く見られた。一文字のみを変形するような借用の変形や日本の漢字音で読むと通じるように漢字を変換している地名もあった。日本でも諸外国と同様に外国地名は翻訳語であると理解されていたため、自国の音韻体系を用いてより簡単で読みやすい漢字に変換されたり、平仮名書きにされたり（福沢諭吉の例）したが、当時既に知識として記憶している漢訳風表記に慣れている大衆には受け入れられず、幕末から明治まで中国の漢字表記を用いている著書が多数であった。

　仮名表記については、平仮名より片仮名が多数用いられており、どちらの表記も海禁以前の呼称はポルトガル風に聞き取られた表記であり、海禁後にはオランダ語風となり、幕末にはさらにロシア語地名のオランダ語風、英語風呼称も見られた。仮名のみで示している呼称には、初期海禁以前の呼称と漢字地名の傍書に加え、漢訳の読みを表したものもあった。仮名表記された地名は、大衆が読みやすく書きやすい、紙面の都合で漢字より場所をとらない、等の理由で使用されていた。

　万葉仮名風表記は外国地名を美的観点から記載されたのか、平仮名または片仮名ではふさわしくないとの意識が著者にあったためであるのかは不明であるが、アジアでは一般的に地名は漢字表記されるので、これとつりあう表記として記載されたと考えるのが妥当であろう。以上の呼称は歴史上混在して並行使用された。

　ローマ字表記は、辞書等で日本地名を表わす場合に少数であるが用いられていた。

　第2部「外国地名資料についての研究」では、世界地名をオランダ語呼称の外国語字典で初めて掲載した森島中良著『蛮語箋』、『蛮語箋』の体裁と構成法を受け継ぐ箕作阮甫著『改正増補蛮語箋』、及び二種（便静居主人校訂・卜部氏著）の『改正増補英語箋』、これら四書籍記載の外国地名を研究対象とした。

後書き　289

　『蛮語箋』では幕府による禁止があり、原語は記載されていないが、初めて外国地名のオランダ語呼称が披露された。その半世紀後、『改正増補蛮語箋』という題ではあるが、内容的には全く別といってもよい外国地名集が出版された。この書籍では地名数が大幅に増加され、新大陸オーストラリアの地名も含め、すべてにオランダ語原語と呼称が併せて記載された。また、明治初期にほぼ同時に東京と大阪で出版された二種の地名集は書名も同じ『改正増補英語箋』であり、英語表記で掲載されていた。『蛮語箋』『改正増補蛮語箋』、二種の『改正増補英語箋』はそれぞれ同じ体裁をとっているが、全く別の書籍を典拠として編集された外国地名集であった。

　「幕末期における外国地名受容法の揺れについて」では、柳河春三に関わる書籍・新聞等10種を対象として調査した。この時期は外交の言語がオランダ語から英語へと変化する過渡期であり、地名についても英語の影響が増大すると予想されるが、実際は伝統的ポルトガル風呼称が残存し、中国書の影響をうけた漢字表記も多数見られ、主として古くからの表記が受け継がれていた。また、同一地名について複数の漢字表記が列挙されたり、旗名及び紋章による地名表記が示されたりする場合もあり、当時の外国地名の複雑な状況が示唆された。さらに、著者独自の翻訳漢字も見られ、後世に影響を与えることとなった。仮名表記に関しては、その英語発音を正確に示そうとする独自の工夫がみられた。

　第３部「資料編」では箕作省吾の作品『新製輿地全圖』１巻・『坤輿圖識』５巻３冊・『坤輿圖識補』４巻４冊についての地名索引を作成した。井伊大老、吉田松陰もこれらの作品を読み、政治・外交問題を考えたということであり、幕末に広く流布し、多くの人々に影響を与えた地図と世界地理書である。

　『新製輿地全圖』では、東西半球図の地名索引を作成した。原本はフランス人鏤刻（1835年）であり、旧図も参照したと凡例に記載されている。地名表記は主に片仮名であり、現在の英語表記ではなく19世紀の地図（複製）を参照し判明したものもあった。現在の呼称とは異なるものの一部に、参照が

290

不明な地名もあった。

　『坤輿圖識』及び『坤輿圖識補』はオランダ原本から翻訳された世界地理書である。これらに記載の外国地名の総索引を作成することにより、箕作省吾の外国地名表記の特徴が容易に検索でき、地名研究の基礎資料となることを目的とした。

　外国地名はポルトガル人を通して初めて呼称として伝来した。ついで海禁期には、外国地名の呼称は人々に直接伝達されずに、通詞または船乗りの間で記憶された呼称が広まった。貿易の相手国がオランダと中国のみになってからは、外国地名は主に中国書物の影響をうけたが、ポルトガル語由来の呼称は受け継がれた。オランダ書物が輸入されるようになると、オランダ語風呼称もみられるようになった。その中にはラテン語表記のオランダ語風呼称を持つ独特の地名もあった。国姓爺合戦などで有名になった台湾を示す「東寧」は、清朝所領となっても日本人に長く使用された。外国地名表記は明治まで多種多様な形態で併存していたことが確認された。

謝　　辞

　本研究は前田富祺先生のご指導を受けさせて頂いたのがはじめであり、その後矢田勉先生のご指導により、新たな観点からデータを整理することができました。知識面や文章の構成等、博覧強記の知識にて細部に渡りご指導くださいまして、心より感謝致します。また博士論文では、鈴木義和先生、長谷川孝治先生、田中康二先生には適切なご指摘とご指導を頂き、感謝申し上げます。「台湾」の資料検索では多田尚子司書に、精神面では級友斎藤奈保子様と娘の小林佳代とに支えられました。出版にあたり、矢田勉先生並びに和泉書院廣橋研三社長、社中氏にお世話になりました。皆様方に謹んで感謝致します。

　老いて学び、楽しみ、他と接し、古書と接することで、残る人生への期待を持つことができました。何事があれ、生きていることの不思議が感じられました。今まで巡り遇った人びとの幸せを祈念いたします。

■ 著者紹介

横田　きよ子（よこた　きよこ）

1944年　淡路島津名郡東浦町 生
1962年　親和学園卒業
1966年　大阪学芸大学卒業
2006年　神戸女子大学文学研究科　修士号取得修了
2011年　神戸大学人文学研究科　博士号取得修了
2011〜2012年　神戸大学人文学研究科研究員　非常勤講師

外国地名受容史の国語学的研究
付・『新製輿地全圖』『坤輿圖識』『坤輿圖識補』影印・索引DVD版

2019年12月25日　初版第一刷発行

著　　者　　横　田　きよ子

発 行 者　　廣　橋　研　三

〒543-0037　大阪市天王寺区上之宮町7-6
発 行 所　　有限会社　和　泉　書　院

電話 06-6771-1467
振替 00970-8-15043

印刷・製本 亜細亜印刷／装訂 森本良成

ⒸKiyoko Yokota 2019 Printed in Japan　　ISBN978-4-7576-0917-4 C3381
本書の無断複製・転載・複写を禁じます